AKATALEPTOS THEOS

ARBEITEN ZUR LITERATUR UND GESCHICHTE DES HELLENISTISCHEN JUDENTUMS

HERAUSGEGEBEN VON

K. H. RENGSTORF

IN VERBINDUNG MIT

G. Delling, R. G. Hamerton-Kelly, H. R. Moehring, B. Noack,
H. M. Orlinsky, H. Riesenfled,
H. Schreckenberg, M. Stern, A. Wikgren, A. S. van der Woude

XVI

LUIS ANGEL MONTES-PERAL

AKATALEPTOS THEOS
DER UNFASSBARE GOTT

AKATALEPTOS THEOS

DER UNFASSBARE GOTT

VON

LUIS ANGEL MONTES-PERAL

E.J. BRILL
LEIDEN · NEW YORK · KØBENHAVN · KÖLN
1987

Library of Congress Cataloging-in-Publication Data

Montes-Peral, Luis Angel, 1946-
  Akataleptos Theos: der unfassbare Gott.

  (Arbeiten zur Literatur und Geschichte des
hellenistischen Judentums, ISSN 0169-7390; 16)
  Originally presented as the author's thesis
(doctoral)—Ludwig-Maximilian-Universität zu München,
1978/79.
  Bibliography: p.
  1. Philo, of Alexandria—Views on God. 2. God
(Judaism)—History of doctrines. I. Title.
  II. Series.
  B689.Z7M63   1987   296.3'11   87-15775
  ISBN 90-04-06928-3

ISSN 0169-7390
ISBN 90 04 06928 3

Copyright 1987 by E. J. Brill, Leiden, The Netherlands

*All rights reserved. No part of this book may be reproduced or
translated in any form, by print, photoprint, microfilm, microfiche
or any other means without written permission from the publisher*

PRINTED IN THE NETHERLANDS BY E. J. BRILL

Inhaltsverzeichnis

Vorwort VII

ERSTER TEIL: Die Transzendenz des Seienden

1. Der Ansatz der göttlichen Transzendenz 1
2. Die sprachliche und logische Struktur des philonischen Ansatzes über die göttliche Transzendenz .. 5
3. Der Ursprung des philonischen Ansatzes über die Transzendenz Gottes 10
4. Die philosophische Formulierung des philonischen Ansatzes über die Transzendenz Gottes 36
5. Der philosophische Sinn des philonischen Ansatzes über die Transzendenz Gottes 41
6. Wertung des philonischen Ansatzes über die Transzendenz 43
7. Die Entfaltung des philonischen Ansatzes über die göttliche Transzendenz 47
    a) Nur Gott ist das wahre Seiende 48
    b) Nur das Seiende ist der Urgrund 74
    c) Nur das Seiende ist der einzige Gott 86
    d) Nur das Seiende ist das wahre Gute 98
    e) Nur das Seiende ist ewig 115
    f) Nur das Seiende ist unveränderlich 121
    g) Nur das Seiende ist vollkommen 131
8. Der unfaßbare Gott 148

ZWEITER TEIL: Die Immanenz des Seienden

Einleitung 164
1. Der Logos 167
2. Die göttlichen Kräfte 174
3. Der Kosmos 181
4. Der Mensch 188
5. Zusammenfassung und Ergebnis 204

DRITTER TEIL: Philo heute

Einleitung	206
1. Philo - Hermeneut des biblischen Gottes	206
2. Die Bedeutung des philonischen Transzendenzgedankens	208
3. Die Bedeutung des philonischen Immanenzgedankens	209

ANHANG

Anmerkungen	211
Abkürzungen	231
Quellen- und Literaturverzeichnis	232

Vorwort

Die vorliegende Arbeit will Philos Gottesbild und seine Gotteslehre untersuchen und bibeltheologisch fruchtbar machen. Sie hat drei deutlich voneinander abgesetzte Teile: Der erste Teil arbeitet Philos Verständnis der Transzendenz heraus, der zweite sein Verständnis der Immanenz Gottes, und der dritte will Philos Bedeutung heute aufzeigen.

Im Jahre 1938 schrieb W. VÖLKER über die "Zwiespältigkeit im philonischen Gottesbild", das heißt: Über die Behauptungen Philos, die "... zwischen Transzendenz und Immanenz oszillieren"; "... dadurch daß man im Grunde nur die eine Seite gelten läßt, oder beide nur nebeneinanderstellt, hat man Philos eigentümliche und so komplexe Konzeption immer noch nicht erklärt" (W. VÖLKER, Fortschritt und Vollendung bei Philo von Alexandrien, Leipzig 1938, S. 54 u. 56 f).

Dieses Urteil VÖLKER's besitzt noch heute Gültigkeit. Meine Untersuchung beabsichtigt somit, ein noch kaum erkundetes Gebiet zu betreten und den Kern der komplexen Konzeption des philonischen Gottesbildes zu erfassen und darzustellen. Dabei bedürfen folgende Fragen der Erörterung: Wie verhalten sich im Gottesbegriff Philos Transzendenz und Immanenz? Lassen sich beide miteinander vereinbaren, oder läßt sich ein "Zueinander" oder "Nebeneinander" von beiden feststellen? Enthalten Philos Werke also letztlich zwei verschiedene Gottesvorstellungen, die nur auf widersprüchliche Weise in Einklang gebracht werden können? Das sind Fragen, die um so dringender sind, als Philos Philosophie ganz und gar theologisch orientiert ist.

Um das gesteckte Ziel zu erreichen, wird in dieser Arbeit analytisch und induktiv verfahren. Mit anderen Worten: Der Weg der Untersuchung führt vom philonischen Gottesbild im Einzelnen, im Besonderen und im Konkreten zum Allgemeinen, Begrifflichen und Abstrakten.

Die vorliegende Untersuchung wurde als Inaugural-Dissertation von der Katholisch-Theologischen Fakultät der Ludwig-Maximilian-Universität zu München im Wintersemester 1978/79 angenommen.

Herrn Prof. Dr. J. Gnilka, unter dessen Leitung die Dissertation angefertigt wurde, möchte ich an erster Stelle meinen aufrichtigen Dank sagen. Er hat das Thema vorgeschlagen, meine Arbeit von Anfang an begleitet und meine Beschäftigung mit Philo immer großzügig gefördert. Danken muß ich zugleich Herrn Prof. Dr. P. Stockmeier, der das Korreferat dieser Dissertation übernahm. Ich sage auch herzlichen Dank Herrn Prof. Dr.D. K.H. Rengstorf. Er hat nicht nur die Untersuchung in die angesehene Reihe "Arbeiten zur Literatur und Geschichte des hellenistischen Judentums" aufgenommen, sondern er hat sich auch bemüht, Mittel für den Druck zu beschaffen, was nicht einfach war und viel Zeit erforderte, und mir auch vielfache Ratschläge während meines Aufenthalts in Münster gegeben. Dort habe ich auch mancherlei Hilfe von Herrn Dr. H. Schreckenberg erhalten. Dafür danke ich.

Zu besonderer Dankbarkeit bin ich den Mitarbeitern des katholischen Pfarramts von Gauting bei München verpflichtet. Von Herrn Pfr. C. Haberl, Frau Seelsorgehelferin M. Lugert, Herrn Kaplan H. Krist und den Herren Pastoralassistenten J. Scharl sowie J.W. Feldschmidt habe ich uneingeschränkt Hilfe bei der Verbesserung der Sprache erfahren. An Korrekturen haben auch Herr OStud. Dir. a.D. L. Haberl, Rektor a.D. F. Pentenrieder und Herr und Frau Gymnasialprofessor Hagemann mitgewirkt. Allen diesen Damen und Herrn sei herzlich gedankt.

Zuletzt danke ich dem Erzbischöflichen Ordinariat München und dem Bischöflichen Generalvikariat von Münster/Westf., sowie der Leitung der Darlehnskasse im Bistum Münster für ihre großzügigen Druckkostenzuschüsse.

Trotz der mannigfaltigen Verbesserungen der deutschen Sprache ist sicher noch ein ausländischer Beigeschmack unvermeidlich erhalten geblieben. Der Leser möge dieses spanische Kolorit großmütig entschuldigen.

Palencia (Spanien) im September 1980

ERSTER TEIL:
DIE TRANSZENDENZ DES SEIENDEN

1. Der Ansatz der göttlichen Transzendenz

Der Ausgangspunkt der philonischen Transzendenz ist der Ansatz, daß der mit der ganzen geschaffenen Welt und mit dem Menschen überhaupt unvergleichbare Gott von dem Guten, dem Schönen, der Einheit und Seligkeit, sogar von seinen eigenen göttlichen Kräften verschieden sei. Diese wichtige Behauptung, die man an vielen Stellen auf verschiedenen Stellen auf verschiedene Weise ausgesprochen findet, schließt entweder implizit oder explizit ein, daß Gott in seiner Verschiedenheit und Unähnlichkeit dem Gewordenen überlegen ist. Nun aber gilt es, vor allem einen Aspekt herauszuarbeiten, das Anderssein bzw. die Unähnlichkeit Gottes in Bezug auf die ganze Schöpfung. Vier Stufen sind zu beachten:
a) Gott ist der ganzen geschaffenen Welt fremd. Derselbe Gott habe einen unendlichen Unterschied zwischen sich selbst auf der einen Seite und der Schöpfung auf der anderen Seite gesetzt[1], so daß die ganze wirkliche Welt, und zwar die vollkommensten Realitäten dieses durch die Sinne wahrnehmbaren Welltalls, wie die Sonne, der Himmel[2] usw., mit Gott überhaupt nicht verglichen werden könne. Der Grund dieser völligen Unvergleichbarkeit sei im Willen Gottes selbst zu finden[3].
b) Gott, der sich der sinnlichen Wahrnehmung im Universum ganz entzieht, darf man mit dem Menschen überhaupt nicht vergleichen. Das einzusehen, fällt nicht schwer, wenn man den Menschen als Körper und wahrnehmbare Gestalt ansieht. Gott habe keine menschliche Figur[4], kein Angesicht[5] und bedürfe nicht der Nase[6] oder anderer Teilorgane des Körpers[7]. Anderseits sei Gott ohne Bedürfnisse, wie er keiner Nahrung bedürfe, so auch nicht anderer Dinge[8]. Was schwerer fällt, ist, die Tatsache der Unvergleichbarkeit zu behaupten, wenn man den Menschen als geistiges und vernünftiges Wesen betrachtet. So gesehen ist der Mensch "das edelste Geschöpf"[9], "das beste und führende aller Lebewesen"[10] Trotzdem ist der Mensch weit von Gott entfernt. Er ist es gerade hier, wo Philo den Unterschied mit großem Nachdruck behauptet. Der Grund ist ersichtlich: Philo sieht, der Bibel folgend, den

Menschen als "dem Vater der Welt am verwandtesten"[11] an. Aber das verringert den unendlichen Unterschied nicht, sondern es hebt nur die menschliche Vollkommenheit in Bezug auf die anderen materiellen Geschöpfe hervor. Wenn Mensch und Welt miteinander verglichen werden und man Gott als Bezugspunkt hat, ist der Mensch Gott näher als die anderen Lebewesen in der Sinneswelt, weil seine Vollkommenheit größer ist. Aber die Diastase bleibt unendlich.

c) Eine weitere Vertiefung in Philos Gedankengänge muß unternommen werden. Gott ist nicht nur von allen Geschöpfen verschieden, sondern er ist auch anders als die heiligsten und spirituellsten Wirklichkeiten. Man darf Gott mit den Engeln und anderen geistigen Wesen nicht vergleichen. Plato folgend glaubt Philo, daß die höchsten Wahrheiten in der geistigen Welt der Ideen verankert sind[12]. Das Schöne, das Gute und die Einheit machen die ersten Wahrheiten aus. Gott steht über diesen Realitäten. Von Gott kann man prädizieren, daß er gut ist, aber trotzdem geht er weit hinaus über das Gute. Niemand kann leugnen, daß Gott schön ist, aber wir irrten uns doch, wenn wir ihn mit dem Schönen identifizierten. Wer würde Gott nicht als Einheit betrachten? Trotzdem steht er selbst über der Einheit. Er transzendiert das Gute, das Schöne, die Einheit! Gott ist das Ur-Schöne, das Ur-Gute, die Ur-Einheit. Um es etwas genauer zu formulieren, müssen wir feststellen: Gott ist - so sagt Philo - "... das Bessere als das Gute, das Schönere als das Schöne, das Seligere als die Seligkeit, das Glücklichere als das Glück selbst"[13]. Philo wiederholt diese Gedanken mit ähnlichen Worten an verschiedenen Stellen[14] seiner Werke. Es scheint, als ob er hier eine kurze, prägnante Formel anwendete. Diese aufgestellte Formel ist als ein Bekenntnis zu verstehen, das die Erhabenheit Gottes hervorheben will. Obwohl wir ganz genau wissen, daß alle möglichen Benennungen unrichtig sind, könnten wir Gott ja τὸ πρῶτον ἀγαθὸν καὶ καλὸν καὶ εὔδαιμον καὶ μακάριον[15] nennen. Als Philo diese Gedanken ausdrückte, war er im fortgeschrittenen Alter. Er hatte eine kritische Epoche seines Lebens, den Gesandtschaftsauftrag an Caligula, hinter sich. Seine Reife und seine Erfahrung des Göttlichen hatten einen Höhepunkt erreicht: "... Der Geist und seine Sprache erreichen es nicht, zu dem gänzlich unerreichbaren und unfaßbaren Gott emporzusteigen, sondern er bleibt zurück und zerrinnt; ist er unfähig, gebührende Namen zu gebrauchen als Stufenleiter zur Erklärung, wohl gemerkt, nicht des Wesens Gottes - denn erhielte auch der gesamte Himmel eine artikulierte Stimme, könnte er doch nicht hierfür treffende und genau passende Begriffe hervorbringen"[16].

d) Aber mit dem bisher Gesagten ist noch nicht der Höhepunkt der philonischen Transzendenz erreicht. Philo behauptet, daß auch zwischen Gott selbst und seinen göttlichen Gewalten eine Trennung besteht. Sogar der Logos unterscheidet sich erheblich vom ersten Urgrund, obwohl er einen näheren Bezug zu Gott hat. Die allmächtigen Kräfte Gottes, die auf dieselbe Weise einen hohen Stellenwert in der Hierarchie der Wirklichkeit einnehmen, trüben nicht die Souveränität des einzig Seienden. Einen wichtigen Text findet man in Quaest in Ex: "... The Deity is above the propitious and the creative and every (other) power[17] ... The divine Logos, in as much as it is appropriately in the middle, leaves nothing in nature empty ... In the first place (there is) He who is older than the one and the monade and the beginning[18]. Then (comes) the Logos of the Existent One, the truly seminal substance of existing things[19]. And from the divine Logos as from a spring, there divide and breake forth two powers. One is the creative power, through which the Artificer placed and ordered all things; this is named 'God' and (the other is) the royal (power), since through it the Creator rules over created things; this is called 'Lord' ... But there appears as being in their midst the divine Logos and, above the Logos, the Speaker"[20].

e) Aus dem bisher Gesagten geht hervor, daß Gott "der Andere", der "totaliter alter", ὁ ἕτερος schlechthin ist. Die Diastase, die unendliche, qualitative Differenz, das ist für Philo die einzig wahre Beziehung zwischen Gott und Geschöpf. Wenn er die Schöpfung - besonders den Menschen - mit Gott vergleicht, dann gerade deshalb, um den abgrundtiefen Abstand herzustellen. Überall wirft Philo dieses Faktum auf. Dies kommt noch stärker zum Ausdruck, wenn die Gebrechlichkeit, Unwirksamkeit und Ohnmacht der Schöpfung mit der Standhaftigkeit, Tätigkeit und Kraft Gottes verglichen werden. Immer wieder findet Philo Gelegenheit zu schreiben: Gott ist "der Andere". Hier zieht er alle möglichen rhetorischen und sprachlichen Mittel heran: Jeder "... soll auf Gottes Größe blicken und sich die Gebrechlichkeit des Geschöpfes vor Augen halten, wenn er auch mit Glücksgütern vor anderen gesegnet ist"[21]. "... die Materie ist tot, Gott aber mehr noch als Leben"[22]. "... Herr ... ist in Wahrheit kein Gewordener, auch wenn er ausgeweitet von den Enden zu den Enden die Herrschaft sich verschafft hat; allein der Ungewordene ist truglos Herrscher"[23]. "... Während ... die Gottheit, der ja alles gehört, nichts braucht, besitzt der weise Mensch im eigentlichen Sinne nichts, nicht einmal sich selbst ..."[24]. "... Was jedem geschaffenen Wesen unmöglich, ist ihm allein möglich und für ihn leicht ausführbar"[25]. "... Wisse denn, mein Lieber, daß Gott allein der untrüglichste und wahre Friede ist, die ganze gewordene und vergängliche Substanz aber ein fortgesetzter Krieg. Ist doch Gott etwas, das freien Willen hat, die Substanz aber eine Notwendigkeit"[26].

2. Die sprachliche und logische Struktur
des philonischen Ansatzes über die göttliche Transzendenz

Vier Begriffe müssen näher erläutert werden: Unvergleichbarkeit, Verschiedenheit, Unähnlichkeit und Überlegenheit. Alle diese Begriffe sind im Laufe der kurzen Ausführungen über den philonischen Ansatz der Transzendenz vorgekommen, aber sie sind nicht immer auf differenzierte Weise verwendet worden. Jetzt bedarf es einer genauen Untersuchung der Struktur dieser im Grunde miteinander verwandten Begriffe. Diese Analyse wird dazu beitragen, eine genauere Erfassung des philonischen Transzendenzkonzepts zu gewinnen.

Auf der ersten Stufe wird die Transzendenz Gottes mit der Negation definiert. Transzendenz bedeutet also Un-Vergleichbarkeit und Un-Ähnlichkeit Gottes bezüglich der Schöpfung und ganz besonders in Bezug auf den Menschen. Auf verschiedene Weise werden diese Begriffe von Philo aufgezeigt:
- Die einfachste und häufigste Formel wird durch das Kopulativverb und die Negationen οὐ und μή gestaltet. Θεός nimmt normalerweise die Stelle des Subjekts ein. Der zweite Satzteil wird durch εἰμί verbunden. Eine durch ein Adjektiv ausgedrückte Verneinung - οὐ γὰρ ἀνθρωπόμορφος (Θεός)[27]; dasselbe mit Zusatz - ἄποιος γὰρ ὁ Θεός, οὐ μόνον οὐκ ἀνθρωπόμορφος[28]. Eine durch die Vergleichskonjunktion ὡς und ein Substantiv auf dieselbe Weise ausgedrückte Verneinung - οὐ γὰρ ὡς ἄνθρωπος ὁ Θεός[29]; dasselbe mit Zusatz - οὐχ ὡς ἄνθρωπος ὁ Θεός, ἀλλ' οὐδ' ὡς οὐρανὸς οὐδ' ὡς κόσμος[30]. Aus diesen Beispielen läßt sich die folgende Struktur erschließen: Θεός ist nicht wie das von ihm ausgesagte Prädikat. Verneint wird der Vergleich zwischen Subjekt und Prädikat. Was vom Subjekt ausgesagt wird, darf vom Prädikat nicht behauptet werden. Alle diese Modelle dienen dazu, ein Vergleichselement auf einen bestimmten Bereich zu beschränken. Die anthropologische Hauptnegation wird von der Heiligen Schrift gegeben: οὐχ ὡς ἄνθρωπος ὁ Θεός[31]. Die Zusätze ἄποιος γὰρ ὁ Θεός und οὐδ' ὡς οὐρανὸς οὐδ' ὡς κόσμος sind Erweiterungen Philos, die auf den folgenden Gedanken hinauslaufen: οὐδὲν δὲ ὅμοιον Θεῷ[32].
- Im zweiten Schritt wird der Gedanke, den das Wort "Unähnlichkeit" ausdrückt, weiterentwickelt. Die festgestellte Unvergleichbarkeit Got-

tes bedingt seine absolute Unähnlichkeit. Gott ist unvergleichbar, gerade weil er dem Gewordenen unähnlich ist. Die Unähnlichkeit ist der Hauptgrund, weshalb Gott und die Schöpfung nicht vergleichbar sind. In ihren Wesensmerkmalen stimmen die göttliche und die gewordene Realität keineswegs überein. Philo geht vom menschlichen Gesichtspunkt aus und behauptet, daß Gott mit dem Menschen unvergleichbar ist. Später dehnt er diese "Unvergleichbarkeit" auf alles Gewordene durch ein neues Wort aus, das eine verwandte Bedeutung besitzt: "Unähnlichkeit".

Zwei knappe und bezeichnende Formeln, die Philo verwendet, haben so einen austauschbaren Satzbau: ὁ Θεὸς οὐδὲ τῷ ἀρίστῳ τῶν φύντων ὅμοιος[33] und οὐδὲν δὲ ὅμοιον Θεῷ[34]. Im ersten Fall ist Gott Subjekt, im zweiten nimmt er den vom prädikativen Adjektiv bestimmten Dativfall ein. Diese zwei austauschbaren Sätze schließen jede Ähnlichkeit aus. Andere Möglichkeiten sind hier einbezogen und folgerichtig auch verneint.

Auf der zweiten Stufe wird die Transzendenz Gottes durch positive Aussagen erläutert. Transzendenz bedeutet auch Verschiedenheit und Überlegenheit Gottes in Bezug auf das Gewordene.
- Der durch Negation erörterte Begriff der Unähnlichkeit weist auf einen anderen Gedanken hin, der positiv ausgedrückt wird, nämlich auf die "Verschiedenheit". Ungewordenes und Gewordenes sind unähnlich, d. h. verschiedene Realitäten. Zwischen Gott und dem Anderen besteht Andersartigkeit. Die Beschaffenheit beider unterscheidet sich in diesem Fall nicht auf Grund des Unterschiedes, sondern auf Grund der unendlichen Trennung. Später, wenn wir vom Sinn der göttlichen Transzendenz sprechen, werden wir genauer hervorheben, wie dieser Unterschied die Verschiedenheit der Natur, des Wesens, der Gattung und der Qualität ausmacht. Diese Unterschiede bekräftigen auf positive Weise die Behauptung der Unvergleichbarkeit und Unähnlichkeit und geben einen tiefen, philosophischen Grund, weshalb Gott und Schöpfung nicht miteinander verglichen werden dürfen. In seiner Unvergleichbarkeit, Unähnlichkeit und Verschiedenheit erweist sich Gott als "exklusiv". Diese "positive Exklusivität" ist ein adverbial ausgedrückter Gesichtspunkt der Verschiedenheit, nachdem Unähnlichkeit und Unvergleichbarkeit in Betracht gezogen werden. Weil Gott unvergleichbar und unähnlich ist, nimmt seine Verschiedenheit ein Anderssein auf exklusive

Weise ein. Das Adverb μόνος (nur, only), das Philo in der Gegenüberstellung von Gott und Geschöpf verwendet, drückt ausgezeichnet diese Realität aus. Nur Gott ist wie Gott. Später werden wir sehen, daß nur Gott der Seiende, der Einzige, das Gute, der Vollkommene ist. Die Exklusivität Gottes zielt darauf hin, die Überlegenheit in seiner Einmaligkeit und Fülle herauszustellen.

- Es wurde bereits hervorgehoben, daß die Schöpfung und Gott, der "Andere", unvergleichbar, unähnlich und verschieden sind. Aber damit ist noch nicht der eigentliche Sinn des philonischen Gedankens über die göttliche Transzendenz voll ausgeführt. Dieser wird mit dem Stichwort "Überlegenheit" gefüllt und ergänzt. Paradoxerweise kann man diese Überlegenheit nur hervorheben, wenn die zwei verschiedenen Realitäten miteinander verglichen werden. Die Überlegenheit einer Größe macht die beiden vergleichbaren Größen unvergleichbar. In einer logischen Untersuchung beginnt man also mit dem Vergleich, um die Unvergleichbarkeit behaupten zu können. Aber bei Philo scheint der Ausgangspunkt die Unvergleichbarkeit zu sein, die in den Heiligen Schriften angegeben wird. Dieses Verfahren ist nach der Auffassung Philos gerechtfertigt. Im Grunde kann Philo beide Realitäten nicht vergleichen, weil er von der göttlichen Wirklichkeit nur ihre Existenz als Anhalts- und Erfahrungspunkt hat. Philo geht von der Behauptung der Bibel aus. Gott hat gesprochen und er selbst hat seine Unvergleichbarkeit hervorgehoben. Philo findet in der Überlegenheit Gottes den eigentlichen Grund, weshalb Unvergleichbarkeit, Unähnlichkeit und Verschiedenheit zu behaupten sind. Aber diese Überlegenheit begründet auch und besonders den Gegensatz zu dem höchsten Wesen und den göttlichen Kräften. In diesem Gedankengang wird die Logik Philos sichtbar: Gott transzendiert die höchsten Wirklichkeiten; das wird durch den Vergleich ausgeführt. Gott geht über alles Gewordene hinaus, das wird durch die Unvergleichbarkeit dargelegt. In diesem Fall wird die Vergleichbarkeit verneint, weil es keine Berührungspunkte zwischen beiden gibt. Die Ausdrucksformen der göttlichen Überlegenheit hinsichtlich der höchsten Wirklichkeiten sind jetzt zu untersuchen.

Die zwei Vergleichsglieder sind Θεός einerseits und τὸ ἀγαθόν, τὸ καλόν, τὸ μακάριον, τὸ ἕν, ἡ ἀρετή, ἡ ἐπιστήμη, ἡ μονάς, ἡ ἀρχή, ἡ εὐδαιμονία. Die Adjektive der Vergleichstufe sind: μακαριώτερος, κρείττων, κάλλιον, ἀρχεγονώτερος, πρεσβύτερος, εἰλικρινέστερος, εὐδαιμονέστερος. Daneben gebraucht Philo vergleichende Ausdrücke, die die Überlegenheit Gottes wiedergeben: τὸ κρεῖττον μὲν ἀγαθοῦ[35] κρείττων ἢ ἀρετὴ καὶ κρείττων ἢ ἐπιστήμη, καὶ κρείττων ἢ αὐτὸ τὸ ἀγαθὸν καὶ αὐτὸ τὸ καλόν[36]; ὃ καὶ ἀγαθοῦ κρεῖττον[37]; τὸ πρῶτον ὃ καὶ ἑνὸς καὶ μονάδος καὶ ἀρχῆς πρεσβύτερος[38]; ἑνὸς εἰλικρινέστερον καὶ μονάδος ἀρχεγονώτερον[39]; κάλλιον δὲ καλοῦ, καὶ μακαριότητος μὲν μακαριώτερον, εὐδαιμονίας δὲ αὐτῆς εὐδαιμονέστερον[40]. Die Überlegenheit Gottes könnten wir anhand dieser Überlegungen auch als qualitative und geistige Überlegenheit bezeichnen. Das Gute, das Schöne, das Eine usw. sind Wirklichkeiten, die die geistige Fülle der Qualität beinhalten. Die Qualität des überlegenen Gottes ist besser, schöner und größer. Die qualitative Überlegenheit Gottes zeigt nur in ihm die Vollkommenheit, und sie weist auf die Beschränkung der höchst gedachten Wirklichkeiten hin. Alle philonischen theologischen Ausführungen über die Transzendenz stützen sich auf dieses Prinzip der Überlegenheit und Vollkommenheit Gottes, das nicht immer auf Anhieb festzustellen, aber trotzdem auf verschiedene Weisen und in allen möglichen Richtungen als sichtbarer Grund vorhanden ist. Die Herausarbeitung dieser Überlegenheit hat die Bedeutung eines hermeneutischen Zirkels. Man behauptet, die prinzipielle Unvergleichbarkeit ist durch den Glauben an die Bibel begründet, würde aber später durch einen Vergleich zwischen den überlieferten Daten und der menschlichen Erfahrung und einer philosophischen Reflektion unter dem Schlüsselwort "Überlegenheit" bestätigt. "Servatis servandis" stehen wir hier vor dem Prinzip "fides quaerens intellectum" und "intellectus quaerens fidem". Die Überlegenheit Gottes ist auch eine räumliche, zeitliche und eine auf Ordnung bezogene Überlegenheit über die göttlichen Kräfte. Philo weiß, weil er es mit Nachdruck anschließt, daß Gott keine Zeit hat und keinen Raum einnimmt. Aber er verwendet diese menschlichen Kategorien, um Gedankengänge verständlich zu machen. Wie könnte er sonst ausdrücken, daß Gott sogar über den Logos und die göttlichen Gewalten hinausgeht? Wie könnte er das ausdrücken, wenn alle anderen Ausdrucksmöglichkeiten der humanen Sprache ausgeschöpft sind, wenn er bereits ausgesagt hat, daß Gott besser als das Gute, schöner als das Schöne usw. ist? Gott ist "hoch über" den göttlichen Kräften. Mehr noch: Gott ist noch "hoch über" dem alles überragenden Logos. Diese räumliche Überlegenheit wird durch eine zeitliche und eine ordnungsmäßige Überlegenheit ergänzt. Gott ist der erste, dann erst kommen die anderen. Dies schließt sowohl die ordnungsmäßige als auch die logische Überlegenheit ein. Nur einige Texte Philos sind bei diesen Ausführungen herangezogen worden. Das Anliegen war, anhand einiger konkreter und signifikanter Beispiele die logische und sprachliche Struktur der göttlichen Transzendenz bei Philo in Betracht zu ziehen.

- Bisher haben wir noch nicht alle Komponenten der philonischen Transzendenz betrachtet. Erst am Ende dieser Ausführungen über die Transzendenz werden wir uns mit der Unfaßbarkeit des göttlichen Wesens befassen. Sie macht eigentlich die philonische Besonderheit aus. Gott ist nicht nur der Schöpfung gegenüber in allen möglichen Richtungen, Formen, Dimensionen, Arten und Weisen überlegen, sondern er ist auch unfaßbar. Die Erhabenheit Gottes ist so beschaffen, daß man ihn nicht begreifen, aber auch nicht erreichen kann. Der Unfaßbare ist zugleich der Unerreichbare, der Unzugängliche und der Unergründliche. Die Unfaßbarkeit verleiht dem Gedanken der Überlegenheit seinen Höhepunkt und seinen letzten differenzierten Grund. Die letzte Sinngebung aller Rede über die Transzendenz wird von Philo negativ begründet. Bevor wir aber auf die Unfaßbarkeit Gottes eingehen können, ist noch ein langer Weg zurückzulegen.

3. Der Ursprung des philonischen Ansatzes
über die Transzendenz Gottes

Die Erforscher[41] der philonischen Werke stimmen überein, die göttliche Transzendenz als den hermeneutischen Schlüssel der Theologie Philos zu betrachten. Ohne dieses Prinzip der Transzendenz ist das ganze System Philos bodenlos. Im Grunde entwickelt Philo seine ganze Gotteslehre, seine gesamte Ethik und sogar alle philosophischen Grundgedanken und Unterscheidungen aus diesem Ansatz heraus. Aber woher stammt der philonische Ansatz über die Transzendenz? Wir stehen vor einer Alternative: Stammt er aus der Bibel oder stammt er aus einer anderen Quelle? Bis hierher waren sich alle Kenner Philos einig. Doch ab jetzt beginnen die Unterschiede. Die entgegengesetzten Richtungen der Forschung könnte man in diejenigen einteilen, die den biblischen Ursprung vertreten und in diejenigen, die die philonische Theologie von der Umwelt des Hellenismus (platonische, stoische Philosophie, Gnostizismus, Synkretismus) ableiten wollen.

Die Entscheidung für das weitere Vorgehen im Blick auf diese Untersuchung ist von größter Bedeutung. Um zu einem adäquaten Verständnis der philonischen Gotteslehre zu gelangen, wollen wir den wichtigsten Äußerungen derjenigen nachgehen, die eine biblische Wurzel bei Philo verneinen.

SIEGFRIED sieht die philonische Transzendenz in der platonischen Philosophie verwurzelt: "... Das AT ... unterscheidet wohl Gott von der Welt, ist aber sehr weit entfernt, diesen Gegensatz zum versöhnlichen Dualismus zu treiben. Es ist daher offenbar, daß das AT nicht das Fundament der philonischen Gotteslehre sein kann; wir entdecken das letztere vielmehr in jenem Gegensatze, in welchem die platonische Philosophie die Idee zur Materie stellt"[43].

Für KRÜGER sind die Grundlagen der Theologie Philos griechisch, verbunden mit einer stoischen Anschauung: "... Gott ist ein transzendentes Wesen; aber Philo findet ihn auch innerhalb der Welt. Neben der Behauptung der Transzendenz Gottes steht die stoische Anschauung der göttlichen Immanenz in der Welt. Dadurch kommt Philo auch hier mit sich selbst in Widerspruch, ohne es zu merken. Wie erklärt sich diese auffallende Tatsache? Die Grundlagen des philonischen Systems sind griechisch; sie stammen aus der hellenistischen Philosophie. Aber Philos Herz hängt zu sehr am Judentum und verhindert eine konsequente Durchführung der griechischen Gedanken. Dieses praktische Hängen am Judentum ist stärker als sein theoretisches Denken. Daher erkennt er die Widersprüche nicht, in die ihn sein griechisch denkender Verstand und sein jüdisch fühlendes Herz verwickeln"[44].

JONAS hat vor ein paar Jahren in seinem bekannten Buch "Gnosis und spätantiker Geist, II" aus der Gnosis heraus argumentiert. Hier sind wir mittels der existenziellen Interpretation "... zu den eigentlichen Intentionen Philos vorgestoßen und hier werden die Widersprüche in Philos Werken und sein so oft beobachtetes Schwanken als seine eigenen inneren Paradoxien, in denen er zwischen Judentum und hellenistisch-orientalischer Gnosis zwiespältig lebt, erkannt. Philos Streben und Wollen gilt dieser Gnosis"[45]. Philo stellt das erste Stadium der Gnosis dar[46]. JONAS faßt im vorläufigen Ergebnis zusammen: "... Gnostisch ist die Transzendenz des Gottesbegriffes"[47] Philos.

Eine weitere Antwort, die irgendwie alle drei anderen umfaßt, hat BOUSSET versucht. Nach Meinung des Vertreters der "Religionsgeschichtlichen Schule" ist die Fragestellung griechisch oder jüdisch "... höchst dürftiger Natur und sieht die vielerlei Möglichkeiten auf diesem bereits synkretistischen Boden nicht"[48]. In Bezug auf unseren Gegenstand der Transzendenz vertritt BOUSSET die Meinung, daß das philonische Gottesbild einerseits vom Platonismus und andererseits vom Spätjudentum stammt[49].

Dagegen hat COPLESTONE in seiner umfangreichen "Geschichte der Philosophie" herausgestellt, daß das philonische Bestehen auf der göttlichen Transzendenz, obwohl in einer philosophischen Sprache ausgedrückt, bloß der Ausdruck eines Attributes der Gottheit "... clearly maintained in Jewish scriptural theology"[50] ist. Meiner Meinung nach ist das Fundament der Gotteslehre Philos völlig biblisch. Nirgendwo bei Philo könnten wir so sicher wie hier behaupten, daß sein transzendenter Gott der Gott der Bibel ist.

Gott ist nicht wie der Mensch. Ein paar Beobachtungen sind vorauszuschicken: Wenn Philo die Behauptung aufstellt, daß "Gott nicht wie ein Mensch" ist, zitiert er die ausschlaggebende Stelle Num 23,19,

und er schreibt Moses, "... der bis zum höchsten Gipfelpunkt der Philosophie vorgedrungen und durch göttliche Offenbarung über die meisten und wichtigsten Dinge der Natur belehrt worden ist"[51], die Niederschreibung dieses Gedankens, der von Bileam ausgesprochen wird, zu. Das ist sein immerwährender Ausgangspunkt und gleichzeitig sein Hauptbeweis und -argument. Er betont nachdrücklich: "... Wir können nämlich nicht dauernd den Hauptbegriff von dem Urgrunde in unserer Seele bewahren, nämlich den, der durch die Worte ausgedrückt wird: 'nicht wie ein Mensch ist Gott' ..., um über allen Anthropomorphismus hinauszukommen. Sondern meist im Irdischen gefangen und nicht imstande, über etwas außer uns selbst nachzudenken, noch befähigt, über die eigenen Leiden uns zu erheben, sondern ins Irdische verkrochen wie die Schnecken und uns rund um uns selbst drehend wie die Igel, urteilen wir über den Glücklichen[52] und Unvergänglichen ebenso wie auch über uns selbst, in dem wir zwar die Torheit des Ausdruckes vermeiden, daß das Göttliche menschähnlich ist, die tatsächliche Gottlosigkeit aber, daß es menschlichen Leidenschaften unterworfen ist, auf uns nehmen. Darum dichten wir ihm Hände, Füße, Kommen, Gehen, Haß, Abneigungen, Entfremdungen und Zornausbrüche an, für den Urgrund unpassende Glieder sowohl wie Leidenschaften"[53].
Weitere Stellen sind heranzuziehen; sie sind besonders wichtig für den Duktus unserer Argumentation:
- "... Unter den in den Geboten enthaltenen Gesetzen nämlich, die ja in eigentlichem Sinne Gesetze sind, werden zwei oberste Leitsätze über den Urgrund vorangestellt, der eine, 'daß Gott nicht wie ein Mensch ...', der andere, daß er wie ein Mensch ist. Aber der erstere wird durch die sicherste Wahrheit beglaubigt, der letztere aber nur zur Belehrung der großen Menge angeführt"[54].
- "... Und es gibt fast nur diese beiden Wege in der ganzen Gesetzgebung, den einen, der sich der Wahrheit zuneigt und durch den bekräftigt wird, 'daß Gott nicht wie ein Mensch ist ...' und den anderen, der sich den Vorstellungen der schwer Begreifenden zuneigt, zu denen gesagt wird: 'Gott, der Herr, wird dich erziehen, wie ein Mensch seinen Sohn erziehen würde' (Deut 8,5)"[55].
- "... Deshalb gilt auch der unselige Bileam[56], wiewohl er überschwengliche Hymnen auf Gott verfaßte, darunter auch diese: Nicht wie

ein Mensch ist Gott ..., den ehrwürdigsten aller Gesänge ..."[57]. Nach Philo sind δύο τὰ ἀνωτάτω ... κεφάλαια περὶ τοῦ αἰτίου. Von diesen beiden Leitsätzen über den Urgrund ist der eine οὐχ ὡς ἄνθρωπος ὁ Θεός und der andere ὡς ἄνθρωπος ὁ Θεός. Der erste Leitsatz hat Vorrang vor dem zweiten.

Darüber hinaus ist nach Philo die biblische Behauptung der Unähnlichkeit Gottes in Bezug auf den Menschen und auf die übrigen Geschöpfe die sicherste Wahrheit, der passendste Spruch, der ehrwürdigste aller Gesänge, "... a matter of authority"[58]. Daraufhin sind einige Überlegungen anzustellen: In einem Selektionsprozeß hat Philo den obengenannten Spruch zur Kategorie der ersten Wahrheit erhoben. Als Ausleger versucht er, einen Wertmaßstab zu begründen. Auf diesem Wertmaßstab kann er sein System bauen: Nicht nur sein theologisches, sondern auch sein ethisches System[59]. Aus dieser Formel macht Philo auch ein Grundprinzip seiner Ethik. Diejenigen, die diese ehrwürdigste Wahrheit anerkennen, sind die Freunde der Seele und könnten der Tugend folgen. Andernfalls sind die Menschen, die diese Wahrheit ablehnen oder nicht kennen, töricht und sogar unfähig, die Vollkommenheit zu erreichen[60]. Dieses Prinzip ist ein Grundstein allen menschlichen Handelns[61].

Diese Wahrheit der Unvergleichbarkeit und Unähnlichkeit Gottes der Schöpfung und besonders dem Menschen gegenüber wird oft zitiert und mit so viel Nachdruck bekräftigt, daß wir sie als sicheres hermeneutisches Prinzip und als feststehenden Befund des echten philonischen Denkens ansehen dürfen. Aus dieser Wahrheit heraus sind andere nicht so eindeutige Behauptungen und Prinzipien zu erschließen. Philo verabsolutiert die Formel "Gott ist nicht wie ein Mensch". Vielleicht finden wir in dieser Verabsolutierung die Größe, aber auch die Misere des philonischen Denkens über die Transzendenz. Mit diesem Ansatz beginnt und untermauert er sein systematisches Werk über Gott, aber gleichzeitig bahnt sich auch bei ihm die Gefahr einer Preisgabe des biblischen Gottesbildes an. Es ist völlig klar, daß der Gott der Bibel dem Menschen und der Welt in strenger Transzendenz gegenübersteht; aber er hat niemals seine Beziehung zum Menschen unterbrochen. Bei Philo dagegen gewinnt man den Eindruck, daß diese Verbindung zwischen beiden nicht immer aufrechterhalten ist. Aber eins ist meiner Meinung nach sicher: Philo geht von der Bibel aus. Sein Ringen ist ein Ringen um den Gott der Heiligen Schrift!

Die vorhergehende Beobachtung wird mit der folgenden erhärtet: Es wurde bewiesen, daß die philonische Lehre über die Transzendenz Gottes in Bezug auf den Menschen einen Anhaltspunkt in der Bibel hat. Aber kann man auch behaupten, daß die philonische Lehre über die göttliche Transzendenz hinsichtlich aller anderen, vom Menschen verschiedenen, geschaffenen Wirklichkeiten einen Anhaltspunkt in der Bibel hat?

Betrachten wir die philonische Methode in der Beantwortung dieser Frage. Wieder einmal geht Philo von dem Prinzip aus "Gott ist nicht wie ein Mensch". Philo verallgemeinert den Ansatz, wie man deutlich beweisen kann: "Gott ist nicht wie ein Mensch; aber auch nicht wie der Himmel und wie die Welt"[62]. Das letzte Teilstück des Satzes wird in der Bibel nicht ausgesprochen, aber Philo fügt diesen Zusatz hinzu, den er als eine Schlußfolgerung des biblischen Spruches erachtet. Philo geht noch einen Schritt weiter, indem er - wieder von Num 23,19 ausgehend - die Behauptung aufstellt, daß Gott nichts ähnlich ist, daß Gott nur wie "Gott" ist: "... For in reality God is not like man nor yet like the sun nor like heaven nor like the sense-perceptible world but (only) like God, if it is right to say even this"[63].

Was bedeutet diese Besonderheit des philonischen Ansatzes? Von der Unähnlichkeit zwischen Menschlichem und Göttlichem ausgehend, dehnt Philo ihn auf alles Gewordene aus. An dieser Stelle treten die schon erwähnten Voraussetzungen wieder zutage. Philo ist darauf erpicht, den Gedanken der Transzendenz in einem bestimmten Text der Thora zu entdecken, und, was nur eine Anspielung in Num 23,19 ist, macht er zu einer voll entfalteten Lehre. Die Auslegung von Num 23,19 hat auch diese andere Bedeutung: Sie legt die Bestrebung Philos bloß, in der Thora die Behauptung der Transzendenz in einer knappen Formel zu finden. Hier wirken wieder Philos Glaube und seine jüdische Erziehung mit. Als Jude nämlich glaubt er, daß Gott alles transzendiert, und, obwohl er diesen Gedanken nicht ausdrücklich in den Büchern des Pentateuchs bestätigt findet, interpretiert er ihn aus dem späteren Glauben heraus. Der transzendente Gott Philos ist aber nicht nur der Gott des Pentateuchs, sondern auch der Gott des gesamten Alten Testaments.

Der fundamentale und prinzipielle Unterschied, den Philo feststellt, besteht nicht in der Trennung zwischen der materiellen und spirituellen Welt, zwischen der wahrnehmbaren und unsichtbaren Welt, sondern in der qualitativen und unendlichen Unähnlichkeit zwischen dem Gewordenen und dem Ungewordenen[64]. Da liegt die große, unüberbrückbare, abgrundtiefe Trennung, und das ist eine Wahrheit, die wie ein Paukenschlag in der Bibel erschallt, nicht aber in irgendeiner Philosophie. Unsere These ist wichtig genug, um bei ihr zu verweilen und die jeweiligen Beweise zu erbringen. Die Argumentation geht von zwei Aussagen aus: Zum ersten verneinen wir, daß die griechische Philosophie die Inspirationsquelle des philonischen Transzendenzgedankens sein kann. Zum zweiten behaupten wir, daß der Transzendenzbegriff aus der Bibel stammt. Für Plato haben die Gegenstände dieser Welt eine kleine, aber trotzdem eine Ähnlichkeit mit den Ideen und auch mit Gott. Der Gott Philos dagegen kann kein Abbild in der materiellen Schöpfung finden. Wie wir schon im herangezogenen Text BREHIER's gesehen haben, ist der ganzen Philosophie des Hellenismus dieser Gedanke fremd[65]. Andererseits identifiziert Plato Gott mit der Idee des Guten. Für Philo aber ist das erste Wesen völlig unidentifizierbar[66]. Nach Aristoteles ist Gott "Sein", "Geist" und "Leben". Dazu kommt die Angabe, daß "... er absolut vollkommen ist, nur einer und der Welt gegenüber transzendent"[67]. Allerdings ist die Gottheit von Aristoteles in ihrem Verhältnis zur Welt "... etwas anderes, wenn auch nicht das ganz Andere"[68]. Philos Gott ist dagegen nicht nur in Distanz zur Welt, sondern er ist der "totaliter alter". Darin sind zwei Unterschiede besonders wichtig. Das göttliche Sein findet nach Aristoteles eine Analogie in der geschaffenen Welt. Philo dagegen lehnt jede "analogia entis" in Bezug auf Gott ab[69]. Nach Aristoteles ist Gott ein erstes unbewegtes Bewegendes. "... Er ist allein vollkommen, und alles strebt danach, sich ihm zu verähnlichen"[70]. Bei Philo ist Gott der Urgrund, aber die Tätigkeit wird nicht unmittelbar von ihm gewirkt, sondern nur durch seine göttlichen Kräfte ausgeführt, weil er der total Abgesonderte ist. Diese Behauptungen brauchen eine nähere Erläuterung. Sowohl für Aristoteles als auch für Philo macht Gott keine Entwicklung durch.

Für Aristoteles ist Gott reiner Geist und er kann in einem einzigen Augenblick das ganze Reich des wahren Seins überschauen und tut dies ewig. Für Philo ist Gott außerhalb jeder Betätigung in der Schöpfung. Aber der entscheidende Unterschied zeigt sich, wenn Aristoteles die Gottheit in der Reihenfolge der Ursachen anführt. In der inneren Folge der Ursachen steht Gott ganz am Anfang. Für Philo steht Gott auf keinen Fall in dieser "inneren logisch-ontologischen Reihe", sondern es besteht ein markanter Bruch zwischen dem "transzendenten Urgrund" und den weiteren Ursachen. So wie Philo jede "analogia entis" in Bezug auf das Seiende bestreitet, lehnt er auch entschieden jede "analogia causae" angesichts des Urgrunds ab. Wie das Problem "logisch" und "philosophisch" zu erklären sei, erläutert Philo nicht.

Der Unterschied wird noch auffallender, wenn eine andere Hauptströmung der griechischen Philosophie in Betracht gezogen wird. Für die Stoiker ist Gott das All und von ihm nicht unterschieden. Eine solche Einstellung ist für Philo undenkbar. Philo betrachtet Gott und das All als verschieden in einer "rücksichtslosen" Scheidung. Gott und Schöpfung haben nichts Gemeinsames. Aber Poseidonios erklärt: "... Göttlich ist der Äther, das Hegemonikon der Welt, göttlich sind die feurigen, beseelten Gestirne, die in ihm nach eigenem Willen ihre Kreisbahnen ziehen, göttlichen Wesens sind die Seelen, die von der Sonne ausgehen, auch der Dämon in des Menschen Brust. Göttlich ist die ganze Welt als das von göttlicher Kraft erfüllte und vernunftbegabte Lebewesen. Aber sie alle verdanken ihre Göttlichkeit nur der Teilhabe an der einen Gottheit, die der Urgrund allen Seins, allen Lebens und Erkennens ist. Wie es nur die eine Welt gibt, so gibt es in strengem Sinne auch nur die eine Gottheit, das geistbegabte, feurige Pneuma, das an sich gestaltlos ist, aber sich in alles verwandelt und sich allem angleicht. Sie ist der schöpferische Geist, der, wie bei uns die Seele den Leib, vom Äther her alle Teile der Welt durchdringt, die einen in stärkerem, die anderen in schwächerem Maße. Sie ist so der Urquell, aus dem alles Leben strömt. Nur als Glied des großen Weltorganismus und in ständiger Wechselwirkung mit ihm kann das Einzelne leben und wesen"[71].

Für Philo ist freilich Gott der Urgrund allen Seins, aber das bedeutet nicht eine "Teilhabe an der einen Gottheit" des Seins, des geschaffenen Alls, wie Poseidonios will, sondern "creatio ex nihilo" durch den Logos und die göttlichen Kräfte. Sichtbares Dasein bedeutet überhaupt nicht eine Form des göttlichen Seins, sondern ganz einfach Macht und Tätigkeit Gottes, die Ausdruck seiner Güte sind.

Es sind nur wenige Beispiele herangezogen worden. Sie sind jedoch charakteristisch für die ganze griechische Philosophie[72] und auch Ausdruck der Verschiedenheit der Auffassungen Philos und der griechischen Philosophen in Bezug auf die Transzendenz. Auf exemplarische Weise haben sie uns gezeigt, daß die griechische Philosophie keinesfalls den Ausgangspunkt des philonischen Transzendenzgedankens darstellen kann.

Philos Ausgangsort für die Transzendenz Gottes ist die Bibel. In der nun folgenden Analyse werden weniger die Schöpfungsberichte und der Pentateuch überhaupt herangezogen, sondern andere Bücher der Bibel, die die Transzendenz Gottes besonders betonen. Gott ist ein Einziger, er ist von seinen Werken grundverschieden, der Heilige Israels überragt seine Geschöpfe unendlich. Wenn diese Gedanken in ihrer Gesamtheit übernommen werden, dann ergibt sich der grundsätzliche Unterschied zwischen der jüdischen Religion und den Glaubensüberzeugungen anderer Völker. Es ist nötig, Schritt für Schritt den biblischen Transzendenzgedanken zu verfolgen. Finden wir in der Bibel reflektierte Aussagen, die in der Richtung der Aussagen Philos liegen, dann ist unsere These wesentlich bestätigt. Schlägt die Bibel eine andere Richtung ein, so entbehrt unsere These ihrer Berechtigung.

Es könnte die in einer stringenten, auf die philonischen Gedankengänge zutreffenden Formulierungen ausgedrückte Behauptung verwundern, wenn man die Meinung vertritt, daß sie aus der Bibel zu entnehmen ist. Um Mißverständnisse zu vermeiden, ist folgendes vorauszuschicken: Es ist selbstverständlich, daß die Bibel nicht solche Formulierungen enthält, wie diejenigen, die Philo für sein Anliegen herausgearbeitet hat, wenn er über den transzendenten Gott reflektiert. Die Bibel ist kein philosophisches oder wissenschaftliches Buch, das nach genauen philosophischen Formulierungen strebt, obwohl die Genauigkeit und Treffsicherheit ihrer Ausdrucksweise eine besondere Kraft beinhalten und oft erstaunlich sind. Andererseits waren die Israeliten nicht besonders abstraktionsbegabt. Es ist ein besonderes Verdienst Philos, die biblischen Absichten in philosophische Kategorien umgesetzt zu haben. Gleichzeitig sind die Anliegen der Bibel in den philonischen Ausführungen über die Transzendenz respektiert. Ferner bilden diese philonischen Ausführungen einen Gegensatz zur griechischen Philosophie. Wir denken dabei an mehrere Schritte. Der erste Schritt bezieht sich auf zwei allgemeine Tatbestände, die ein Sondergut der biblischen Transzendenz darstellen. Der zweite Schritt zieht die biblischen Texte in ihrer Gesamtheit heran. JHWH erscheint als einmalig und unvergleichbar. Die Psalmen und die Propheten berichten auf bemerkenswerte Weise davon. Ebenfalls tritt Gott in den historischen Büchern unter dem Wirrwarr der Geschichte des jüdischen Volkes in seiner Unvergleichbarkeit auf. Bekannt sind letztlich Aussprüche, in denen die anderen biblischen Schriften den einmaligen Gott preisen. In einem dritten Schritt werden die wichtigsten, kennzeichnendsten Texte über die Transzendenz Gottes bei Deuterojesaja vorgetragen.

Ein Begriff der biblischen Theologie, der das Anderssein der welterhabenen Majestät JHWH's aufzeigt, ist der Begriff des כָּבוֹד [73]. Dieses Wort veranschaulicht die absolute Überweltlichkeit der göttlichen Herrlichkeit und den markanten Unterschied zwischen Gott und Schöpfung. "Kabod" ist ein wichtiger "terminus technicus" in der alttestamentlichen Theologie, mit der die Unsichtbarkeit, ja Naturjenseitigkeit und -verschiedenheit Gottes ausgedrückt wird. Je mehr die religiöse Reflexion den Gedanken von JHWH's Verschiedenheit hervorhob, desto mehr sollte der Kabod das Sinnenfällige des Unsichtbaren ausdrücken. Die mittelbare, abgeschwächte "Erscheinung" des Kabods JHWH's macht die Verschiedenheit des wahren Seins Gottes trotz ihres großen Gepräges kenntlich. Unter dem Kabod "verbirgt" sich der unvergleichbare Transzendente. Der Kabod ist letztlich nicht eine Erscheinungsform JHWH's, sondern der sichtbare Ausdruck der Einmaligkeitsstellung Gottes der Schöpfung gegenüber. Der Kabod, der keine direkte Antwort auf unsere Frage der Transzendenz Gottes gibt, zeigt uns doch einen Ausgangspunkt, an dem man ansetzen kann, um Belege für unsere Überlegungen zu gewinnen.

Eine andere Besonderheit der biblischen Gottesvorstellung, die die Einmaligkeit JHWH's im Verhältnis zur Welt scharf hervorhebt, ist die kultische Sonderstellung Israels in Bezug auf das Bilderverbot[74]. Mit Recht behauptet VON RAD: "... Die Götter der großen und kleinen altorientalischen Religionen waren persongewordene Mächtigkeiten des Himmels oder der Erde oder des Abgrunds. So aber war JHWH's Verhältnis zur Welt nicht ... Die Natur war nicht eine Erscheinungsform JHWH's, sondern er stand ihr als Schöpfer gegenüber. Das heißt dann aber, daß das Bilderverbot zu der Verborgenheit gehört, in der sich JHWH's Offenbarung in Kultus und Geschichte vollzog. Es wäre ein großer Fehler, das Bilderverbot einfach als eine vereinzelte kultische Sonderheit Israels gelten zu lassen"[75].

Das Bilderverbot stellt also den transzendenten Gott heraus. Gott ist der Schöpfer, die Natur ist die Schöpfung. Gott steht der Natur, dem Menschen, der Welt und dem Himmel gegenüber. Gott ist nicht nur unsichtbar - auch die Engel sind unsichtbar, und trotzdem kann man Bilder von ihnen machen[76] - sondern er findet in der Schöpfung keine Ähnlichkeit, die für den Menschen ein "Abbild" abgeben könnte[77]. Der transzendente JHWH lehnt also jeden Vergleich mit der Schöpfung ab, sogar in einem dem Menschen so wichtigen Bereich, wie es die Erfahrung ist, die auf konkrete Vorstellungen angewiesen ist. Diese "konkrete Vorstellung" für die menschliche Erfahrung wird nur durch den Kabod ausgedrückt. Mehr noch: Nichts von Menschenhand Geschaffenes kann zum Offenbarungsmittler werden und darum Anbetung beanspruchen. Gott bleibt in der Verborgenheit jenseits aller kultischen Darstellungen und ist nicht im Bilde gegenwärtig. Es ist unverkennbar, daß diese Gedanken Philo stark beeinflußt haben. Philo stellt eine Verbindung her zwischen dem Anderssein Gottes und dem Bilderverbot des Moses: "Deswegen spricht auch die Heilige Schrift den Fluch aus über den, der im Geheimen ein ausgehauenes oder gegossenes Bild, ein Werk von Künstlerhänden, aufstellt (Dt 27,15). Denn weshalb, oh Seele, bewahrst du und speicherst du in dir die schlechten Lehrmeinungen, daß Gott, der Eigenschaftslose, Eigenschaften habe, wie die ausgehauenen Bilder, und daß der Unvergängliche sei wie die gegossenen Bilder?"[78]

Noch ausdrücklicher stellt es dieses Zitat dar: "So heißt es auch an anderer Stelle: 'Ihr sollt nicht neben mir Götter von Silber machen, und Götter von Gold sollt ihr euch nicht machen' (Ex 20,23); denn wer meint, daß Gott Beschaffenheit habe, oder wer Gottes Einheit leugnet oder bestreitet, daß er ungeworden, unvergänglich und unwandelbar sei, der begeht Unrecht gegen sich selbst, nicht gegen Gott, wie es heißt: 'Machet euch nicht'. Denn man muß an seine Gestaltlosigkeit, Einheit, Unvergänglichkeit und Unwandelbarkeit glauben; wer nicht also gesinnt ist, erfüllt seine Seele mit lügnerischem und gottlosem Wahn"[79].

In den nun folgenden biblischen Zitaten wird kein allgemeiner Transzendenzbegriff in der Bibel herausgearbeitet. Damit wäre nämlich sehr wenig oder überhaupt nichts erreicht, denn Plato, Aristoteles und andere griechische Philosophen halten auch an der Transzendenz Gottes fest, wenn man diesen Begriff im allgemeinen betrachtet. Vielmehr geht es hier um die Transzendenz der Gotteslehre unter dem Gesichtspunkt der Unvergleichbarkeit Gottes der Schöpfung gegenüber. Das ist die besondere Komponente der philonischen Transzendenz, die in der griechischen Philosophie fehlt. Wenn diese prinzipielle Unvergleichbarkeit gegeben ist, sind die anderen Begriffe (Unähnlichkeit, Trennung, Unidentifizierbarkeit usw.) gleichzeitig auf die eine oder andere Weise unausweichlich mitgegeben. Was in der griechischen Philosophie nicht vorhanden ist und durch Philo im Gottesbegriff eingeführt wird, ist die "negative Einstellung" in Bezug auf einen möglichen Vergleich zwischen Schöpfer und Schöpfung. Diese "negative Einstellung" ermöglicht ihm, eine scharfe Entfaltung anderer Kategorien zu verwirklichen wie Trennung, Differenz, Unterschied und Unähnlichkeit. Zwischen Gott und den anderen Dingen gibt es selbstverständlich Unterschiede in der griechischen Philosophie. Aber diese Differenz ist nicht total, sondern partiell. Ein Vergleich zwischen der Gottheit und dem Anderen ist dort möglich und sogar notwendig. Es ist klar, daß wir in diesem Sinne diese unendliche Trennung zwischen Schöpfer und Schöpfung in der griechischen Philosophie nicht finden können. Wenn diese prinzipielle Unvergleichbarkeit zwischen JHWH und der Schöpfung aus der Bibel hervorgeht, wird ersichtlich, daß zwischen beiden eine unendliche Trennung gegeben ist. Damit ist die in dieser Untersuchung vertretene These gerechtfertigt, wie es bereits vorher angedeutet wurde.

Nach LABUSCHAGNE[80] bringt das Alte Testament die Unvergleichbarkeit JHWH's auf vier verschiedene Weisen zum Ausdruck: Durch die Negation כ .. אין : "es gibt niemanden wie ..." wie z.B. in I Sam 2,2;

I Sam 10,24; II Sam 7,22 (cf. I Chron 17,20); Ex 8,6; 9,14; Ps 86,8; Deut 33,26; I Kön 8,23 (cf. II Chron 6,14); Jer 10,6.7[81]; durch andere Vergleichsnegationen: II Chron 14,10; 20,6; Jes 46,9; durch rhetorische Fragen zB. "Wer ist wie (Gott)?": Jer 49,19; 50,44; Jes 44,7; Ex 15,11; Mich 7,18; Ps 71,19; 77,14; 89,9; 113,5; durch Verben, die Ähnlichkeit oder Gleichheit ausdrücken: Ijob 28,12-19; Ps 40,6; 89,7; Jes 40,18.25; 46,5.

Es kommt jetzt nicht darauf an, auf die einzelnen Texte einzugehen, sondern es soll lediglich damit gezeigt werden, daß die biblischen Aussagen auf sehr verschiedene Weise und zugleich sehr plastisch die Unvergleichbarkeit des Transzendenten angesichts der Götter und des Menschen samt der sichtbaren Schöpfung herausstellen[82]. Diese Unvergleichbarkeit ist durch die besondere Stellung Gottes in seiner Einmaligkeit gegeben. Die biblischen Texte enthalten keine abstrakten Begriffe, aber das ist auch nicht entscheidend. Das Entscheidende liegt in der stringenten Trennung zwischendem Unvergleichbaren und dem Anderen, die die Texte der Bibel in ihrer erfahrungsbezogenen Sprache durchzieht. Wir können nicht bestreiten, daß die Götter anderer Religionen[83] auch als einmalige Persönlichkeiten und unvergleichbare Gestalten anerkannt wurden. In Ägypten war der Sonnengott der Unvergleichbare. Aber er war nicht der einzige. Damit war seine Unvergleichbarkeit durchbrochen. Es ist bekannt, daß in Mesopotamien mindestens sieben Götter mit dem Titel "ohnegleichen" begrüßt wurden. Wenn man sich diese Tatsache vor Augen hält, kommen einem die biblischen Aussagen über JHWH's Unvergleichbarkeit rigoros exakt vor. Auf diese Weise muß man JHWH sogar von den anderen Göttern trennen, "... weil es keinen anderen seinesgleichen gibt"[84]. Er ist der Eine, der Einzige und der Heilige.

Wir wollen uns nun der Unvergleichbarkeit Gottes in Deuterojesaja zuwenden. Anknüpfend an den letzten Satz wird der eigentliche Schwerpunkt der Argumentation angegangen. Der Verfasser von Deuterojesaja verbindet wie niemand zuvor die Unvergleichbarkeit JHWH's mit einem stringenten Monotheismus[85]. Bis jetzt ist die Unvergleichbarkeit Gottes ganz allgemein behandelt worden. Nun werden einige Behauptungen aus Deuterojesaja im einzelnen betrachtet. Daraus werden wir die endgültigen Beweise für die Bestätigung der aufgestellten These, wonach der Begriff der philonischen Transzendenz Gottes aus der Bibel stammt, ableiten.

Drei Texte werden zur Auslegung herangezogen: Jes 40,18; 40, 25 und 46,9.

Jes 40,18 a) "... Mit wem wollt ihr Gott vergleichen
b) und was wollt ihr neben ihn stellen?"

Jes 40,25 a) "... Wem also wollt ihr mich vergleichen,
b) daß ich ihm ähnlich sei?"
c) spricht der Heilige.

Im Kontext wird Gott als der Allmächtige (V 12), der Allwissende (V 13 u. 14), der Gebieter aller Völker (V 15-22), der Schöpfer und der einzige Architekt das Alls (V 12-14), der Herr der Geschichte (V 22-24) und der Gestirne (V 26) gepriesen. Gott ist der Ewige (V 28), der Kräftige und der Starke (V 29). Dieser Gott wird von der Wertlosigkeit der Götzen und der Nichtigkeit der Völker (V 15-19) abgehoben.

Die Abgrenzung der Verse zu ihrem Kontext wird in den bisherigen Auslegungen sehr unterschiedlich vorgenommen[86]. Aber wichtiger als eine adäquate Aufteilung des entsprechenden Abschnitts ist die Erfassung des Sinnes beider Verse. Beide Verse sind als rhetorische Fragen formuliert. Das ungenannte Subjekt des Verses 18, wenn es auch nicht immer das grammatikalische ist, ist Gott, der durch אל ausgedrückt wird. Daß JHWH hier gemeint ist, zeigt Vers 25. In Vers 25 wird dieses Subjekt - hier auch das grammatikalische - ausdrücklich zitiert. Vers 25 wiederholt sachlich und auch weitgehend formal die Frage von Vers 18. Aber es fällt nicht der Name "JHWH", sondern mit voller Absicht wird er durch קדוש ersetzt. So wie אל wird auch קדוש ohne Artikel absolut gebraucht und wie ein Eigenname verwendet. Im Deutschen fehlt dazu eine Entsprechung. Mit beiden Versen wird das gleiche beabsichtigt: Ist "el" der Gott, der allein wirklich Gott ist, so ist "kadosch" der Heilige, der allein wirklich heilig ist.

Vers 18 besitzt zwei differenzierte Teile: 18a und 18b. In 18a sind die Schlüsselworte "mit wem" und "el" zu untersuchen. Bei "mit wem" ist an eine persönliche Konkurrenz gedacht, d.h. an Götter und nicht an "irgendetwas" und "irgendwen". "el" ist der Gott, der allein wirklich und folgerichtig unvergleichbar mit den anderen Göttern ist.

Es geht in diesem Vers also "um den Absolutheitsanspruch JHWH's"[88] und der unmittelbare Sinn bezieht sich auf das Scheitern jeglichen Vergleichs mit dem Unvergleichbaren. VOLZ ist der Meinung, daß der Prophet hier rein theozentrisch nichts anders will als "Gottes Unvergleichlichkeit (zu) feiern"[89].

Vers 18b bringt denselben Gedanken zum Ausdruck wie Vers 18a: JHWH als der wahre Gott kann mit keinem anderen Gott verglichen werden! Der Vers 25 ist sinngemäß dem Vers 18 sehr ähnlich. Aber die Perspektiven beider sind verschieden. In Vers 18 sprach der Prophet; in Vers 25 spricht Gott selbst. Es selbst spricht die Wirklichkeit seiner Unvergleichlichkeit aus. Vers 25 besitzt drei Glieder. Das dritte Glied hat eine besondere Bedeutung. In Vers 25c drückt der Hagiograph durch das Imperfekt aus, daß er keinen eigenen Spruch wiedergibt, sondern daß jetzt JHWH persönlich redet. Gott wird hier der "Heilige" genannt.

Auf den biblischen Begriff des "Heiligen" muß besonderer Nachdruck gelegt werden. Kein biblischer Begriff drückt besser und kräftiger als dieser die Idee des transzendenten Gottes in dem schon erwähnten Sinn der absoluten und radikalen Trennung zwischen Schöpfer und Schöpfung aus. Wir haben diesen Begriff nur hier herangezogen, weil Deuterojesaja der Hagiograph ist, der sich besonders in die Bedeutung des Begriffes vertieft. Heilig ist "die religiöse Urkategorie"[90], die "abgegrenzt, abgesondert, dem gewöhnlichen Verkehr entzogen"[91] bedeutet. JHWH als der Heilige - so isoliert nur hier bei Deuterojesaja, sonst der "Heilige Israels"[92] - bedeutet auch hier der Erhabene und der bei allem Zugewendetsein Abgesonderte. Mehr noch: JHWH ist "der" Heilige kat´ exochen, d.h. der von allen ohne Ausnahme Abgegrenzte, auch von Wesen, die das Prädikat "heilig" für sich in Anspruch nehmen[93]. JHWH ist also "der Heilige" und kann auf keinen Fall jemandem gleich sein! Das Andere, das nicht "der Heilige" ist, befindet sich auf einem unendlich niedrigeren Niveau als Gott. "Das Heilige" schafft einen Abgrund derart, daß die Bereiche des "Endlichen" und des "Unendlichen" eindeutig bestimmt sind. "Der Heilige" ist das ganz Besondere, das in keiner Hinsicht einen Vergleich zuläßt.
Jes 46,5:
5a) "Mit wem wollt ihr mich vergleichen und messen?

5b) Wem wollt ihr mich an die Seite stellen,
5c) daß wir uns glichen?"

Vers 46,5 ist den Versen 40,18 und 40,25 fast gleich. In seiner Polemik prangert der Prophet die Götzenherstellung an[94]. Hier stellt der Gott der Bibel eine konkrete Frage, die eine bestimmte Antwort herausfordert. Die Wortfülle, wie sie in diesem Vers vorkommt, ist ein Charakteristikum des Deuterojesaja, so wie in Vers 40,18 und in Vers 40,25. Das Auffallendste des Verses - und das unterscheidet ihn von den beiden anderen - besteht gerade darin, daß dieser Vers eine Menge Vergleichsverba enthält. Aus der mehrfachen Anwendung des Personalpronomens der ersten Person und der "Aufdringlichkeit" der zum Vergleich verwendeten Verben gewinnt man den Eindruck, daß jeder mögliche Vergleich zwischen JHWH und dem Anderen ganz allgemein und nicht nur in Bezug auf die Götzen aufs schärfste abgelehnt wird. Der Einzige des Verses 46,5 ist der unvergleichlich Unvergleichbare!

Das Einführungswort "wem" bezieht sich möglicherweise auf die Götzen, aber die Eindringlichkeit der Fragen geht über die Götzen hinaus und bekommt eine allgemeinere Bedeutung. Der Gedanke wäre hier universal zu verstehen: Es gibt kein einziges Wesen in der ganzen Schöpfung, das mit Gott verglichen werden kann. Aber selbst Gott und Götzen kann man nicht vergleichen.

Das erste Verb zielt auf einen Vergleich hin und das zweite auf Gleichheit. Die "causative force"[95] des ersten Verbs ist zu unterstreichen. Der dreifache Ausdruck ist ähnlich den Versen Jes 41,10 und 20 und 43,7. Der Vers drückt also exemplarisch die Unmöglichkeit und sogar die Torheit des Vergleichs zwischen dem ewigen Gott und dem endlichen Geschöpf aus. Ein Gedanke, der auf vielfache Weise schon oft herausgestellt worden ist und der unsere These über den Ursprung der philonischen Transzendenzlehre endgültig belegt. Dieser Vers stellt also den Höhepunkt einer theologischen Tendenz dar, die im ganzen Deuterojesaja spürbar ist und die darauf hinausläuft, den unendlichen Unterschied zwischen dem Heiligen und dem Anderen herauszustellen.

Die Wirkungsgeschichte des Deuterojesaja in den Jahrhunderten nach seiner Niederschrift kann hier nicht verfolgt werden. Es ist aber eine historische Tatsache, daß Deuterojesaja ein fundamentales Buch der Bibel[96] ist, das eine großartige Anziehungskraft im Zeitalter

Philos ausübte. Deuterojesaja wird von den jüdischen Gelehrten, Schriftstellern, Rabbinen usw. zitiert. Aber was noch wichtiger ist, nämlich die Beschreibung der Transzendenz Gottes wie bei Deuterojesaja, hatte die jüdische Spiritualität zutiefst geprägt. Das Buch vertritt einen rigorosen Monotheismus, der den Ausgangspunkt eines hochstilisierten Gedankens der Transzendenz darstellt. Deuterojesaja trug - wie vielleicht kein anderes Buch des Alten Testaments - zur Einprägung eines religiösen Gefühls bei, das JHWH, den Heiligen Israels, als den ganz Abgesonderten und Transzendenten feiert. Philo kennt das Buch und zitiert es an verschiedenen Stellen[97]. Man muß allerdings erwägen, daß die Zitate, die er heranzieht, nicht im Blickwinkel unseres Interesses stehen. Darüber hinaus kann man einen direkten Einfluß des Deuterojesaja in den philonischen Werken unter dem behandelten Gesichtspunkt nicht belegen. Aber Philos Vorstellungen von der Transzendenz Gottes stammen in wesentlichen Zügen aus demselben Geist wie die des Deuterojesaja.

Aber vielleicht könnte man jetzt einwenden, daß Gott - betrachtet man die Bibel im ganzen - mit dem Menschen verbunden und nicht von ihm getrennt ist. JHWH steht in einem unmittelbaren Verhältnis zur Welt und begegnet dem Menschen in vielerlei Weise[98]. In diesem Sinne wäre die Gottesvorstellung Philos "von der des Alten Testaments weit entfernt"[99]. Diese Meinung eines Historikers der Philosophie weist auf ein großes Mißverständnis hin. Die Kritiker, die Philo der Preisgabe der alttestamentlichen Gottesvorstellung bezichtigen, haben weder die Bibel noch die Werke Philos kritisch und auf differenzierte Weise gelesen.

Das Alte Testament enthält auch ein reflektiertes Moment der göttlichen Transzendenz, das man nicht vergessen oder abtun darf. Philo hat dieses besondere Moment aufgegriffen und zum Gegenstand seiner Theologie gemacht. Er hat die Trennung zwischen Gott und Schöpfung mit philosophischen Kategorien untermauert. Auf diese Weise lehnt er jede Analogie und Relation zwischen Gott und dem Anderen ab. Manchmal hebt Philo dieses Moment sogar auf einseitige Weise hervor. Doch obwohl dieses Verhalten riskant erscheint, sollte es nicht sofort getadelt werden. So wie ein Bakteriologe nur durch Vergrößerung und Isolierung seinen Gegenstand richtig erforschen kann, so kann auch

Philo nur durch "Isolierung" und einseitige Herausstellung der Transzendenz den Gegenstand seiner Gotteslehre erfassen. Philo verhält sich hier wie ein Wissenschaftler der Theologie, der in der "Abstraktion" und in der "Absonderung" die Größe und gleichzeitig die Misere seiner Wissenschaft offenkundig macht. Aber Abstraktion und Isolierung sind nicht beliebige Methoden, sondern Philo verfolgt damit ein besonderes theologisches Interesse. Er will einen richtigen Standpunkt in der Theologie gewinnen: Gott ist Gott, und die Schöpfung ist Schöpfung! Dieser biblische Gedanke ist von Philo zum ersten Mal in der Geschichte der abendländischen Theologie eindeutig herausgearbeitet worden. Die Fruchtbarkeit des Ansatzes hat die spätere Theologie - besonders die "negative Theologie" - bewiesen. Andererseits darf man hier die schon erwähnte "Isolierung" nicht übertreiben, denn die philonische Vorstellung läßt doch die Verbindung Gottes mit dem Menschen nicht beiseite. Unsere weitere Untersuchung über die Isolierung Gottes wird das belegen und ergänzen.

Manchmal argumentiert Philo wie der Verfasser des Deuterojesaja. NORTH[100] hat schon in Jes 40,12-26 darauf hingewiesen, daß der Prophet Gott ganz anthropomorph schildert, obwohl er mit aller Schärfe die Unvergleichbarkeit JHWH's herausstellt. Aber dieser scheinbare Widerspruch läßt sich biblisch leicht erklären. Obwohl Gott ganz transzendent ist, existiert für den Hagiographen trotz alledem eine Unmittelbarkeit zwischen Gott und der Schöpfung, besonders zwischen Gott und dem Menschen. Die biblische Seele begegnet dem fernen Gott in der Unmittelbarkeit einer Liebesbeziehung; die angemessene Sprache, die diese Unmittelbarkeit auszudrücken vermag, ist sicher die anthropomorphe[101]. Dasselbe kann für Philo gelten. Wenn er in seinen Schriften als Prediger und Mystiker auftritt, weiß er, daß eine unmittelbare Beziehung des Menschen zum Göttlichen möglich ist, und als Ausdruck dieser Beziehung wendet er eine anthropomorphe Sprache an.

Zusammenfassend läßt sich folgendes sagen: Das Bilderverbot, die Lehre der Unvergleichbarkeit Gottes in der Bibel und ganz besonders der transzendente Heilige des Deuterojesaja sind die wichtigsten Marksteine, die die These belegen, daß die radikale Trennung von Gott und Schöpfung, die Philo in seiner Theologie vornimmt, in der Bibel wurzelt. Die Betonung des Monotheismus und der Heiligkeit Gottes bei Deuterojesaja ist ein entscheidendes Faktum. Der Prophet gewinnt den Transzendenzbegriff aus einem strengen Monotheismus. Der Einzige ist der Heilige. Monotheismus und Heiligkeit gehen ineinander über. Der Heiligkeitsbegriff vertieft den Gedanken der Unvergleichbarkeit Gottes und verabsolutiert ihn. JHWH ist der Abgesonderte, der über alle profanen Realitäten - und profan ist in einem primären Sinn alles, was Gott nicht gehört - hinausgeht. "Alle Völker sind wie ein Nichts gegen ihn, wie nichtig und wesenlos gelten sie ihm" (Jes 40,17). Was "in nuce" in der Bibel und besonders in Deuterojesaja lag, hat Philo völlig entfaltet. Sein Ansatz ist also prinzipiell nicht das Ergebnis einer hohen Spekulation, sondern die konsequente und zugespitzte Entfaltung eines biblischen Anliegens.

Die Trennung zwischen Gott und dem Geschaffenen ist nicht dualistisch[102] zu verstehen. Philo ist kein Gnostiker, der Gott auf radikale Weise gegen die Schöpfung ausspielt. Für Philo ist das Universum überhaupt nicht das Gottwidrige; die Schöpfung ist auch nicht das Gottfeindliche, sondern Gott und Welt sind schlechthin zwei qualitativ verschiedene Größen, die als in Trennung, aber nicht in Feindschaft zueinander stehend zu betrachten sind[103]. Darüber hinaus ist Gott nicht der erbitterte Antagonist, der in verbissener Feindschaft gegen das andere Prinzip, die Materie, steht. Philo vertritt den gegenteiligen Standpunkt. Bei Philo finden wir:
- Gott ist der Grund des Alls [104],
- Gott ist sogar Vater der Welt [105];
- die Güte Gottes ist die eigentliche Ursache der Weltschöpfung [106].

Die philonischen Bücher "De opificio Mundi" und "De Providentia" bezeugen dies alles auf beinahe jeder Seite. Philo erhärtet nicht nur den Ansatz der Genesis: "... und Gott sah, daß es gut war"[107], den er manchmal auslegt, sondern er erweitert ihn sogar. Die ganze philonische Kosmologie und Anthropologie sind von dem Prinzip der Güte des Schöpfers durchdrungen[108]. Die Diastase zwischen Gott und der Welt gründet im göttlichen Willen. Ebenso liegt der Grund des Unterschiedes 'Gott - Schöpfung' nicht im unabänderlichen Gegensatz zwischen Geist und Materie, sondern im Willen Gottes. Mit einfachen Worten ausgedrückt: Gott hat diesen Unterschied gewollt! "... Da der Herr der Welt einen Unterschied machte zwischen sich und der Schöpfung, zwischen sich, dem ewig Unveränderlichen, und der Schöpfung, die schwankt und zwischen den Gegensätzen hin und her schwingt"[109]. Aus den Andeutungen im Schöpfungsbericht hat Philo herausgelesen, daß der entscheidende Grund der Absonderung in der unbeschränkten Freiheit und im ewigen Vorsatz Gottes liegt.

Es wurde bereits angedeutet, wie Philo die Sprüche "Gott ist nicht wie ein Mensch" und "Gott ist wie ein Mensch" gegenüberstellt und wie er dem ersten vor dem zweiten den Vorrang gewährt. Es tritt jetzt die Frage auf, ob die beiden Sprüche miteinander zu vereinbaren sind. Mit anderen Worten ausgedrückt: Wie kann man den ersten Spruch mit den vielen Anthropomorphismen, die sowohl in den Heiligen Schriften als auch in den philonischen Werken vorkommen, in Übereinstimmung bringen?

Philo ist sich dieses Gegensatzes bewußt und er erwähnt immer wieder die Tatsache, daß Moses im Pentateuch Gott mit menschlichen Zügen malt. Philo versucht, die anthropomorphe Rede über Gott zu erklären. Philos Erklärung enthält verschiedene Gesichtspunkte. Eine einfache Erklärung besteht darin, daß Moses die einfältigen Menschen belehren wollte. Die Heilige Schrift gehe darauf aus, "... auf den Lebenswandel der Toren einen erzieherischen Einfluß auszuüben"[110]. Die anthropomorphe Sprache ist angebracht, um ein pädagogisches Ziel zu erreichen. In den Anthropomorphismen geht es "... um einen Gebrauch von Worten, der unserem Unvermögen zu Hilfe kommt"[111]. Aber Philo gibt noch andere Antworten, die eine kleine Korrektur, sogar eine Ergänzung zur vorher genannten Begründung einführen. Die folgenden Antworten stehen in Verbindung mit der philonischen Ethiktheorie. Philo unterscheidet zwischen den Menschen, die "... die Freunde der Seele" seien und den Menschen, die "... die Freunde des Körpers" sind. "Die Genossen der Seele nun sind im Stande, mit geistigen und unkörperlichen Wesen zu verkehren ... und nahmen allein die Vorstellung des Seins in sich auf, ohne ihm Gestalt zu geben. Die aber Zugeständnisse und Bündnisse mit dem Körper eingingen, können die fleischliche Hülle nicht ablegen und ein einziges und sich selbst genügendes, einfaches, ungemischtes und unvermengtes Wesen nicht schauen, wobei sie nicht daran denken, daß das aus der Vereinigung mehrerer Kräfte entstandene

Geschöpf mehrere Teile zur Befriedigung der einzelnen Bedürfnisse braucht. Gott aber, der ungeworden ist und der die anderen Dinge ins Werden brachte, bedurfte nichts von dem, was den Geschöpfen Nutzen bringt"[112].

Philo ergänzt diese Gedanken und beschreibt eingehend, was er unter den "Freunden des Körpers" und den "Freunden der Seele" versteht. Die ersten besitzen "eine trägere und stumpfe Natur" und können nicht scharf unterscheiden. Sie brauchen belehrende Ärzte, die gegen das vorhandene Leiden die passende Arznei erdenken. Moses ist als ein Arzt der Seele einzuordnen, wenn er Gott mit Zorn und Drohungen in der Heiligen Schrift auftreten läßt. Nur auf diese Weise werden diese Menschen belehrt. Für sie paßt der Spruch, "Gott sei wie ein Mensch"[113]. Die zweiten, d.h. "die Freunde der Seele", die "eine glückliche Naturanlage" haben und die in die untrüglichen Geheimnisse Gottes eingeweiht sind, dichten dem Ungewordenen nichts von den Dingen der Schöpfung an. Für diese Menschen paßt der Spruch, "Gott ist wie ein Mensch"[114]. Beide Sprüche, nämlich daß Gott wie ein Mensch und daß Gott eben nicht wie ein Mensch ist, verbinden nach Philos Meinung zwei verschiedene, aufeinander folgende und miteinander verwandte Eigenschaften: Furcht und Liebe. "... Denn, wie ich sehe, beziehen sich sämtliche durch die Gesetze für die Frömmigkeit gegebenen Gebote entweder auf das Lieben oder auf das Fürchten des Seienden. Denen nun, die bei dem Sein weder an einen Körperteil, noch an einen Affekt eines Menschen denken, sondern es dem Gottesbegriff entsprechend nur an sich selbst verehren, ist das Lieben am angemessensten; den anderen aber gebührt das Fürchten"[115]. Damit wird gezeigt, daß Philo die inneren Spannungen der Bibel "von innen" aus der Schrift und aus der Absicht des jüdischen Gesetzgebers, nicht aber aus der griechischen Philosophie heraus erklärt.

Ein weiterer Gesichtspunkt soll nun folgen. Die Anthropomorphismen der Heiligen Schrift lassen sich auf andere Weise erfassen, wenn sie mit denen der anderen Religionen in Verbindung gebracht werden. Die biblischen Anthropomorphismen bergen mit ihrem Belehrungsziel keine große Gefahr, denn sie verleiten den Menschen nicht zur Idolatrie. Die Art und Weise, wie in anderen Religionen die anthropomorphe Sprache über Gott vorkomme, so argumentiert Philo, kann leicht zum Götzendienst verleiten. Bei Moses ist das nicht der Fall. Der jüdische Gesetzgeber vergleicht Gott mit keinem bestimmten Menschen und auch mit keinem bestimmten Einzelwesen[116]. Durch diese etwas gewundene Einschränkung versucht Philo, dem Gegensatz des Judentums zur heidnischen Anschauung gerecht zu werden. Philo versichert immer wieder, daß es keine größere und abscheulichere Gottlosigkeit[117] gibt, als wenn man glaubt, Gott ist auf Erden gewandelt, hat Hände und Füße und redet und fühlt wie ein gewöhnlicher Mensch. Daher verabscheut er die Meinung derjenigen, die Gott niedrige Leidenschaften zuschreiben.

Trotz dieser kategorischen Behauptungen schreckt Philo nicht davor zurück, Gott Zorn und andere menschliche Eigenschaften beizumessen, wenn er andere belehren und ihnen eine bestimmte Wahrheit einschärfen will. Philo als "hellenistischer Rabbi" will mit seinen Schriften nicht prinzipiell Gelehrsamkeit vorzeigen, sondern er will vor allem unterweisen. Mit Recht hat THYEN[118] darauf hingewiesen, daß man "... sich Philo als den Homileten in seiner Gemeinde vorstellen" muß, der "... seine Hörer um jeden Preis erbaut wissen will". Dieses Erbauungsziel der philonischen Schriften kann uns dabei helfen, die philonischen Anthropomorphismen in einen adäquaten Horizont einzuordnen. Moses ist sein Vorbild. So wie der große Gesetzgeber sich die Freiheit nahm, inadäquate Ausdrücke über Gott zu verwenden, um sich den Israeliten verständlich zu machen, so erlaubt sich Philo einige Zugeständnisse, wenn das Verständnis einer wichtigen theologischen Lehre auf dem Spiel steht. Andererseits kann ein Homilet nicht ständig sowohl seine Äußerungen dem Leser anpassen und zugleich immer wieder korrigieren. Dazu kommt, daß unsere Rede über Gott immer unpräzise ist. Alle Prediger wenden diese inadäquate, aber doch zweckmäßige Sprache an. Im Augenblick der Belehrung, und wenn der konkrete, einfache Mensch berücksichtigt wird, treten die sachgerechten, aber schwer verständlichen Ausdrücke zurück. Nach Philo sind einige Behauptungen des Moses, die krasse Anthropomorphismen enthalten, metaphorisch zu verstehen. In Gen 8,21 steht geschrieben: "... als JHWH den lieblichen Duft roch, ...". Das Wort "roch" hat hier die Bedeutung von "stimmte zu"[119]. Hier könnte man an Philo Kritik üben. Er verneint einen krassen Anthropomorphismus in Gott, aber er schreibt ihm einen anderen, geistlicheren Anthropomorphismus zu[120]. Damit ist ein Grundproblem der Theologie aufgeworfen, und zwar die Schwierigkeit, über Gott zu sprechen.

Philo gibt eine weitere Antwort auf das Problem der Anthropomorphismen, die ihm als Theologen Ansehen verleiht. Für ihn stellt alle Rede über Gott gleichzeitig eine Rede über den Menschen und vor allem "des Menschen" dar, weil wir "... nicht im Stande sind, aus uns selbst hinauszukommen, vielmehr die Vorstellungen vom Ungewordenen unseren Eigenschaften entnehmen"[121]. Das ist eine wichtige theologische Feststellung. Wenn der Mensch an Gott denkt und über ihn spricht, denkt und spricht er von seinem menschlichen Gesichtspunkt aus. Das ist unvermeidlich. Gott kennen wir immer nur in menschlichen Kategorien. Hier taucht der große Widerspruch aller Rede über Gott auf, der von BARTH zutreffend formuliert wurde: "... Wir sollen als Theologen von Gott reden. Wir sind Menschen und können als solche nicht von Gott reden. Wir sollen beides, unser Sollen und unser Nichtkönnen, wissen und eben damit Gott die Ehre geben"[122]. Philo versucht zwar, grobe Anthropomorphismen zu vermeiden; trotzdem sieht er immer die Gefahr, weil wir "... im Irdischen befangen" sind. Wir sind daher "... nicht im Stande, über etwas außer uns selbst nachzudenken"[123]. Das Risiko eines Mißverständnisses ist immer dabei. Dem Menschen ist es unmöglich, einen Punkt außerhalb seiner Erfahrung, außerhalb seines Selbst zu finden, wenn er von Gott spricht. "Non enim possumus nominare Deum nisi ex creaturis", sagt zutreffend später Thomas von Aquin[124].

Alle Rede über Gott ist wahrlich auch eine anthropologische Rede, die die Wahrheit wohl offenbart, aber das stets auf relative Weise. Die menschliche Rede über Gott ist in jedem Falle eine metaphorische Rede. Über Gott können wir im eigentlichen Sinne nicht sprechen, weil es keinen Horizont gibt, der Gott zu überragen vermag. Das Sprechen über Gott kann darum immer nur ein Sprechen zu Gott hin sein. Mehr noch: Nach Philo kennen wir von Gott nur die Existenz, niemals aber das Wesen. Darüber hinaus wissen wir über Gott sehr wenig oder überhaupt nichts. In Wirklichkeit hat er niemandem "... sein Wesen gezeigt, hat es vielmehr für das ganze Menschengeschlecht unerkennbar gelassen"[125].

Trotz aller unserer gewonnenen Kenntnisse über Gott muß immer wieder deren Fragwürdigkeit in einem kritischen Reden über Gott festgestellt werden. Von entscheidender Bedeutung ist hier der Ansatz Philos: Von Gott wissen wir, daß er existiert, aber was er ist, bleibt immer ein Geheimnis. Über Gott zu spekulieren, ist wie in ein unergründliches Meer eindringen zu wollen. In diesem Punkt sieht Philo das Geheimnis - das unergründliche Geheimnis Gottes - und alle seine kategorischen Behauptungen werden zu stammelnden Fragen: "... Wer vermag etwas zu sagen, ob die letzte Ursache unkörperlich oder körperlich ist, ob sie Eigenschaften hat oder eigenschaftslos ist, oder überhaupt über ihr Wesen und ihre Beschaffenheit, ihr Verhalten und ihre Bewegung eine bestimmte Aussage zu machen? Nur er allein kann über sich selbst sichere Behauptungen aufstellen, da er allein in Wahrheit sein Wesen genau geprüft hat"[126].

Diese letzten Worte Philos führen auf ein neues, sehr interessantes Problem, nämlich auf den philonischen Offenbarungsgedanken. Wenn Philo die Transzendenz Gottes mit den o.g. Äußerungen von Leg A ll III 206 umschreibt, wenn er nur die Existenz Gottes als Gegenstand unseres Wissens bejaht, wenn er die unendliche Kluft zwischen dem Ungewordenen und dem Gewordenen hervorhebt, wenn er Gott als unvergleichbar, unähnlich und unzugänglich, als unerreichbar und unfaßbar ansieht, hat er sich dann selbst nicht den Zugang zu jedem Sprechen von Gott, zu jeder Aussage über Gott überhaupt versperrt? Es ist wahr, daß das menschliche Geschlecht nur die bloße Existenz Gottes erkennen kann, nicht aber sein Wesen. Aber von Gott können wir mehr wissen, wenn er selbst spricht:"... nur er allein kann über sich selbst sichere Behauptungen aufstellen"[127]. Und Gott hat gesprochen! Die Bibel enthält sein Wort. Hätte er nicht gesprochen, wäre uns allein die Existenz des Göttlichen bewußt. Aber Gott kommt uns entgegen. Und es ist diese Gottesrede, welche das Fundament und die Möglichkeit der Rede über Gott ausmacht. Wenn Philo den Pentateuch auslegt, interpretiert er nicht das geschriebene Wort und das Wissen eines Weisen, des weisen Gesetzgebers Israels, sondern vor allem die Offenbarung Gottes. Die Autorität und Weisheit des Moses sind nicht primär die eines hochbegabten Menschen, sondern die Autorität und die Weisheit Gottes, der hinter Moses steht. Philo weiß, daß die Bibel die

Offenbarung Gottes enthält und daß das Wort Gottes durch die Vermittlung einiger Menschen verkündet wurde. "... Wohl weiß ich zwar, daß alles, was in den heiligen Büchern aufgezeichnet ist, durch ihn (Moses) mitgeteilte, göttliche Offenbarungen sind"[128].

Philo reflektiert direkt und explizit nur selten über die Bibel als Wort Gottes, aber diese Realität ist immer bei ihm im Hintergrund zugegen. Er braucht nicht ständig darüber zu reflektieren, weil diese Tatsache für ihn ein selbstverständlicher Gedanke ist, der immer hinter seiner Auslegung steht: Die Worte des Moses sind gleichzeitig die Worte Gottes. Diese göttlichen Worte geben Philo eine unzerbrechliche Sicherheit und diese Worte werden auch Grundprinzipien seines Systems, obwohl sie interpretiert werden müssen.

Wir haben auf den Spruch "Gott ist nicht wie ein Mensch" immer wieder hingewiesen und darauf bestanden, daß nach Meinung Philos diese Worte Gegenstand einer göttlichen Offenbarung durch Bileam sind. Obwohl dieser Mann unwürdig ist, hat Gott durch ihn gesprochen[129]. Gott kann nicht nur durch weise, tüchtige und tugendhafte Menschen sprechen, sondern auch durch unwürdige. Für ihn ist alles möglich. Am Ende dieser Ausführungen über die göttliche Transzendenz wird gezeigt, daß den Menschen das Schauen Gottes verwehrt ist. Diese Lehre, die Philo immer wieder vertritt, ist nicht das Ergebnis einer spekulativen Philosophie oder Produkt irgendeiner Untersuchung, sondern die sichere Tatsache, die vom Wort Gottes stammt. Derselbe Gott hat Moses unterrichtet, und weil das das Wort Gottes ist, macht Philo daraus ein Grundprinzip seiner Lehre über die Transzendenz.

Es muß zugegeben werden, daß Gott mit dem Menschen sprechen kann, und auch das: Dank des göttlichen Wortes läßt sich etwas mehr als das reine Sein Gottes erkennen. Aber wie ist das möglich, wenn Gott als der erste Urgrund unergründlich ist? Hat es einen Sinn, über Gott zu sprechen, wenn er unzugänglich ist? Wie können wir ihn erfassen, wenn er unfaßbar ist? Wie ist es denkbar, daß das menschliche Vermögen ihn empfangen kann, wenn er unerreichbar ist? Wie können wir, wenn er spricht, seine Laute hören, wenn er den Menschen so unzugänglich ist, daß wir ihn nicht erfassen, empfangen und erreichen können? Um auf diese Fragen eingehen zu können, ist es erforderlich, neue Komponenten des philonischen Systems einzuführen, nämlich die Kräfte Gottes. Gott wirkt tatsächlich in der Schöpfung, aber nicht unmittelbar, sondern durch seine göttlichen Kräfte. Der Urgrund bedient sich zweier Ursachen, um in dem Gewordenen zu wirken. Die Gewalten, die den unerreichbaren Gott umgeben, ermöglichen die Erkenntnis des Seins Gottes, die Erfassung seiner Eigenschaften, das Empfangen der Offenbarung durch den Menschen[130].

Zwei Momente sind in den Gedankengängen Philos zu unterscheiden: 1.) Das Moment der Reflexion, der Differenzierung und der Formulierung, in dem Philo einen exakten Begriff der göttlichen Erhabenheit auszudrücken versucht. Hier spricht der sorgfältige Theologe, der eine differenzierte philosophische Terminologie in Anspruch nehmen will. Sein Hauptanliegen beschränkt sich auf Gott als das Erste, als das Seiende, als den ersten Urgrund. Sein Ziel besteht darin, die göttliche Wirklichkeit zu artikulieren, die Genauigkeit der biblischen Intentionen herauszuarbeiten und diese alttestamentlichen Anliegen in einer präzisen griechischen Terminologie auszudrücken. Der Glaubende, der Mystiker, der Theologe und der Philosoph[131] sprechen gleichzeitig in Philo in der Umwelt von Alexandrien. Genauer: Der Theologe legt Rechenschaft über seinen Glauben mit seiner strengen und rigorosen Formulierung ab. Die Gedanken sind im Judentum verwurzelt, die Terminologie hat er von den Griechen gelernt[132]. Aber er ist kein neutraler Vermittler zwischen Judentum und Hellenismus. Sein Glaube, besonders hier sein jüdischer Glaube ist immer im Spiel. Er ist in der Tiefe seines Wesens vor allem ein Jude.

2.) Das Moment der Belehrung und der Unterweisung durch Homilien und Predigten. Hier spricht der Lehrer, der Pädagoge, der Prediger, der vor allem von seinen Schülern, Lesern und Hörern verstanden werden will und der ihnen eine bestimmte erbauliche Lehre einzuschärfen versucht[133]. Das Hauptanliegen wird jetzt - auf apologetische oder polemische Weise[134] - rein didaktisch. Die sorgfältige Formulierung tritt um der Zugänglichkeit der Lehre willen zurück. Philo beabsichtigt, die Wirklichkeit und die allbeherrschende Präsenz Gottes einzuschärfen. Im Eifer der Unterweisung werden die undifferenzierten Ausdrücke über Gott, bewußt oder unbewußt, anthropomorph. Diese sowohl gut formulierten als auch rein pädagogischen Ausdrücke über Gott bilden bei unserem Verfasser kein abgeschlossenes System[135].

Philo "theologisiert" in jedem seiner zahlreichen Bücher aber nur gelegentlich[136]. In seiner Auslegung des Pentateuchs und auch in seinen philosophischen und historischen Werken finden wir immer wieder Behauptungen und sogar besonders ausführliche Untersuchungen über Gott. Aber Philo hat kein Buch verfaßt - zumindest ist uns keines erhalten geblieben -, dessen Hauptanliegen, Gegegenstand und letztlich eigentliches Interesse die systematische Entfaltung einer ausführlichen Theologie ist[137].

4. Die philosophische Formulierung des philonischen Ansatzes über die Transzendenz Gottes

In Quaest in Gen II 54 - leider besitzen wir nicht mehr das griechische Original, sondern nur eine armenische Übersetzung - formuliert Philo die Diastase, die Trennung zwischen Ungewordenem und Gewordenem, folgendermaßen: "... For that blessed and most happy one does not admit any likeness or comparison or parable". Dieser Satz ist besonders auffallend und wichtig für uns. Gott läßt nicht zu:
- ὁμοιότητα d.h. Ähnlichkeit, likeness;
- σύγκρισιν d.h. Vergleich, comparison;
- παραβολήν d.h. Analogie, parable.

Bedauerlicherweise hat Philo seine Meinung hierzu - obwohl diese Behauptung an anderen Stellen bekräftigt wird[138] - nicht weiter ausgeführt. Hier finden wir eine scharf durchdachte und perfekt abgerundete Formulierung, die nicht hoch genug eingeschätzt werden kann. Philo lehnt nicht nur die Ähnlichkeit ab, was bereits ausführlich behandelt wurde. Er führt seinen Gedanken weiter und wählt zwei andere Hauptwörter, die der Behauptung eine außerordentliche Kraft verleihen. Philo lehnt auch jeden Vergleich und jede Analogie ab; die Analogie, die in der späteren Theologie - vor allem in der thomistischen Gotteslehre - eine große Rolle spielen wird. Philo führt die negative Theologie bis an ihre Grenzen durch, bis hin zur Erschöpfung der Möglichkeiten des Wortes. Mit ihm erfährt die negative Theologie ihre radikalste Wendung. Die philosophische Formulierung Philos geschieht nicht zufällig. Sie paßt sich in ihrer Konzeption der göttlichen Transzendenz völlig an und stellt einen Eckstein in der Begründung seines Systems dar. Eine solche Behauptung hätte ein griechischer Philosoph nicht einmal denken können!

Für die ganze griechische Philosophie ist selbstverständlich, daß Ähnlichkeit, Vergleich und Analogie zwischen Gott und Geschöpf bestehen. Für Aristoteles stellt das πρῶτον κινοῦν ἀκίνητον immerhin die erste Bewegung dar, und als solche ist sie mit der Reihenfolge der weiteren Bewegungen mindestens "analog". Nach Platos Meinung findet die Idee des Guten ihr εἰκών in der materiellen Welt. Das Streben des religiösen Menschen im Hellenismus besteht darin, Gott ähnlich zu werden. Anders bei Philo: Gott als Urgrund ist unbewegend und unbeweglich. Die in Bezug auf die Wirkung bestehende Ähnlichkeit zwischen den geschaffenen und den göttlichen Ursachen beginnt nicht in der Tätigkeit des Transzendenten, sondern im Tätigkeitsbereich der göttlichen Kräfte. Gott findet auch keine andere Analogie in der Schöpfung. Der Mensch ist nicht εἰκών des Transzendenten, sondern er ist εἰκών des Logos Gottes. Der Mensch kann mit seiner tugendhaften Lebensführung dem Logos ähnlich werden, aber nie dem transzendenten Gott! Nur Philo geht darüber hinaus und wagt, was in einem "normalen Sinn" unphilosophisch klingt. Wie ist es möglich, an Gott zu denken und gleichzeitig behaupten zu können, daß Gott keine Ähnlichkeit und keine Analogie mit der Welt zuläßt? Wie ist es möglich, von Gott abzustammen, wenn jede Analogie mit ihm bestritten wird? Hier nun durchbricht Philo die logische Struktur der Sprache und der griechischen Vernunft. Mit Hilfe seines jüdischen Glaubens gelangt er dorthin, wohin die griechische Philosophie keineswegs kommen konnte. Für Philo sind Vergleich, Ähnlichkeit und Analogie Kategorien, die nur bei dem Geschaffenen im vollen Sinn anzuwenden sind. Die Transzendenz Gottes geht dagegen soweit, daß die Analogie mit der Schöpfung bei ihm unanwendbar und unangemessen ist. Der erklärte fundamentale Unterschied[139] zwischen Gott und Welt ermöglicht diesen Gedanken. Die behandelte Unvergleichbarkeit Gottes mit der Schöpfung[140] beweist und verlangt ihn. "Philosophisch", d.h., philosophische Gedankengänge anwendend, "zerstört" Philo ein Grundprinzip der griechischen Philosophie. Die Philosophie wird "die Magd der Theologie".

Die Bedeutung der Formel in Quaest in Gen II 54 ist jedoch durch Auslegung und Überlegung abzugrenzen: Wie ist sie zu verstehen? Stehen wir hier nicht vor einem großen Widerspruch innerhalb der Theologie Philos? Vergleicht er nicht oft die Geschöpfe, vor allem den Menschen, mit Gott? Tatsächlich aber vergleicht Philo auch Gott mit dem Menschen hinsichtlich des guten Handelns des Menschen und der Tugend.

Der Mensch ist Gott ἀγχίσπορος, d.h. nahe verwandt, wegen seiner Vernunft[141]. Das rechte Handeln des Menschen ist auch ein gottähnliches Handeln[142]. Wie kann man diese ausgewählten Texte in Einklang mit Quaest in Gen II 54 bringen? Es darf nicht vergessen werden, was schon gesagt wurde, daß zwischen Philo als Katecheten und Pädagogen und Philo als Wissenschaftler und Philosoph zu unterscheiden ist. Ferner sei daran erinnert, daß "Gott" bei Philo nicht schlechthin Synonym des ersten Wesens ist, sondern "Gott" auch der Name einer Kraft des Urgrunds ist. Der folgende Text ist besonders im weiteren Verlauf der Überlegung wichtig: "... Wundere dich nicht darüber, wenn die Sonne nach den Regeln der Allegorie dem Vater und Leiter des Weltalls gleichgesetzt wird; denn Gott ist in Wahrheit nichts ähnlich; was aber dem Anschein nach für ihm ähnlich gehalten wird, sind nur zwei Dinge, ein unsichtbares und ein sichtbares, und zwar ist die Seele das unsichtbare, die Sonne aber das sichtbare"[143]. Dieser Text spielt eine Vermittlungsrolle zum richtigen Verständnis der o.g. anscheinend widersprüchlichen Aussagen. Von Hause aus bekräftigt Philo das Prinzip "Gott ist nichts ähnlich". Trotzdem hätten wir, so sagt er, in den Heiligen Schriften Behauptungen, wo Gott mit der Seele und dem Licht verglichen wird[144]. Darüber sollen wir uns nicht wundern. Hier spricht der Hagiograph allegorisch und seine Behauptung in Bezug auf die Ähnlichkeit Gottes mit dem Licht ist symbolisch zu verstehen. Die Verneinung der Ähnlichkeit, des Vergleichs und der Analogie schließt bei Philo nicht jede Rede über Gott aus. Wir können über Gott metaphorisch reden, so wie er auch "metaphorisch" handeln kann. Aber diese "metaphorische Sprache" schwächt die Unähnlichkeit Gottes der Schöpfung gegenüber nicht im geringsten ab, wenn der Begriff "Gott" in rigoroser Genauigkeit definiert wird.

Von Gott wissen wir etwas, weil er sich selbst in der Bibel offenbart hat. Diese Offenbarung ist für den Menschen bestimmt. Obwohl Gott mit dem Menschen unvergleichbar ist, kann er sich in die menschliche Gestalt verkleiden. Obwohl er keinen Mund hat, kann er durch den Menschen zum Menschen von sich selbst sprechen, mit Worten und Begriffen, in denen der Mensch Erfahrung und mit denen er Umgang hat. Aber diese so verstandenen Aussagen kann Philo auch auf eine andere Ebene bringen. Oft ringt er "dialektisch" mit den Anthropomorphismen des Pentateuchs. Er modifiziert die anthropomorphe Direktheit der alttestamentlichen Aussagen, um die göttliche Transzendenz zu sichern[145].

Ein letzter Gedanke führt das vorher Gesagte weiter: Unsere

Rede über Gott ist nicht nur anthropomorh, allegorisch und symbolisch, sondern auch widersprüchlich. Die Aufgeschlossenheit Gottes zum Menschen ermöglicht überhaupt die Lehre über Gott, aber dieses göttliche Zuvorkommen hebt nicht die unendliche Entfernung auf, und es ermöglicht nicht unbedingt eine konsequente und präzise Lehre über Gott. Das menschliche Empfangen der Offenbarung ermöglicht das Bewußtsein der Beziehung zwischen Bedingtem und Unbedingtem. Dieses in menschlichen Worten und Taten ausgedrückte Verhältnis schafft die Diastase nicht ab und ermöglicht nicht eine durchdachte Lehre über Gott, sondern nur, daß wir über Gott anthropomorph, symbolisch und sogar widersprüchlich reden können. Mehr noch: Was wir von Gott mit guten Gründen zu behaupten vermögen, können wir in einem anderem Zusammenhang verneinen. Ein Beispiel haben wir schon in Leg All 206 gesehen. Niemand hat Gott gesehen und niemand hat eine einwandfreie Lehre über Gott entwickelt. Von welchem Theologen können wir sagen, daß wir von dem voll befriedigt sind, was er über Gott geschrieben hat? Gibt es nicht immer Lücken? Vielleicht besteht die Lösung darin, daß wir die Bejahung beider Realitäten - Transzendenz und Isolation - dialektisch aufrecht erhalten. Es ist sicher, daß Gott nichts ähnlich ist, aber es ist auch sicher, daß der Mensch ein Abbild Gottes ist. Aphoristisch mit den Worten Philos gesagt: Gott ist nichts ähnlich, aber der tugendhafte Mensch gleicht Gott. Vielleicht ist das auch ein Zeichen der Transzendenz Gottes: Wir wollen über ihn sprechen, und wir können am Ende nur eines sicher behaupten, nämlich daß unsere Rede über Gott mangelhaft, inadäquat, ja unmöglich ist.

    Das Ergebnis könnte nun lauten: Wenn Philo den alleinigen Gott als Gegenstand seines Denkens in Betracht zieht, sieht er ihn als unvergleichbar, unähnlich, unanalog der Schöpfung gegenüber. Es kommen Schwierigkeiten zum Vorschein, wenn Philo Gott mit dem Gewordenen, besonders mit dem Menschen, in Beziehung bringen muß. Hier beginnen die Schwankungen, die Meinungsverschiedenheiten und die scheinbaren Widersprüche. Der Grund ist folgender: Die Bibel erzählt von Gott und Schöpfung als von zwei miteinander verflochtenen Wirklichkeiten. In der Schrift ist JHWH immer "ein Gott für den Menschen". Philo dagegen trennt diese zwei Größen. Er ist ein Philosoph und ein Denker und berücksichtigt Gott, Gott allein, auf der einen Seite und einen "Gott für den Menschen" auf der anderen Seite. Wenn Philo Gott einzig als Gott in Betracht zieht, formuliert er scharf und präzise. Aber Schwierigkeiten tauchen auf, wenn Gott als "ein Gott für den Menschen" sein Gegenstand ist. Beide Wirklichkeiten, Gott und "ein Gott für den Menschen", scheinen miteinander zu kollidieren. Philo kann daher nicht ganz konsequent seinen ersten Gedanken der Transzendenz durchführen.

5. Der philosophische Sinn des philonischen Ansatzes
über die Transzendenz Gottes

Philo behauptet, die göttliche Natur sei vollkommen, glücklich und selig und die beste Natur[146]. Gleichfalls begründet er die Ablehnung des Vergleichs, der Ähnlichkeit und der Analogie mit den Tatsachen, daß Gott eine andere Natur hat, zwischen dem Ungewordenen und dem Gewordenen nicht ein unwesentlicher, sondern ein wesentlicher Unterschied besteht, beide Wirklichkeiten, Gott und Schöpfung, zu verschiedenen "Gattungen" gehören, die Gattung des Schöpfers hauptsächlich, die der Schöpfung jedoch nebensächlich ist.

Drei Unterscheidungen in Bezug auf Gott sollen nun die weiteren Überlegungen leiten: Der Unterschied der Natur (φύσις) : "... Gott und das Gewordene, die gegensätzlichen Wesenheiten (Naturen)"[147]; "... It is said of Him 'like a man He shall train His son' (Dt 8,5). And thus it is for training and admonition, not because God's nature is such, that these words are used"[148]; der Unterschied des Wesens (οὐσία) : "... dem seinem Wesen nach von der ganzen Schöpfung getrennten Gott"[149]; der Unterschied der Gattung (γένος) : "... Alles von Gott Abhängige stellt sich als um eine ganze Gattung tiefer stehend heraus"[150]; der Unterschied der Ordnung bzw. Qualität (χώρα) : Was "... auf Gott folgt, an zweiter Stelle, mag es auch unter allen übrigen Dingen das ehrwürdigste sein"[151]; "... Daß das Gewordene in jeder Hinsicht nach der Schöpfung kommt"[152].

Zusammenfassend können wir feststellen, daß alle diese Unterschiede von Philo immer knapp formuliert[153] werden und am Rande stehen. Sie sind nie unmittelbarer Gegenstand seiner Überlegungen. Gleichfalls erklärt er nicht, was er unter φύσις, οὐσία, γένος und χώρα versteht und wie diese Ausdrücke zu erfassen sind[154]. Trotzdem kann man den Sinn verstehen, wenn man die wörtliche Bedeutung dieser Begriffe betrachtet und sie in ihrem eigentlichen Sinn verwendet werden. Diese Unterschiede haben große Auswirkungen im Bereich der philonischen Lehre über die Transzendenz, obwohl sie so knapp formuliert sind.

Andererseits behauptet Philo, daß einige Wesen, und zwar auch die menschlichen Seelen und die Eltern, an der "göttlichen" Natur

Gottes teilhaben. Wie ist das zu verstehen? Stehen wir hier vor neuen Widersprüchen?

"... Aber nicht weil einer der Körper am Himmel umherirrt, die doch göttliche und glückselige Natur erhalten haben ..."[155]. Es ist hier ein wichtiger Unterschied eingeführt worden, nämlich zwischen Gott als erstem Wesen und den Kräften Gottes, die dem transzendenten Wesen unterlegen sind. Die Körper am Himmel, von denen Philo hier spricht, haben nicht an dem transzendenten Wesen Gottes teil, sondern an dem Wesen der göttlichen Kräfte. An einer Stelle seiner Schriften spricht Philo vom unbetretbaren Gebiet, in dem die göttlichen Kräfte sich aufhalten[156]. Es ist ganz klar, daß er hier nicht von dem einzigen Gott spricht, sondern von den vielen Kräften, die Gott umgeben. Dieser Text kann helfen, den o.g. Unterschied zu verstehen.

"... Denn die Eltern nehmen eine Mittelstellung zwischen göttlicher und menschlicher Art ein, da sie an dieser wie an jener Anteil haben: ... an göttlicher (Art), da sie gezeugt und Nichtseiendem zum Sein verholfen haben"[157]. Wieder ist es notwendig, die genannte Unterscheidung zu treffen. Die Teilnahme an der göttlichen Art der Eltern bezieht sich auf die schöpferische Kraft Gottes, die auch vom ersten Urgrund verschieden und ihm unterlegen ist. Die Seele ist "... von göttlicher Beschaffenheit"[158] (Natur). Wie man später sehen wird, ist dies eine Behauptung, die sich auf den Logos bezieht. Die Seele des Menschen ist Abbild nicht des ersten transzendenten Wesens, sondern des göttlichen Logos[159].

6. Wertung des philonischen Ansatzes über die Transzendenz

Zwanzig Jahrhunderte früher als K. Barth entdeckte Philo in der Bibel, was der Schweizer Theologe im Römerbriefkommentar herausstellte, nämlich daß Gott Gott und der Mensch Mensch sei. Folgende Gedanken des Römerbriefkommentars hätte auch Philo schreiben können: "... Gott, die reine Grenze und der reine Anfang alles dessen, was wir sind, haben und tun, in unendlichem qualitativem Unterschied dem Menschen und allem Menschlichen gegenüberstehend, nie und nimmer identisch mit dem, was wir Gott nennen, als Gott erleben, ahnen und anbeten, das unbedingte Halt! gegenüber aller menschlichen Unruhe und das unbedingte Vorwärts! gegenüber aller menschlichen Ruhe, das Ja in unserem Nein und das Nein in unserem Ja, der Erste und der Letzte und als solcher der Unbekannte, nie und nimmer aber eine Größe unter anderen in der uns bekannten Mitte, Gott der Herr, der Schöpfer und Erlöser - das ist der lebendige Gott!"[160]

Die Bedeutung des philonischen Ansatzes ist unverkennbar. Philo stellt einen Ausgangspunkt in der späteren christlichen Theologie und zugleich einen Gipfel in der "negativen Theologie" dar. Die Richtung, in der Philo den Gottesbegriff entwickelt, hatte bereits die Bibel eingeschlagen. Allein Philo geht weit über die biblischen Aussagen ausdrücklich hinaus und gibt zum ersten Male dem Gedanken der göttlichen Transzendenz die radikale Wendung der späteren negativen Theologie[161]. Aber Philo ist der Bibel treu geblieben, obschon der die biblischen Aussagen mit der genauen Formulierung eines Juden, der in der griechischen Philosophie beheimatet ist, auf die Spitze getrieben hat. Im Grunde besteht das philonische Anliegen darin, die biblischen Absichten angesichts der Transzendenz Gottes im vollen Lichte leuchten zu lassen. Um das zu erreichen, sieht er sich gezwungen, einige Begriffe, wie die göttlichen Gewalten, einzuführen. Sie sind in der Bibel jedenfalls nicht so enthalten, wie sie Philo entwickelt hat. Aber diese neuen Begriffe ermöglichen, eine bessere und einfachere Einsicht in die biblische Transzendenz zu gewinnen. Gott ist das überaus absolut transzendente Wesen. Streng hält Philo stets dieses Prinzip aufrecht, auch wenn es große Schwierigkeiten bereitet. Die Lösungen dieser Probleme sind nicht immer die glücklichsten und die besten. Sie werden aber immer wieder vorgebracht, um die göttliche Transzendenz zu wahren. Wahrlich ist Philo der Theologe der Transzendenz Gottes, - aber nicht nur ihr Theologe, sondern auch ihr Anwalt! Er verteidigt die Rechte des transzendenten Gottes irrenden Menschen und falschen Göttern gegenüber. Nur der abgesonderte Andere ist Gott, und nur der Gott, der Gott ist, muß bestehen, muß herrschen, muß bleiben, weil nur er in Wahrheit existiert.

Aber wir können nicht nur Lob erteilen; auch Kritik an dem philonischen Ansatz ist berechtigt und sogar notwendig. Die ständigen Bemühungen Philos, die Transzendenz Gottes zu sichern, offenbaren gleichzeitig die Misere seines Ansatzes. Eine große Gefahr wird sichtbar. Unser Theologe isoliert den transzendenten Gott! Oft gewinnt man in der philonischen Theologie den Eindruck, daß das erste Wesen in glücklicher und feierlicher Isolierung - aber trotzdem in Isolierung! - von seiner Schöpfung getrennt ist. Gott, so könnte man vorsichtig und zugespitzt behaupten, ist Opfer seiner eigenen Souveränität und Vollkommenheit. Die Fülle, die Erhabenheit verwehren Gott einen unmittelbaren Kontakt mit seinen Geschöpfen. Philo betont, wie wir später ausführlich sehen werden, daß dieses Alleinsein Gott nur Perfektion "hinzufügen" könne. Aber gerade in diesem Punkt kann die schärfste Kritik ansetzen: Philo geht mit seiner Auslegung über die biblischen Aussagen hinaus. Zwischen dem transzendenten Gott und dem Gott der Schöpfung, dem Gott Abrahams, Isaaks und Jakobs, der mit seinem Volk zieht, dem Gott, den die Israeliten in ihrer Nähe spüren, richtet Philo eine undurchdringliche Scheidewand auf. Die Kräfte Gottes seien die göttlichen Wirklichkeiten, die in der Schöpfung wirken und den Menschen, besonders den tugendhaften Menschen, begleiten. Aber der transzendente Gott bleibt weit jenseits der unmittelbaren Vorgänge in der Schöpfung. Er ist der Unberührte und der Unberührbare. Die philonische Isolierung des abgesonderten Gottes führt zu einer Entpersönlichung des Gottesbegriffes[162]. Die Betrachtung Gottes bei Philo erfolgt oft unter einem anderen Gesichtspunkt als in der Heiligen Schrift. Philo hebt vor allem die Transzendenz Gottes hervor, die Bibel seine Immanenz, seine Taten. Die ganze Schrift stellt die Geschichte einer Gottesbeziehung des Volkes Israel dar. Bei Philo finden wir eine ähnliche Perspektive, aber die Struktur ist anders:

Die göttlichen Kräfte sind diejenigen, die den Menschen in Verbindung mit dem Göttlichen setzen.

Das Seiende wird immanent in seinen Kräften und nur durch sie. Diese verschiedenen Gesichtspunkte bewirken, daß der Gottesbegriff bei Philo und in der Schrift scheinbar verschieden sind. Aber das darf uns nicht irreführen. Die Bibel kennt ein Moment der Transzendenz und eine ganze Geschichte der Immanenz Gottes. Bei Philo ist es gerade umgekehrt: Er stellt dieses Moment der Transzendenz besonders kräftig heraus, und es scheint, als ob die Immanenz verloren ginge. Aber durch die göttlichen Kräfte rettet Philo die Immanenz, die wunderbaren Taten Gottes an den Menschen. Unzählig sind die Stellen, wo die Berührung zwischen Gott und Schöpfung beschrieben wird. Gleichzeitig bergen die verschiedenen Perspektiven eine unterschiedliche Sprache über Gott in sich. In der Heiligen Schrift ist die angemessenste Sprache im Blick auf die Unmittelbarkeit zwischen Gott und Volk die anthropomorphe. Philo betrachtet diese anthropomorphe Rede über Gott nur als pädagogische Sprache und vor allem als Ausdruck der Mittelbarkeit des Menschen zu dem Transzendenten. Er zeigt eine Vorliebe für philosophische Tiefe.

Die Vorzugsstellung, die Philo der spekulativen Frage nach der Transzendenz Gottes zum Schaden der religiösen Sprache über die göttlichen Taten einräumt, wie sie die Bibel gebraucht, bedeutet zweifellos eine Verlagerung des Schwergewichts vom biblischen Glaubenserbe zu einer hellenistischen Orientierung. Die Bibel beschreibt eine lebendige Geschichte zwischen Gott und seinem Volk Israel; die Spekulation spielt dabei keine Rolle; der Schwerpunkt liegt ganz eindeutig in der Religiösität. Anders bei Philo: In dem Maße, in dem er der Spekulation Gewicht einräumt, verschiebt er die Orientierung des Verständnisses der Bibel von der Unmittelbarkeit der "Gott - Mensch" - Beziehung zur reflektierten Genauigkeit des Ausdrucks dieser Beziehung. Sicher spielen auch im Werk unseres Verfassers Religiösität und Glaube an Gott eine hervorragende Rolle; aber sie werden durch die Spekulation überwuchert.

Trotzdem bestehen wir darauf, daß der Gott Abrahams, Isaaks und Jakobs Philos Gott ist, obwohl der Transzendente über diese Benennung hinausgeht. Die hier angegebenen Züge der philonischen Hellenisierung stellen keine Kapitulation des biblischen Glaubens dar, sondern - ganz einfach formuliert - Philo betont einseitig die Transzendenz Gottes. Seine Immanenz und Wirkung im Menschen und in der Welt bleiben im Hintergrund des Unterschiedes zwischen dem Urgrund und seinen Kräften. Die philonischen Erklärungen bleiben immer ungenügend. Die Gefahr des philonischen Ansatzes ist die gleiche wie die der Scholastiker, die Opfer ihrer philosophischen Voraussetzungen wurden und sich in merkwürdigen Diffenzierungen verfingen. Aber zu sagen, daß der Gott Philos nicht der Gott der Heiligen Schrift sei, ist das gleiche, wie wenn man behauptete, daß der Gott der "summa theologica" von Thomas von Aquin der Gott des Aristoteles sei.

7. Die Entfaltung des philonischen Ansatzes über die göttliche Transzendenz

Wenn man in zwei prägnanten Sätzen alles zusammenzufassen versuchte, was bis hierher über die göttliche Transzendenz nach Philos Auffassung gesagt wurde, so könnten sie etwa lauten: Gott ist nichts ähnlich. Nur Gott ist wie Gott. Von nun an besteht unsere Aufgabe gerade darin, diese positiv und negativ ausgedrückte Aussage vor dem vielfältigen Horizont der göttlichen Transzendenz auszumachen und zu entfalten.

Bis jetzt haben wir nur einen sehr bestimmten Punkt bearbeitet. Die folgenden Ausführungen zielen darauf hin, die konkrete und ausführliche Explizierung des Ansatzes der göttlichen Transzendenz zu entwickeln. Was bedeuten die Aussagen: Gott ist wie Gott, Gott ist nichts ähnlich, wenn man sich die Realität Gottes in der Mannigfaltigkeit der philonischen Werke vor Augen hält? In der Gegenüberstellung von Gott und Schöpfung ist die Entfaltung dieser Wahrheit leichter zu erkennen:

a) Nur Gott ist das wahre Seiende. "... Denn er (Gott) ist das einzige wahrhaft seiende und untrüglich schaffende Wesen, insofern er das Nichtseiende ins Dasein rief ..."[163]. Der erste Teil der folgenden Ausführungen wird gerade dieses Problem behandeln, nämlich die Lehre über den wahrhaft seienden Gott.

b) Nur Gott ist der wahre Urgrund. "... Gott allein kommt ... das Tun zu, das ein Geschöpf sich nicht zuschreiben darf, und dem Geschöpf nur das Leiden"[164]. In einem zweiten Teil werden wir Gott als aktive Ursache des Alls betrachten. Vom biblischen Schöpfungsbericht ausgehend, stellt Philo die volle Wirksamkeit des einzigen Vaters des Universums heraus.

c) Nur Gott ist der Eine und Einzige, der wahre Gott. "... Nur der Eine (ist) allein ...; der Eine aber, der für sich selbst eine Einheit bildet, ist Gott, und nichts ist Gott ähnlich"[165]. Die Einheit, die Einzigkeit, die Einfachheit und das Alleinsein Gottes werden den dritten Teil ausmachen. Der Inhalt dieser Begriffe wird in der Bibel Gott zugeschrieben.

d) Nur Gott ist das wahre Gute. Gott "... ist gut und die Ursache des

Guten, ein Wohltäter, Retter, Ernährer, ein Bringer des Reichtums und Gabenspender. Er hat das Böse aus dem heiligen Bezirk verbannt"[166]. Es ist eine feste Überzeugung Philos, daß alles Höchste und Beste dem Menschen von Gott geschenkt wird. Das ist, in wenigen Worten zusammengefaßt, der Inhalt des vierten Teils, der auch in den biblischen Aussagen verankert ist.

e) Gott ist ewig. Nach Philos Meinung verwirklicht sich das Leben Gottes in der Ewigkeit, weil das Seiende "... über die Schranken der Zeit erhaben"[167] ist. Dagegen gehören Schöpfung und Zeit zusammen. Das sind zentrale Aussagen der philonischen Lehre über die Ewigkeit Gottes, mit der wir uns ausführlicher im fünften Teil auseinandersetzen werden.

f) Nur Gott ist unveränderlich. In diesem Zusammenhang ist die Lehre Philos eindeutig: "... Nichts, was nach dem Seienden kommt, (ist) Ursache einer unbeugsamen und unschwankenden Festigkeit"[168]. Der sechste Teil hat als Gegenstand die Unveränderlichkeit Gottes.

g) Nur Gott ist vollkommen. Vor der Vollkommenheit Gottes ist das erhabenste Geschöpf nur ein blasser Schein, betonen die Schriften Philos immer wieder. Im siebten Teil wird die Vollkommenheit Gottes behandelt.

Die oben vorangestellten sieben Thesen werden nun ausführlich erläutert.

a) Nur Gott ist das wahre Seiende

Unser Ausgangspunkt war "... Philo's favourite designation for God"[169]. Vom berühmten Text Ex 3,14 der Septuaginta, dem "Ich bin, der ich bin" - Ἐγώ εἰμι ὁ ὤν ausgehend, verwendet Philo folgende Ausdrücke, um das transzendente Wesen Gottes in Bezug auf das Sein zu bezeichnen und seine Realität zu erklären:

ὁ ὤν, ὁ ὄντως ὤν, ὁ πρὸς ἀλήθειαν ὤν, τὸ ὄν, τὸ ὄντως ὄν, τὸ πρὸς ἀλήθειαν ὄν, μόνος γὰρ πρὸς ἀλήθειαν ὤν.

Alle diese Wendungen werden in den verschiedenen grammatischen Kasus dekliniert, wie man in dem Index von LEISEGANG[170] sehen kann. Es ist angebracht, den Inhalt dieser Ausdrücke zu erarbeiten. Eine Untersuchung kann uns dabei helfen, besser in das philonische Denken und seine Absicht einzudringen. Vielleicht haben wir in den o.g.

Formulierungen die tiefste Durchdringung in der philonischen Spekulation hinsichtlich der Wirklichkeit Gottes.

Die Vorlage ist ὁ ὤν, der biblische Ausdruck der Übersetzung der Septuaginta. Seine Bedeutung ist unverkennbar: ὁ ὤν ist der Grundstein, auf den sich die anderen Formulierungen stützen. Im Grunde sind die anderen Formulierungen Zusätze und Verstärkungen des schon genannten biblischen Modells in Ex 3,14.

Philo wandelt gelegentlich das biblische ὁ ὤν in τὸ ὄν um. Die Umformulierung ist kennzeichnend und typisch philonisch. Philo verabsolutiert die Muster und löst sie von jeglicher Genus-Bestimmung ab[171]. Auf einer grammatikalisch-strukturellen Basis aufbauend vermeidet Philo jegliche geschlechtsspezifische Bezeichnung. In Wirklichkeit - obschon die Heiligen Schriften Gott mit sehr wenigen Ausnahmen als männlich ansehen und obwohl Philo dieses Geschlecht als das Gott entsprechendste betrachtet - ist es auch ungeeignet, weil die göttliche Wirklichkeit über jede geschlechtliche Bezeichnung hinausgeht. Gott transzendiert die menschliche Sprache und folgerichtig auch jede gewordene Realität, die eine Gattung oder ein Geschlecht ausdrückt.

Der Zusatz ὄντως ist eine Verstärkung, die das vorhin Gesagte ergänzt. Es bezieht sich auf das göttliche Sein. Gott ist der durch Sein Seiende[172]. Er existiert und seine Existenz ist immer gegenwärtig. Er ist das durch Existenz erfüllte Sein schlechthin. Weil er das In Seinsfülle Seiende ist, läßt er keine existenzielle Bestimmung, Eigenschaft, Bezeichnung und keinen Umstand zu. Das ὄντως ist ein Ausdruck der Wirklichkeit des ἐγώ εἰμι, aber nicht vom göttlichen, sondern vom menschlichen Gesichtspunkt aus gesehen.

Der Zusatz πρὸς ἀλήθειαν hebt die Wahrheit des Seins Gottes hervor. Diese Verstärkung stellt den abgrundtiefen Unterschied und die Differenz zwischen dem Gewordenen und dem Ungewordenen dar. Die Formel bezieht sich auf Gott und "nur" auf ihn, weil er in Wirklichkeit allein existiert mit wahrem, untrüglichem Sein.

Gott hat die Exklusivität des wahren Daseins. Nur er existiert wirklich, die anderen Wirklichkeiten existieren nur scheinbar.

In allen diesen Formulierungen kommt eine transzendente Sprache über Gott zum Ausdruck. Philo benutzt Wendungen, die eine Verzerrung der Sprache darstellen. Er will auch die transzendente Wirklichkeit des göttlichen Seins, der glücklichen Existenz, durch Anhäufung von Worten und ähnlichen Wendungen herausarbeiten. Die göttliche Transzendenz ist gerade der Grund und Auslöser einer solchen merkwürdigen Sprache. Auf diese Formulierungen muß großer Wert gelegt werden. Sie enthalten "in nuce" die ganze Auffassung über das Seiende, die über den Pentateuch weit hinausgeht. Gott ist unformulierbar; trotzdem gebraucht Philo eine kurze, teilweise nicht leicht zu verstehende Bezeichnung, und das, weil der Alexandriner glaubt, daß derselbe Gott zu Moses gesagt hat:"Ich bin, der ich bin!". Weil Gott gesprochen hat und es gesagt hat, wird Philo ein "eifriger" Forscher des Seins, vor allem des wahren und absoluten Seins. Sein Geheimnis spornt ihn an: "... Das Seiende aller Dinge ist gewiß schwierig zu erkennen und zu erfassen ..., doch darf man darum nicht verzichten, nach ihm zu forschen"[173]. Das Ergebnis der philonischen Forschung lautet: Gott entspricht dem Sein schlechthin, d.h. er ist die absolute Existenz, die wahre Existenz, die alleinige Existenz und die einzige Existenz.

Die Bezeichnungen τὸ ὄν und τὸ ὄντως ὄν stammen nicht von Philo. Hier ist er nicht originell. Alle beiden Bezeichnungen sind schon in den Werken Platos enthalten[174]. Aber dazu sind Diffenrenzierungen erforderlich. Es ist notwendig, den Sinn dieses τὸ ὄν als Bezeichnung Gottes bei dem Verfasser des Phädrus und Timäus herauszuarbeiten.

Nach Plato liegt das ὄντως ὄν nicht im Individuellen, sondern im Allgemeinen. Und je allgemeiner das εἶδος (Idee) ist, desto größere Wirklichkeit ist es. Sogar die Ideen bewegen das Seiende. Diese platonischen Termini bedeuten sehr wenig für die philonische Gotteslehre. Die Worte können wohl gleich sein, aber die Bedeutung ist ohne Zweifel ganz verschieden. Die Vorliebe, die auch Philo für die sprachliche Abstraktion im Gottesbegriff zeigt, darf man nicht mit den Absichten Platos in Bezug auf τὸ ὄν gleichsetzen.

'Τὸ ὄν' ist bei Plato Ausdruck der höchsten und darüberhinaus der wahrsten Seinsabstraktion; bei Philo ist τὸ ὄν das Subjekt, das die biblischen theologischen Aussagen über JHWH trägt. Das philonische Seiende ist keine Idee und auch noch weniger eine durch die Ideen bewegte Realität, sondern eine lebendige, individuelle und bestimmte Realität, die im Gott der Heiligen Schriften der Juden ihre wesentlichen Züge erhält. Das Seiende ist nur eine sprachliche Abstraktion des biblischen ο ων der Septuaginta; eine Abstraktion, die die Transzendenz Gottes herausstellen will. Diese Unterschiede sind fundamental und der Grund aller anderen Unterschiede, wie man später sehen wird.

Es läßt sich nicht bestreiten, daß die platonische Philosophie im besonderen und die spätere griechische Spekulation im allgemeinen Einfluß auf die Übersetzung von Ex 3,14 in der Septuaginta und damit auch notwendigerweise auf die Konzeption Philos gehabt haben. Die Aktualität und fortwährende Präsenz JHWH's, die in den biblischen Absichten von Ex 3,14 vorzukommen scheinen, sind in einer "abstrakten Ontologie" artikuliert. Aber man muß diesen Einfluß nicht übertreiben und die Anwendung der gleichen Termini soll uns nicht irreführen. Es kommt nicht auf die Terminologie, sondern vielmehr auf die Inhalte der Terminologie an. Und wenn es um die Inhalte geht, sind beide Gottesauffassungen verschieden und sehr voneinander getrennt.

Folgendes ist von besonderer Wichtigkeit: Was Philo von den Griechen, besonders von Plato und auf noch differenziertere Weise von Aristoteles und von den Stoikern gelernt hat, ist die philosophische Überzeugung, daß
- das Seiende als phänomenologische Quelle der Wirklichkeit und der Wahrheit zu betrachten ist;
- "... die in dauerndem Werden und Vergehen begriffenen sinnlichen Erscheinungen eine Ursache im ewigen, unveränderlichen Seienden haben müssen"[175];
- Gott als "Urseiendes", als Urquelle der Wirklichkeit und der Wahrheit anzusehen ist[176].

Das Seiende ist das Reale, das Wirkliche; Gott ist der Quellgrund des Seienden, des Realen, des Wirklichen. Diese philosophisch-metaphysischen Behauptungen stimmen in der letzten Struktur ihrer Aussagbarkeit mit den biblischen Gedanken des "wahren Gottes"[177], "des gnädigen und barmherzigen" JHWH überein, der immer sein Versprechen hält und auf diese Weise die Wahrheit seiner Existenz beweist. Die Wahrheit, die die Griechen in einer abstrakten und kalten Ontologie erfassen, erfahren die biblischen Menschen in der theokratischen Geschichte des Volkes Israel[178].

AALL[179] hat recht, wenn er die Meinung vertritt, daß "τὸ ὄν ..

bei ihm (Philo) der wahre Ausgangspunkt" seiner Gotteslehre sei. Aber man kann AALL nicht zustimmen, wenn er behauptet, daß alle persönlich formulierten Aussagen im Blick auf den philonischen Gottesbegriff nur gewählt seien, um "... dem Begriff seinen religiösen Nimbus"[180] zu geben.

Meiner Meinung nach ist das Gegenteil der Fall. Τὸ ὄν ist bei Philo keine abstrakte Wirklichkeit, obwohl es in einer Abstraktion ausgedrückt wird, sondern die philosophische Formulierung des Schöpfers des Buches Genesis und des transzendenten Gottes des Pentateuchs und der ganzen Bibel. In diesem Sinne hat das philonische Seiende diesen "religiösen Nimbus" in sich selbst. Er kommt nicht von außen und darf mit dem abstrakten τὸ ὄν der griechischen Philosophie nicht gleichgesetzt werden. Philo bezeichnet das Seiende folgendermaßen:
- οὐ μόνον τὴν πρὸς τὸ ὄν πίστιν ...[181]
- πρὸς τὴν τοῦ ὄντως ἀρέσκειαν ...[182]
- τί γὰρ μάθημα κάλλιον ἢ τοῦ ὄντως ὄντος θεοῦ ...[183]
- ὑπὲρ εὐσεβείας καὶ ὁσιότητος ... εἰς τὸν ὄντως ὄντα θεὸν ...[184].

Die enge Verbindung zwischen dem Seienden und den menschlichen Handlungen gewährt dem Seienden nicht nur einen "religiösen Nimbus", sondern versetzt es in den biblischen Bereich.

Im Buch der Weisheit[185], dem jüngsten Buch des Alten Testamentes, das dem starken Einfluß des Hellenismus ausgesetzt war, ist folgender Ausdruck enthalten: εἰδέναι τὸν ὄντα [186]. Dieser Ausdruck besitzt eine große Ähnlichkeit zu einigen philonischen Aussagen und belegt im Blick auf unser Problem die direkte Verbindung zwischen Philo und der Bibel[187]. Dazu sind zwei Bemerkungen zu machen: Gott wird ὁ ὤν genannt. Das Buch der Weisheit und Philo stimmen hier in Bezug auf die Terminologie überein. "Gott zu erkennen" wird durch εἰδέναι τὸν ὄντα ausgedrückt. Der Satz mag etwas von der biblisch-soteriologischen Kraft verloren haben; aber er gewinnt an terminologischer Genauigkeit, weil es hier um die natürliche Erkenntnis Gottes, des biblischen JHWH, geht. Wie man später sehen wird, hat ein Teil der philonischen Forschung über das Seiende die "natürliche Gotteserkenntnis" und die einschlägige Auseinandersetzung mit der Götzenanbetung zum Gegenstand, von denen das Buch der Weisheit auch ausführlich spricht (Kap. 13). Hier wird belegt, wie beide - das biblische Buch und die philonische Lehre - über einen biblischen Gegenstand, Gott, mit Hilfe der griechischen Terminologie spekulieren. Die Beobachtung ist von großer Wichtigkeit. Die Terminologie und der Inhalt bleiben im biblischen Bereich.

KUHLMANN hat bei Philo "... einen ausgeführten Versuch, den stoischen Rationalismus in sich selbst aufzulösen", vermißt, "um den oberflächlichen Begriff des Seins durch eine produktive Kategorie des Ursprungs zu ersetzen"[188]. Zweifellos verlangt KUHLMANN mehr, als Philo von sich selbst geben konnte; aber seine Äußerung enthält eine Wahrheit, nämlich, daß die übernommene Theorie Philos über das göttliche Seiende ihre Schranken hat. Philos Versuch ist doch beschränkt und sogar einseitig. Er baut auf philosophischem Gut des Hellenismus auf und zeigt sich nicht als selbständiger Denker in diesem Sinne. Bemerkenswert ist aber die Tatsache, daß Philo seine Theologie aus einer Philosophie her entwickelt hat, um die biblische Lehre den Griechen verständlich zu machen. Sicher ist die von den Theologen angewandte Philosophie ein Schicksal und eine Notwendigkeit der Theologie. Wenn man die Theologie unserer Zeit betrachtet, findet man nicht, daß BULTMANN zu sehr "heideggerisch", RAHNER zu sehr "kantianisch" und PANNENBERG zu sehr "hegelianisch" sind? Wichtig ist aber, daß die philosophische Idee, die die Theologie in sich birgt, gerechtfertigt ist und fruchtbar wird. Philo kämpft gegen zwei Fronten. Gegen Polytheisten und Atheisten und gegen eine falsche Vorstellung des biblischen Gottes, der nur als der "Gott der Juden" bezeichnet werden könnte. Von hieraus erhebt Philo den Exklusivitätsanspruch des biblischen JHWH. Sein Dasein stellt nicht nur das wahrhaft Seiende dar, sondern auch die Subsistenz alles anderen möglichen Seins. JHWH ist der absolut relevante Gott. Daß Philo oft die Realität des göttlichen Daseins zum Schaden der lebendigen Beziehungen zwischen JHWH und dem Menschen zu einseitig hervorhebt, kann niemand bestreiten. Es scheint unverkennbar zu sein, daß seine Theologie manchmal mehr eine Ontologie als eine Soteriologie ist.

Eine apologetische Absicht ist auch bei Philo sichtbar. Er betont mit Nachdruck die Realität des wahren und einzigen Seienden, um Atheisten, Pantheisten und Polytheisten zu "widerlegen". Der wahrhaft Seiende bei Philo ist der biblische JHWH, der ein vollkommenes und exklusives Dasein besitzt. Die Seinstheorie dient Philo einerseits dazu, seine "theologia naturalis" zu begründen, andererseits dazu, um jede Form des Atheismus auszuschließen.

Die Septuaginta bezeichnet Gott mit dem abstrakten Namen 'ὁ ὤν'. Die Bedeutung dieser Übersetzung von Ex 3,14 ist unverkennbar. Seitdem ist ὁ ὤν für die griechisch redenden Juden der Gottesname. Philo befindet sich innerhalb dieser jüdischen Überlieferung[189]. Aber er verwendet nicht nur diesen Namen, sondern er trägt auch wesentlich dazu bei, diese Überlieferung weiterzuführen und zu festigen. Philo behauptet, ὁ ὤν sei der eigentliche Name[190], mit dem man Gott benennen kann. Dieser Name nimmt einen hervorragenden Platz in den philonischen Schriften ein. Die Bezeichnung Gottes als ὁ ὤν stammt nicht von irgendwem, sondern von Gott selbst.

Ferner muß berücksichtigt werden, daß dieser Name die göttliche Wirklichkeit nur teilweise und "oberflächlich" enthüllt, nämlich insofern, als sie existiert und diese Existenz von den Menschen erfahren und bewiesen werden kann. Aber eine zutreffende Benennung, die das Göttliche als Göttliches begreift, ist unmöglich. Der schon bekannte Grund lautet: Von Gott weiß der Mensch, daß er existiert, aber nicht, <u>was</u> er ist. Den Eigennamen kennen zu wollen, bedeutet zu versuchen, daß Wesen Gottes zu begreifen[191]. Philo legt Gott diese Worte in den Mund: "... Ich bin das Seiende, d.h. mein Wesen ist, zu sein, nicht nambar zu sein"[192]. Nur als Seiender ist der unaussprechbare Gottesname aussprechbar und verständlich.

Aber warum behauptet Philo, daß dem Wesen des Seienden nur die Existenz zufällt und daß der Mensch Gott im eigentlichen Sinne nur den Seienden nennen kann? Gott wird unter dem Namen "der Seiende" direkt und in positivem Sinne vom Menschen "berührt", insofern der "Seiende" den einzigen Namen darstellt, den man von Gott mit voller Wahrheit und ohne zu Zaudern aussagen kann. Es ist richtig, daß dieser Name das Wesen Gottes nicht enthüllt, aber dieser Name ist teilweise angebracht, weil der Mensch von Gott nur die Existenz als sichere Komponente seines Wesens registrieren kann. Daß Gott existiert, ist das erste und sogar das einzige wahrhaft nicht austauschbare "Datum" über das Göttliche als Göttliches, das die menschliche Vernunft erreichen kann. Die übrigen Kategorien, die der Mensch von Gott aussagt, kann man beliebigerweise behaupten oder verneinen. Nur die Existenz, die Existenz allein, ist erreichbar, aussprechbar und behauptbar auf endgültige Weise. Die ganze Menschheit nimmt Gott als Seienden wahr. Daß Gott Vater ist, ist zum Beispiel ein "Datum", das wir der menschlichen Erfahrung und der menschlichen Wertvorstellung entnehmen. Wir glauben, daß Gott so gütig ist wie ein Vater mit seinen Söhnen. Aber hätte diese Benennung Gottes einen Sinn, wenn die Väter in einer möglichen Gesellschaft Tyrannen wären? Hat nicht dieselbe Kategorie des Guten im Menschlichen eine wechselhafte Bedeutung? Könnte man die "via eminentiae" über Gott prädizierten Aussagen über seine Eigenschaften nicht verneinen, immer wenn der Mensch die Werte wechselt oder sie auf andere verschiedene Weise einschätzt? Die Werte wechseln; aber die Existenz als solche bleibt. Gleichfalls bleibt die göttliche Existenz in der wechselhaften Abschätzung der Menschen bestehen.

Der ontologische Beweis des Anselmus hat in den Behauptungen Philos, wenn auch einen blassen, so doch trotzdem einen sichtbaren Vorläufer. Wenn Philo folgende Worte auf die Auslegung von Ex 3,14 hin Gott in den Mund legt: "... Ich bin 'der Seiende', damit der Mensch das, was er allein von dem, was Gott betrifft, erfassen kann, erkennt, nämlich seine Existenz"[193], stellt er damit nicht die Behauptung auf, daß die Idee der Existenz Gottes gleichzeitig mit dem Gedanken des ersten Wesens dem Menschen gegeben ist? Ohne Zweifel ist die Kategorie "Existenz" eine im menschlichen Bereich erfahrene Kategorie, wie die von "Vater", "Gut", "Einheit" usw... Aber "Sein" ist keine Kategorie, die beliebig wechselt. Sie ist eine Wirklichkeit, die bleibt, die immer als Stütze aller anderen Werte "sub"-existiert. Ferner können wir feststellen: Die Existenz jetzt und hier oder die Möglichkeit des Daseins ist die einzige, sichere Realität, die man auf analoge Weise auch von Gott und den Menschen aussagen kann, obwohl Philo sogar diese Analogie verneint. Philo zögert nicht zu behaupten: "... Wer vermag etwa zu sagen, ob die letzte Ursache unkörperlich oder körperlich ist, ob sie Eigenschaften hat oder eigenschaftslos ist, oder ..."[194].

In der Aufzählung sagt Philo <u>nicht</u> aus: '... Wer vermag etwa zu sagen, ob die erste Ursache existiert oder nicht ...?' - Nein! Er könnte das auch gar nicht sagen! Die Existenz Gottes ist ein sicheres

"Datum" für Philo hinsichtlich der Bestimmung des Göttlichen. Die Existenz Gottes ist auch das Fundament aller Theologie. Nur wenn dieses "Datum" im Menschlichen verwurzelt ist, so kann der Mensch Offenbarung empfangen und konsequenterweise eine Theologie darauf aufbauen.

Der transzendente Name "der Seiende" ist auch der erste Berührungspunkt zwischen dem Göttlichen und dem Menschlichen. Das heißt: Die transzendente Benennung "der Seiende" ist auch Fundament und Anfang des immanenten Gottes[195].

Die Erläuterung Philos über die biblische Aussage: "... Ich bin der Seiende", die so lautet, daß der Gottheit "... allein das Sein zukommt, (es) überhaupt keinen (ihr) Wesen treffenden Namen gibt"[196], und daß das Wesen Gottes "... ist: Zu sein, nicht nambar zu sein"[197], sind zwei wichtige theologische Aussagen. Sie besitzen eine hervorragende, gedankliche Triebkraft. Die Überlegungen, die vorangingen, sind ein guter Beweis für die Wahrheit dieser Behauptungen.

Ein weiterer Schritt ist erforderlich: Die Versuche der größten Menschen - wie Moses einer sein mag -, den die ganze Wahrheit umfassenden Gottesnamen zu kennen, sind immer gescheitert. Auf die Bitte "... verkünde mir deinen Namen" antwortet Gott: "... 'Warum fragst du mich nach meinem Namen?' (Gen 32,29), und er (Gott) gibt ihm (Moses) den eigenen und eigentlichen Namen nicht an. Denn es genügt dir, meint er, wenn du durch meinen Segen Gutes erlangst"[198].

Der transzendente Seiende erhebt sich wirklich über alle möglichen Namen. Der Seiende ist unaussprechlich: "... So sehr ist das Seiende unaussprechlich, daß uns auch die dienenden Gewalten nicht den Eigennamen sagen"[199].

Vielleicht könnte man jetzt fragen: Sind nicht diese so strengen Behauptungen in heftigem Widerspruch zu anderen Aussagen, in denen Philo zugibt, daß Gott viele Namen hat? Ist nicht Philo gleichfalls in sichtbarem Widerspruch mit seiner Praxis als Exeget? Benennt er nicht Gott mit zahlreichen Namen überall in seinen Werken? Eine Erörterung dieser Einwände muß verschiedene Gesichtspunkte berücksichtigen. Die Namen, die auf das erste Wesen zurückgehen, kann man auf die angemessenste Weise mit den göttlichen Kräften umschreiben, wie es sich hier aus dem folgenden Text ergibt: "... Auf daß aber nicht gänzlich das Menschengeschlecht der Benennung des höchsten Gutes ermangle, stellte Gott zum uneigentlichen Gebrauch, als wäre es der Eigenname, den Namen zur Verfügung[200]; 'der Herr Gott' der drei Wesenheiten Lehre, Vollendung, Übung, als deren Sinnbilder aufgezeichnet sind Abraham, Isaak, Jakob ..."[201].

Die Namen "Gott" und "Herr" - wir könnten diese Liste erweitern - sind Namen der Kräfte Gottes[202], nicht der eigentliche Name des Seienden, dem allein das Sein zukommt. Aber: Obwohl diese Namen, ganz streng verwendet, den dienenden Gewalten des Seienden zufallen, sind sie jedoch auch auf den ersten Urgrund auf folgende Weise zurückzuführen. Die Namen, die von den göttlichen Kräften prädiziert werden, können auch von dem Seienden ausgesagt werden. Zwischen Gott und den göttlichen Gewalten "verkehrt" eine "communicatio nominum". Nach diesem Prinzip kann man somit von Gott prädizieren, was von seinen Kräften in erster Linie und in eigentlichem Sinn zu prädizieren ist. Das Seiende ist der einzige wahre Urgrund, der die göttlichen Kräfte hält. Es ist die wahre "Triebkraft", unter der die göttlichen Kräfte sub-"existieren".

"'Der Herr Gott', sagt der Seiende, 'ist mein Name in der Zeit, insofern er in unserer Zeit gültig ist, nicht in der Zeit vor der Zeit'[203]; 'und im Gedenken', nicht der Name, der jenseits des Gedächtnisses und des Denkens liegt, und wiederum 'für die Generationen' ... nicht für die ungewordenen Naturen. Denn (uneigentlicher) Gebrauch des göttlichen Namens ist nötig für die, die ins sterbliche Leben gekommen sind, damit sie, wenn auch nicht an die höchste Wesenheit, so doch wenigstens an den höchsten Namen herangelangen und sich nach ihm richten. Es zeigt auch ein Spruch, der vom Herrn des Alls persönlich geoffenbart ist, daß niemandem ein eigentlicher Name von ihm enthüllt worden ist ... (Ex 6,3)"[204].

Philo differenziert nicht genügend zwischen den Aussagen, die auf den Seienden als ersten Urgrund zurückgehen, und denjenigen, die die göttlichen Kräfte betreffen. Aber der o.g. Grund ermöglicht uns zu sagen, daß es zwischen der Namenlosigkeit des Seienden und seiner Benennung mit vielen Namen keinen Widerspruch gibt, sondern nur eine in der Praxis unpräzise Formulierung. Aber wenn man in die Tiefe geht, ist der Widerspruch überwindbar. Trotzdem enthüllen die göttlichen Kräfte den wirklichen Namen des Seienden überhaupt nicht. Die dienenden Gewalten können den Eigennamen nicht sagen[205], weil sie diesen transzendenten Namen nicht erreichen können. Der Seiende verbirgt sich hinter seiner Transzendenz, und diese Transzendenz wird in der Tätigkeit der göttlichen Kräfte nicht voll sichtbar. Die in der Schöpfung wirkenden göttlichen Gewalten ermöglichen nicht eine Phänomenologie des Wesens des transzendenten Seienden.

Zusammenfassend könnten über den Namen Gottes folgende Thesen aufgestellt werden:
- Ein Eigenname, der Gott in seiner vollen Wirklichkeit erfassen könnte, existiert nicht, weil der Mensch nur die Existenz, aber nicht das Wesen des Seienden erfassen kann.
- Nur als Seiender ist der eigentlich unaussprechbare Name Gottes aussprechbar.
- Durch "communicatio nominum" können Namen auf Gott zurückgehen, die im eigentlichen Sinn zu den göttlichen Kräften gehören.

Bedauerlicherweise sind uns die Bücher nicht erhalten geblieben, in denen Philo Ex 3,14 ausführlich auslegt. Wir können uns nicht genau vorstellen, was für eine Auslegung er darin wiedergibt. Trotzdem interpretiert Philo Ex 3,14 an einigen Stellen seiner Werke. Abgesehen von einer Stelle in Vit Mos I kommen Philos Auslegungen über Ex 3,14 doch sporadisch vor. Anhand dieser Stellen folgt eine Untersuchung, die sich auf die philonischen Auslegungen über Ex 3,14 bezieht. Bei Philo sind die genannten Auslegungen nicht einheitlich, aber sie sind auch nicht einander entgegengesetzt. Er folgt einer konsequenten Gedankenlinie, in der die Begriffe sich gegenseitig ergänzen:

Wie gesagt, geht Philo von der Septuaginta aus, in der mit der bekannten Übersetzung "Ich bin, der ich bin" schon eine wichtige Vorentscheidung getroffen wurde. Die Septuaginta interpretiert Ex 3,14 als eine Aussage über das Sein bzw. das Wesen Gottes. Wenn man außerdem den hebräischen Text genau prüft, merkt man, daß die Formel zwei Bedeutungen haben kann, und zwar eine gegenwärtige und eine zukünftige. Die griechische Version hat die Bedeutung auf die Gegenwart beschränkt. Philo folgt immer dieser Übersetzung. Darüberhinaus ist bei ihm nicht das hebräische Original, sondern die griechische Übersetzung entscheidend.

In einer ersten Phase sieht Philo Ex 3,14 als eine Anspielung auf das göttliche Sein an. Er stellt so die Existenz Gottes heraus. An das Vorhergehende anknüpfend, schaltet Philo einen bei ihm sehr beliebten Gedanken ein, nämlich, daß Gott reine Existenz sei, wenn man von der menschlichen Erfahrung ausgeht. Die Menschen können nur die Existenz Gottes erfassen, aber was das göttliche Wesen ausmacht, entzieht sich den menschlichen Fähigkeiten und Möglichkeiten[206].

Ferner ist Gott das wahre Sein, die Existenz in Fülle, vom gewordenen Sein ganz verschieden: "'Ich bin der Seiende' ..., so daß alles, was nach ihm kommt, nicht im Sein ist, sondern nur dem Scheine nach als bestehend angenommen wird"[207]. Die "realitas" und "plenitudo" des Daseins entsprechen nur Gott, weil er das Seiende schlechthin ist und weil es "überhaupt keinen (sein) Wesen treffenden Namen gibt"[208].

Gott können wir nur als reine Existenz betrachten: Er ist der Seiende. Das Wesen Gottes hat keinen zutreffenden Namen, wie bereits gesagt wurde. Philo entdeckt in Ex 3,14 den Unterschied zwischen Wesen und Existenz Gottes nicht nur hinsichtlich des Namens, sondern auch des Inhalts.

Vit Mos I 75 enthält eine gute Zusammenfassung des Gesagten. Gott sagt zu Moses: "... Zuerst sage ihnen (den Stammesgenossen von Moses), daß ich der Seiende bin, damit sie, über den Unterschied zwischen dem Seienden und dem Nicht-Seienden belehrt, auch die Lehre vernahmen, daß es für mich, dem allein das Sein zu- kommt, überhaupt keinen mein Wesen treffenden Namen gibt"[209]. Der berühmte Satz des Thomas von Aquin "... Deus suum esse, et non solum sua essentia"[210] wurde prinzipiell schon von Philo behauptet; beide sind von derselben Philosophie abhängig.

Philo geht einen Schritt weiter, wenn er den Kontext der Formel Ex 3,14 auslegt. Er fährt fort in dem Text: "... Wenn sie (die Stammesgenossen von Moses) aber in ihrer zu schwachen Fassungskraft eine Benennung verlangen, so künde Ihnen nicht nur dies, daß ich Gott bin, sondern auch, daß ich der Gott der drei Männer bin, die die Tugend bedeuten, der Gott Abrahams, der Gott Isaaks und der Gott Jakobs, von denen der erste der Richtstab für die Weisheit durch Belehrung, der zweite der für die Weisheit durch natürliche Begabung, der dritte der für die Weisheit durch praktische Übung (Askese) ist"[211].

Der Gott in der Fülle des Seins, der in unendlich qualitativem

Unterschied dem Gewordenen überlegene Gott, ist auch der Gott Abrahams, Isaaks und Jakobs. Dieser Gott, den man außerhalb des menschlichen Bereiches betrachtet hatte, ist in Wirklichkeit kein unbekannter Gott. Er ist nicht nur Gott, sondern auch ein Gott des Menschen und im Humanum durch die Offenbarung erfahrbar. Gott offenbart sich im Gewordenen, ferner in der menschlichen Erfahrung. Der Mensch kann die Existenz Gottes begreifen. Diese Existenz wurde von den Erzvätern des jüdischen Volkes in ihrem Schreiten durch das harte Leben nicht nur mit der Vernunft erfaßt, sondern auch durch das Leben erfahren. Dieses identische Sein wird jetzt dem tüchtigen, tugendhaften Menschen bewußt. Durch die Technik der Allegorie überbrückt Philo die Kontinuität der Gegenwart Gottes im Menschlichen. Gott hat sich nicht nur Abraham, Isaak und Jakob offenbart, sondern auch jedem aufrichtigem Menschen, der die Tugend ausübt.

' אהיה אשר אהיה ' - "Ich bin, der ich bin" (Jerusalemer Bibel); "Ich werde sein, der ich sein werde" (Zürcher Bibel); diese Worte aus Gen 3,14 gehören zu den umstrittensten des Alten Testaments. Sie faszinieren "... einen immer wieder sowohl durch die Bedeutung, welche sie haben als die einzige altisraelitische Erklärung des JHWH-Namens, wie durch die Schwierigkeit, auf rationalem Wege mit den allgemein syntaktischen Sprachregeln ihren Sinn zu fassen"[212]. Das Satzgefüge von Ex 3,14 muß "... aus sich selbst heraus verstanden werden. Es läßt verschiedene Erklärungen zu, zwischen denen eine sichere Entscheidung kaum möglich ist"[213]. Anschließend werden die wichtigsten Auslegungen herangezogen. In großen Zügen kann die Formel Ex 3,14 auf drei verschiedene Weisen verstanden werden:
- Als Aussage über das Sein bzw. das Wesen Gottes. Das ist z.B. die Auffassung der Septuaginta und Luthers: "... Ich habe das Wesen allein, Wer anderen Dingen anhengt, der feret dahin"[214].
- Als Weigerung, den Namen Gottes zu offenbaren. Diese Meinung wird von KÖHLER vertreten. Ex 3,14 sei "... eine Aussage, welche die Auskunft verweigert ... Wer Gott ist, wird Mose an seinem Wirken schon sehen"[215].
- Als Aussage der Präsenz und Tätigkeit Gottes. Die Mehrzahl der modernen Ausleger verstehen (in verschiedenen Nuancen) die Formel Ex 3,14 als Offenbarung des Daseins Gottes und der immer neuen Wirksam-

keit Gottes in der Geschichte, vor allem in der Geschichte des jüdischen Volkes. EICHRODT[216], NOTH[217] und VON RAD[218] vertreten als Exegeten diese Meinung[219].

Die drei Auslegungen umfassend und den Akzent auf die Aktualität und die Existentialität des göttlichen Wirkens legend, hat gerade VRIEZEN[220] die genannte Stelle überzeugend interpertiert. Wir werden hier die Grundgedanken, die er entwickelt hat, im folgenden herausarbeiten und zusammenfassen.

Der Satz אהיה אשר אהיה kann zwei Bedeutungen haben: "Ich bin, der ich bin" (präsentisch) und "Ich werde sein, der ich sein werde" (futurisch).

Wenn man sich den Kontext vor Augen hält und wenn eine Untersuchung über "den paronomatischen Relativsatz" in der Bibel vorgenommen wird, ist der primäre Sinn in der präsentischen Bedeutung zu sehen. "... Die Antwort Gottes an Mose unterstreicht seine Aktualität, seine Existentialität. 'Ich bin, der ich bin' heißt: Ich bin da, wie dem auch sei: es ist die Zusicherung Gottes, daß ER immer gegenwärtig ist"[221]. "Das Aktuell-sein Gottes ist nach ... (dem) Autor (dem Elohisten) also der eigentliche Inhalt der göttlichen Offenbarung an Mose, und dies liegt ausgedrückt in dem (nach E) neuen durch Mose Israel bekanntgemachten Gottesnamen"[222]. Ferner können wir sagen: "Der Text, so aufgefaßt, enthält zugleich eine feierliche Zusicherung der stetigen göttlichen Nähe, welche in seinem Aktuell-sein eingeschlossen ist"[223].

Es ist nötig, etwas mehr hinzuzufügen: "... Wenn wir den Gottesnamen Ehje - JHWH verstehen als Zusicherung des göttlichen aktuellen Seins, (hat) der Name (als Form des so allgemeinen Verbs 'haja') in seiner Qualitätslosigkeit (neben dem ersten Zutrauen gebenden Sinne) einen Nebenklang, der auf die Unmöglichkeit hindeutet, diesen Gott weiter zu qualifizieren"[224].

Die futurische Bedeutung hat auch Raum in dieser Auslegung: "... Wenn wir das Präsens bevorzugen, bedeutet das nicht, daß wir das Futur verwerfen: In diesem Präsens ist das Futur eingeschlossen; das Präsens ist kräftiger"[225].

Versucht man, einen besonderen Schwerpunkt in der philonischen Auslegung von Ex 3,14 hervorzuheben, so wird dies in der "plenitudo" exstentiae Dei" sichtbar. Gott ist Dasein in alldimensionaler Fülle[226]. Berücksichtigt man die modernen Auslegungen, so taucht dieser besondere Zug in der feierlichen Beziehung zwischen der allmächtigen Gegenwart Gottes und dem Heil des Menschen auf. Die Präsenz, die Existentialität Gottes wird um der Zusicherung seiner Liebe und Rettung willen in Bezug auf den Menschen hervorgehoben. Im ersten Fall wird Gott in sich selbst eingeschlossen. Im zweiten Fall wird Gott in Verbindung mit dem Menschen gebracht. Im ersten Fall wird Gott ontologisch, im zweiten soteriologisch ausgedrückt. Bei Philo geht es primär darum, "... die Fülle des Seins" Gottes zu betrachten. Er sieht die biblische Formel als die Entdeckung des ontologischen Seins Gottes an. Der Mensch wird in einem ersten Moment nicht berücksichtigt, und wenn er berücksichtigt wird, geschieht dies nicht, um die feierlich gegenwärtige Tätigkeit Gottes im Umgang mit dem Menschen zu unterstreichen, sondern um den abgrundtiefen Unterschied zwischen beiden Existenzen herauszustellen.

Den Ausgangspunkt dieser Einstellung verdankt Philo der Übersetzung der Septuaginta[227]. ὁ ὤν, der schon etwas abstrakte Name, wirkt in ihm gewaltig, weil er sein Modell ist. Aber Philo gibt seiner Auslegung eine noch radikalere Wendung: Er abstrahiert und transzendiert das Modell bis an sein Ende, wie man später eindeutig sehen wird. Die Septuaginta beeinflußt Philo, aber gleichzeitig gestaltet Philo die griechische Formel derartig, daß er später eine ganze Theorie über das Sein darauf aufbauen wird. Von dem ὁ ὤν ausgehend wird er über τὸ ὄν zum μόνς πρὸς ἀλήθειαν ὤν und ὁ πρὸς ἀλήθειαν ὤν vorstoßen. Die Septuaginta wird von der damaligen griechischen Umwelt beeinflußt. Philo geht darüber hinaus: Er läßt seine philosophische Erziehung sich ganz und gar entfalten. Er spricht Griechisch und ist auch ein hellenistischer Philosoph, der die Metaphysik liebt. Er hat aus der Philosophie die "ancilla theologiae"[228] gemacht. Aber diese "ancilla" ist stark und hat eine große definierte Persönlichkeit. Und wie es im Haushalt ab und zu zu beobachten ist, so wird auch die "domina" von der "ancilla" beherrscht. Auf ähnliche Weise zwingt die Philosophie der philonischen Theologie Abstraktionen, Absolutismen und Differenzierungen auf. Doch an dieser Stelle muß die Frage gestellt werden, ob Philo den Sinn der biblischen Absichten völlig verändert hat. Ich glaube nicht! Die nun folgenden Beobachtungen werden meine Meinung bestätigen.

Die primäre Absicht Philos ist auf Gott selbst als den "in sich Lebenden" gerichtet. Dieses erste Moment ist in der Exodus-Formel zugegen und angedeutet, obwohl es nicht besonders hervorgehoben wird. Die erste philonische Absicht ist rein theologisch, nicht anthropologisch. Philo steht hier in der Linie der späteren scholastischen Theologen, die eine Vorliebe für Abstraktionen, absolute Aussagen, Isolierungen und einseitige Hervorhebungen biblischer Aussagen erkennen lassen. Aber der Bezug auf den Menschen stellt ein zweites Moment in der Auslegung Philos dar. Gott steht in Beziehung zum Menschen. Der ontologische Gott ist auch ein sich dem Menschen zuwendender Gott. Der Text von Vit Mos I 76 stellt ein gutes Beispiel dafür dar.

Dieser Text ist wichtig, denn aus ihm läßt sich etwas weiteres erfahren: Der transzendente Gott, der in sich selbst eingeschlossene und in sich selbst vollkommene Gott, ist nicht nur der Gott Israels, der Gott eines Volkes, dessen Väter Abraham, Isaak und Jakob sind, sondern vor allem der Gott, der die Tugend liebt; er ist der Gott nicht nur eines bestimmten Volkes, sondern des individuellen, frommen Menschen. Hier benutzt Philo ein neues hermeneutisches Prinzip, um die Bibel auszulegen. Die Grundgedanken des Exodus, das Verhältnis "Gott - Mensch", bleiben, aber die Auslegung schlägt eine neue Richtung ein. Philo ist ein Jude, der in der Diaspora lebt, und obwohl er Jude mit Herz und Gefühl ist, überspringt er die Grenzen seines Judentums und behauptet, daß die göttliche Nähe nicht nur dem Volke Israel, sondern auch dem tüchtigen Menschen zugestanden sei. Die Tugend ist vor allem im Herzen des jüdischen Volkes beherbergt, aber das Entscheidende, um die Nähe Gottes zu spüren, besteht nicht hauptsächlich in der Zugehörigkeit zum Volke Israel, sondern in der praktizierten Tugend[229]. Nicht die Beschneidung, sondern die praktizierte Tugend macht den Menschen zum Auserwählten Gottes und Träger seiner rettenden Tätigkeit in der Geschichte.

Philo hat den biblischen Grundgedanken nicht geändert, sondern er hat ihn in seiner Zeit und in seinem Raum interpretiert. Er ist ein Hermeneut. Er kennt die Philosophie, die beste Philosophie seiner Zeit und begreift, daß die etwas Wahrhaftes und Überzeitliches hat. Er versucht dieses Bleibende, das Beste dieser Philosophie mit der Offenbarung zu vereinbaren. Mehr noch: Diese Philosophie gewährt ihm einen hermeneutischen Maßstab. Die Philosophie ist hier die Philosophie der Stoa. Der hermeneutische Maßstab ist das Bleibende, das Herrliche, das Heilige der Tugend.

Eine philosophische Terminologie verwendend, behauptet Philo, die Existenz Gottes sei eine absolute, doch keine relative Existenz. Das göttliche Sein beziehe sich exklusiv auf sich selbst, ohne abhängigen Bezug auf jemand anderen oder auf etwas anderes: τὸ γὰρ ὄν, ᾗ ὄν ἐστιν, οὐχὶ τῶν πρός τι[230]. Der Grund hierfür ist sehr einfach: Weil das Unbedingte die Fülle des reinen Seins in sich hat, hängt es von niemandem und von nichts ab: "... Das Seiende gehört nämlich als Seiendes nicht zum Relativen; denn von sich selbst ist es voll und sich selbst genug, vor der Entstehung der Welt und nach der Entstehung des Alls in gleicher Weise. Denn es ist wandlungslos und änderungslos, bedarf überhaupt nicht eines anderen, so daß ihm selbst alles angehört, es selbst eigentlich keinem"[231]. Diese Behauptung ist besonders wichtig, nicht nur weil sie die Fülle und die Besonderheit des göttlichen Seins unterstreicht, sondern vor allem, weil sie das Seiende als eine in sich selbst abgeschlossene Größe ansieht. Die Richtigkeit dieser Behauptung ermöglicht Philo eine stichhaltige Theorie über das erste Wesen zu begründen, vom Gewordenen unabhängig. Gott ist in einem ersten Moment die reine Transzendenz. Ein Gott für und in sich selbst. Wenn man die Absolutheit des Seienden "einseitig" abhebt, taucht sofort eine Schwierigkeit auf. Wie ist es möglich, Gott als ein absolutes Wesen anzusehen, wenn die Heiligen Schriften behaupten, daß Moses "der Mensch Gottes" (Dtn 33,1) sei, und auch das Volk Israel Gott gehöre? Im Pentateuch kann man genügend Stellen herausfinden, in denen Gott im Verhältnis mit bestimmten Personen, mit Abraham[232], mit Jakob[233] oder mit einer ganzen Gruppe[234] erscheint. Der Psalter behauptet: "JHWH (sei) mein Anteil am Erbe"[235]. Wird es nicht an jeder dieser Stellen deutlich, daß zwischen Gott und dem Menschen eine eigenartige Beziehung existiert? Philo ist sich dieser Schwierigkeiten bewußt und schlägt folgende Lösungen vor: - die Worte "Ich bin dein Gott" sind "nicht in eigentlichem Sinne gesagt"[236]. Wieder taucht hier die große Schwierigkeit auf, über Gott in einem angemessenen Sinn zu reden. Gott ist ein absolutes Wesen, aber es fällt unserer Sprache schwer, Wendungen zu finden, in denen diese Absolutheit ohne irgendeine wirkliche Beziehung zum Gewordenen ausgedrückt wird. - "But do not suppose that God becomes man's in the same way that man becomes God's, for a man is God's as His possession, God is man's to be his glory and assistence"[237]. Philo betrachtet die Kategorie "Beziehung" (relatio im Gegensatz zum "absolutum") als Synonym von Abhängigkeit. In diesem Sinne hat Gott keine Beziehung zum Menschen, aber sehr wohl umgekehrt: Der Mensch ist ein Geschöpf Gottes oder auch Gottes Besitz. Diese Beziehung zum Menschen besteht in Gott, wenn sie nicht als Abhängigkeit, sondern als Ruhm und Wohltat angesehen wird. Weil Gott der Wohltäter des Menschen ist und weil er durch die Wohltat Gegenstand des Ruhmes für den Menschen ist[238], kann man diese Beziehung herstellen, die nur als solche (relatio realis) vom menschlichen Gesichtspunkt aus ins Auge zu fassen ist. Es folgt daraus, daß die Beziehung des Menschen zu Gott eine wirkliche, abhängige Beziehung (relatio realis) ist; die Beziehung Gottes zum Menschen - und ganz generell zum Gewordenen - ist eine anscheinende und unabhängige Beziehung (relatio idealis). - Streng genommen muß man nach Philo sogar diese "relatio idealis" aus dem göttlichen Gesichtspunkt heraus nicht auf das Seiende, sondern auf die Kräfte des Seienden beziehen. Philo betrachtet das Seiende so erhaben, so überlegen, so abgesondert und so transzendent, daß er sogar diese unabhängige Beziehung in ihm verneint. Im Grunde ist der Gott der Erzväter und der Gott des jüdischen Volkes nicht das erste Wesen, sondern eine Kraft Gottes, die von ihm verschieden ist[239]. Die Gegenüberstellung zwischen dem Seienden und seinen Kräften wird deutlich hervorgehoben:

- das Seiende - τὸ ὄν, ᾗ ὄν ἐστιν, οὐχὶ τῶν πρός τι.
- die Kräfte - ὡσανεὶ πρός τι[240].
- Gott befindet sich in Relation nur durch seine Kräfte[241].

Mit diesem Gedanken hat Philo einen neuen Punkt der göttlichen Transzendenz erreicht. Die konsequente Durchführung einer logischen Denklinie zwingt Philo dazu, jede unmittelbare (reale oder ideale) Beziehung zwischen dem Seienden und dem Gewordenen auszuschliessen. Gott ist reine Vollkommenheit, und diese göttliche Fülle läßt kein Verhältnis zwischen diesen zwei so unendlich ungleichen Realitäten zu.

Dieses Verhältnis könnte einen göttlichen Mangel, vielleicht sogar eine Abhängigkeit darstellen; doch das ist bei Philo völlig undenkbar. Hinter dem Gedanken der "non-relatio" verbirgt sich also die Vollkommenheit und das "nichts Brauchen" des Seienden. Aber hinter diesem Gedanken steht eine isolierte Gottheit, die im Alleinsein existiert und lebt.

Die theologische Auflösung der aristotelischen Theorie über das Sein. Aristoteles hatte die Metaphysik als Seinswissenschaft, als Ontologie folgendermaßen formuliert: "... Es gibt eine Wissenschaft, die das Sein als solches[242] betrachtet und alles, was ihm wesenhaft zukommt". Philo kennt diese aristotelische Definition und wendet ihre Terminologie auf das göttliche Sein an[243]. Die allgemeine Beschreibung des Seins trifft auf Gott zu. Dieses Sein wird von Philo als Absolutes betrachtet.

Für Aristoteles ist die allgemeine Definition des Seins ein analoger Begriff: "Das Wort 'Sein' hat einen vielfachen Sinn"[244]. Auf diese Weise hat "das Sein, das wir von Gott, von der Welt, vom Geist, vom Körper, von der Substanz, vom Akzidens aussagen, ... weder einen bei gleichem Wortlaut auch ganz gleichen Sinn, wie wenn wir Mensch und Tier im identischen Sinn ein Lebewesen heißen, noch einen bei gleichem Wort total verschiedenen Sinn, wie wenn ich eine Münze und ein Kriegsschiff einen Kreuzer heiße, sondern es wird analog verstanden"[245]. Gott, Welt, Geist, Körper, Substanz und Akzidens sind Begriffe, denen eine "bezogene" Realität zukommt: Sie existieren oder sie haben mindestens die Möglichkeit zu sein. Sein hat Gott; Sein hat die Seele; Sein hat die Welt; Sein hat der Geist. Sein schreiben wir der Vergangenheit zu, die war, und Sein der Zukunft, die noch nicht war. Sein heißen wir das Reale, Sein aber auch das Mögliche. Darüberhinaus stimmen alle diese Begriffe, die wir aufgezählt haben, mindestens darin überein, daß sie sind oder sein können. Sie koinzidieren in Hinsicht auf etwas oder nach etwas. Alle genannten Begriffe haben eine "bezogene Vieldeutigkeit".

Indem Philo das Sein Gottes als Absolutes betrachtet und ohne Bezug auf jemanden oder auf etwas ansieht, wendet er sich am entschiedensten von Aristoteles ab. Hier findet man einen anderen philosophischen Grund, weshalb Philo jeden Vergleich und sogar jede Ähnlichkeit und Analogie zwischen Gott und dem Gewordenen ablehnt. Gott ist derart exklusiv in seiner Existenz, daß er als das wahrhaft ganz anders Seiende zu betrachten ist. Daß wir die Existenz Gottes erfassen können, bedeutet nicht, daß wir eine Ähnlichkeit zwischen unserer und der göttlichen Existenz behaupten dürfen. Zwischen beiden besteht kein Berührungspunkt, der einen Vergleich und eine Beziehung ermöglicht.

Mit wenigen Worten ausgedrückt können wir das so sagen: Gott ist absolutes Sein ohne Bezug, ohne Vergleich, ohne Ähnlichkeit und ohne Analogie. Um die Konzeption der göttlichen Transzendenz konsequent durchzuführen, sieht sich Philo gezwungen, die aristotelische Seinslehre in einem entscheidenden Punkt zu modifizieren. Um die göttliche Transzendenz nicht zu gefährden, wird Philo ein "Radikaler" des Seins Gottes.

Die erste Lehre, die der Bericht über die Weltschöpfung im Buche Genesis enthält, ist die, daß "... Gott existiert und waltet"[246]. Jedoch der Schöpfer existiert nicht nur, sondern er hat in sich selbst den Grund seines Daseins. Bei diesen Erwägungen sind folgende Punkte - stufenweise eingegliedert - ausschlaggebend: Gott ist Grund seines Seins; Gott ist Grund seines eigenen Seins ohne Teilnahme von jemand anderem[247]; Gott ist sich selbst in seinem Sein genügend[248]; Gott ist als Seiender exklusiv und ein Einziger[249].

Die präzise Formulierung, die hier vorliegt, schließt aus, daß der Seiende geschaffen worden ist; - andere Götter existieren, die mit dem Seienden rivalisieren könnten; - der Seiende einen Partner oder eine Partnerin hat; - es andere Wesen gibt, die auf dieselbe oder ähnliche Weise wie der Seiende existieren können.

Das ungewordene Seiende ist auch Grund aller Existenz und allen Werdens. In der logischen Entfaltung dieses Gedankenganges sind folgende Überlegungen kennzeichnend: - Neben Gott war nichts vor der Schöpfung. Der Seiende war allein[250]. - Gott hat das Nichtseiende zum Sein gerufen[251]. - Auf diese Weise gewährt Gott Existenz dem, das nicht existierte[252]. - Das Nichtseiende bekommt somit Lebenskraft[253]. Das alles ist jene Wahrheit, die schon der Schöpfungsbericht aufweist. Aber Philo formuliert präzis, lückenlos und schärfer als der biblische Hagiograph, weil er sich der griechischen Sprache bedient. Die Lehre, in den ersten Kapiteln des Genesis-Buches enthalten ist, könnte man nach der Meinung Philos so formulieren: "... Daß die Welt ... geschaffen ist, mit Rücksicht auf diejenigen, die da meinen, daß die Welt unerschaffen und ewig ist, und Gott gar nichts zuschreiben"[254]. Hier gibt es eine versteckte Anspielung auf Philosophen, die - wie Plato und Aristoteles - die Schöpfung "ex nihilo" nicht kannten. Τὰ μὴ ὄντα sind die Worte, die Philo verwendet, um das Nichts vor der Schöpfung zu beschreiben. Für Plato ist τὸ μὴ ὄν der formlose, aber präexistente Urstoff, aus dem die Welt entstanden ist. Für Plato ist dieses τὸ μὴ ὄν ewig. Nach Philo bedeutet τὰ μὴ ὄντα (im Plural) nicht etwas, das von Ewigkeit her existiert, sondern etwas, das von Gott geschaffen wurde. Alles wurde ausnahmslos von Gott ins Dasein gerufen. Am Anschluß an Gen 1,4 - "... Gott schied zwischen dem Licht und der Finsternis" - schreibt Philo: "... Wie ... die aufgehende Sonne das Verborgene an den Körpern zeigt, so brachte auch Gott, der alles geschaffen hat, es nicht nur ans Licht, sondern er schuf auch das, was vorher nicht da war, da er nicht nur Werkmeister, sondern auch selbst ein Schöpfer ist"[255]. Wieder kann man an dieser Stelle eine eindeutige Anspielung auf die platonische Philosophie erkennen. Für Philo ist Gott nicht nur der "Demiourgos" im Sinne Platos, sondern er ist der wahre Schöpfer, der geschaffen hat, was vorher nicht da war.

Diese Aussage läßt sich als Schlußfolgerung des noch zu formulierenden Prinzips betrachten[256]. Unermüdlich wiederholt Philo diese Wahrheit, daß es nämlich zur Beschaffenheit gehört, aktiv zu sein, während es zur Schöpfung gehört, passiv zu sein. Mit Recht hat BOUGHTON darauf hingewiesen, daß "... Philo's thought ... permeated with a vitalism"[257] in Bezug auf den Gottesbegriff sei.

Das Seiende ist nicht nur seine eigene Ursache und Grund allen Werdens, sondern es ist auch der einzig wahrhaft Seiende. Zugleich bedeutet es auch ein Sein in vollkommener Fülle. Das göttliche Einzigartige bezieht sich nicht nur auf die Einmaligkeit seiner selbst realisierten Existenz, sondern auch auf die exklusive Vollkommenheit seines Seins. Philo gliedert diese Gedanken folgendermaßen: In Wirklichkeit existiert nur Gott[258]. Die Beschreibung der "plenitudo existentiae Dei"[259].

Philo gibt sich nicht mit der bloßen Behauptung der "plenitudo existentiae Dei" zufrieden. Die Entfaltung des göttlichen Vollkommenseins stellt einen neuen Schwerpunkt dar, auf den er immer wieder zurückweist. Die göttliche Existenz ist in ihrer Fülle zugleich auch Präsenz in Fülle. Eine grundlegende Bedeutung wird oft und immer mit derselben Ausdrucksweise ausgesagt: Gott ist "der Umfassende, selbst aber nicht (der) Umfaßte"[260]. Der Seiende "wird nicht erfaßt, ist vielmehr über alles hinausgestiegen"[261]. Durch allegorische Auslegung und durch technische Kunstgriffe[262] versucht Philo, diese "reine Wahrheit"[263] und "wahre Lehre"[264] den Heiligen Schriften zu entnehmen. Aber keines der biblischen Beispiele, die er heranzieht, spricht eindeutig diese Wahrheit aus, die einen festen Anhaltspunkt in der philonischen, verwirrenden Lehre über den Ort des "ortlosen" Gottes darstellt. Vielmehr ist die Herausarbeitung der göttlichen Unfaßbarkeit und der Unmöglichkeit des Umfaßtseins eine notwendige Schlußfolgerung des differenzierten Transzendenzgedankens Philos. Die Fülle des Seins des Seienden verlangt auch diese Präsenz in Fülle. Aber was bedeutet es, daß Gott alles umfaßt und daß er nicht umfaßt wird? Die Entfaltung dieses Prinzips nimmt bei Philo verschiedene Perspektiven ein. Negativ ausgedrückt bedeutet das nicht, daß das Seiende an einem bestimmten Platz feststeht. Gott ist keineswegs irgendwo; nur das Gewordene ist an einen bestimmten Platz gebunden[265]. Der Gegensatz zu dem Gewordenen wird hier auffallend sichtbar. Die Geschöpfe befinden sich immer an einem bestimmten Ort, müssen umfangen werden und können selber nichts oder nur sehr wenig umfangen. Das Seiende ist der Umfassende. Das Gewordene ist dann das Umfaßte. Das Seiende ist das Nichtumfaßte, und das Gewordene ist das Nichtumfassende.

Positiv gesagt ist Gott überall. Philo legt Gott die folgenden Worte in den Mund: "... Ich, der ich sichtbar und hier bin, ich bin auch dort und überall, da ich das All ausgefüllt habe ..."[266]. Die göttliche Präsenz füllt jeden möglichen Raum. Moralisch ausgedrückt kann niemand der Präsenz Gottes entkommen: "... Denn Gott erfüllt und durchdringt ja alles, nichts hat er leer und unerfüllt von seiner Wesenheit gelassen; wie könnte also jemand einen Ort einnehmen, wo Gott nicht wäre? ... Wie könnte uns das wundern? Auch den Grundstoffen der geschaffenen Dinge könnten wir nicht entrinnen, wenn wir Anlaß dazu hätten, noch uns vor ihnen verbergen. Man versuche doch nur, dem Wasser, der Luft, dem Himmel oder dem Weltganzen zu entfliehen: Notwendig werden wir von ihnen umfangen; denn aus der Welt heraus kann niemand fliehen. Wenn man aber von den Teilen der Welt und vor der Welt selbst sich nicht verbergen kann, wie vermöchte man vor Gott verborgen bleiben?"[267]. "... Könnte sich ... wohl ein Mensch oder ein anderes Geschöpf vor Gott verbergen? Wo denn? Kommt er doch überall hin, schaut er doch bis zu den äußersten Grenzen, hat er doch das All ausgefüllt, derart, daß auch nicht das kleinste Ding ohne Anteil an ihm ist!"[268]. Überspitzt ausgedrückt, überragt die Präsenz des Allumfassenden alles, sogar den Raum, auch dort, wo es keinen Raum gibt. Die Präsenz Gottes ist auch dort. "... And beyond the world is no place but God"[269]. Aber der göttliche Ort ist paradoxerweise ortlos: "... The placelessness and the unchanging habitation of the divine place"[270].

Transzendent geäußert befindet sich das Seiende außerhalb des Geschaffenen. Es steigt über alles hinaus und ist aller Ortsverbundenheit überlegen: "... Man muß nämlich annehmen, daß, wie der Lenker über dem Wagen, der Steuermann über dem Schiff, das Seiende oben darübersteht über Körpern, über Seelen, über Dingen, über Worten, über Engeln, über Erde, über Luft, über Himmel, über Körpern, über Seelen, über Dingen, über wahrnehmbaren Kräften, über unsichtbaren Wesen, wie viele ihrer erkennbar und unerkennbar sind"[271]. Immanent formuliert hat dieses alle Orte übersteigende Seiende dennoch mit der Schöpfung und besonders mit dem Menschen zu tun. Gott ist auch nahe[272]. Er hat "... nichts von sich selbst leer und vereinsamt gelassen"[273]. Mehr noch: "... It is an atheistic belief not to hold that the divine eye penetrates all things and sees all things at one time, not only what is visible but also what is in recesses, depths and abysses"[274]. Philo sieht die Schwierigkeit, die entsteht, um die transzendente und immanente Präsenz Gottes in Einklang zu bringen. Andere Schwierigkeiten kommen noch hinzu: "... Denn in der Tat ist von allem, was in der Naturforschung behandelt wird, die Stelle die schwierigste, an der untersucht wird, wo und ob überhaupt das Seiende an einem Ort ist, da die einen sagen, daß alles, was existiert, einen Raum einnimmt, und die einen ihm diesen, die anderen ihm jenen zuerteilen, entweder einen innerhalb der Welt oder eine Art zwischenweltlichen[275] außerhalb der Welt, während die anderen erklären, daß das Ungewordene keinem Dinge innerhalb der Schöpfung ähnlich sei, sondern sie in allem überrage, so daß auch der schnellste Geist weit hinter seiner Erfassung zurückbleibe und seine Ohnmacht eingestehe"[276]. Die Paradoxie, der auffallende Gegensatz, sogar der Widerspruch nehmen einen breiten Raum in der philonischen Rede über die rätselhafte Präsenz des Seienden ein. Wie läßt sich dies alles vereinbaren? Philo ist sich bewußt, daß er die Transzendenz Gottes retten muß, da das "Ungewordene keinem Dinge innerhalb der Schöpfung ähnlich" ist. In einer solchen Auffassung ist das Seiende das unendlich Ferne, sogar in Bezug auf seine Präsenz, die keinen Raum einnimmt und auch keiner Zeit unterzogen ist. Auch will Philo zentrale theologische Probleme wie Vorsehung, Schöpfung etc. sicherstellen. Die Welt, das All und das Gewordene sind das Haus Gottes. In diesem Sinne ist das Seiende die durchdringende Nähe, die alles umfaßt und alles sieht und liebt. Philo versucht, hier eine Lösung zu finden, wo es vielleicht gar keine gibt oder es keine geben kann. Wer kann die rätselhafte Präsenz Gottes ganz und gar erkennen? Soll nicht unsere geschaffene Vernunft vor solchem Geheimnis zurückbleiben? Das weiß auch Philo! Dennoch ist er Theologe und Philosoph zugleich, und obwohl er genau weiß, daß das größte unlösbare Mysterium dahinter steckt und daß wir mit unseren gewählten Antworten nur wieder Fragen stellen können, bemüht er sich, eine Lösung dieser Gegensätze herauszuarbeiten. Nach ihm haben es viele Theologen versucht, doch immer mit zweifelhaftem Erfolg. Das Experiment ist dann gerechtfertigt, wenn es nicht als endgültige Lösung angesehen wird. Die göttliche Transzendenz verbietet es. Philos einfache und "dualistische" Lösung stellt eines seiner originellsten, aber zugleich eines der fragwürdigsten Ergebnisse dar[277].

Präsenz in Fülle bedeutet zugleich Permanenz in Fülle. Damit ist auch das Seiende ausgestattet. Negativ formuliert setzt die Permanenz Unbeweglichkeit, Unwandelbarkeit und Unveränderlichkeit voraus. Das göttliche Sein besteht in Unveränderlichkeit, Unbeweglichkeit und Unwandelbarkeit. In diesem Sinne interpretiert Philo den Spruch von Dt 5,31[278]: "... 'Du aber stelle dich neben mich selbst', wodurch zweierlei ausgedrückt wird: erstens, daß das Sein, das alles bewegt und wandelt, unbewegt und unwandelbar ist; zweitens, daß es von seinem eigenen Wesen, das in der Ruhe besteht, dem Strebsamen etwas mitteilt"[279]. Positiv gesagt verlangt die Permanenz Beständigkeit, Festigkeit und Ruhe. Das ist auch etwas, was dem Seienden anhaftet. Philo spricht von der unwandelbaren Beständigkeit des Seienden[280], von seinem "Übermaß an Festigkeit"[281], von seinem "in Ruhe bestehendem Wesen"[282]. Das Seiende ist "in demselben Zustand verharrend und bleibend ... unwandelbar, ... bevor irgend ein Ding in das Werden"[283] einmündet. Mit wenigen Worten könnte man das Seiende als den "Stehenden"[284], den unerschütterlich "Feststehenden"[285] nennen. So gesehen wird der Unterschied zwischen dem Seienden und dem Gewordenen in vollem Gegensatz deutlich. Die Schöpfung ist "schwankend und unstet"[286], "das Bewegte"[287]. Gott bleibt, die geborenen Dinge wechseln: "... God stands alone. But those things which are under the generation of birth all fall into periodical change"[288]; das Seiende ist somit permanente Präsenz in ewiger Gegenwart[289].

Das Seiende ist die Ursache unseres Daseins und das unerschütterliche Fundament, auf das sich jede Existenz stützt. Subsistenz bedeutet "creatio continuata" und Vorsehung[290]. Durch sie holt uns das Seiende in jedem Augenblick aus dem Nichts heraus[291]. Sie ist Lebensdauer, die vom Seienden als Gnade geschenkt wird: "... Denn Leben und Lebensdauer, Wachstum und Gesundheit wird dem Körper durch göttliche Gnade verliehen"[292]. Die göttliche Subsistenz ermöglicht eine sichtbare Kontinuität im Leben, wenn man vom menschlichen Gesichtspunkt des Gewordenen ausgeht. Sie wurzelt tiefer, denn das Seiende stellt die "Sub"-stanz des Gewordenen, das Geschaffene dar. Das Seiende ist, vgl. Anm. 172, das "prosopon" des göttlichen Wesens.

Das Sein ist das "Gesicht" des göttlichen Wesens[293]. Dieses erstaunliche Bild Philos ist äußerst zutreffend, um die Beziehung zwischen Wesen und Sein bei Gott zu beschreiben. So wie wir das Wesen, das Innerliche des Menschen, durch das Ansehen des Gesichts, des Äußerlichen, erschließen können, so wird die innere Wirklichkeit des Seienden durch die reine Idee des Seienden durchscheinen. Auf den vorhergehenden Seiten haben wir die Eigentümlichkeiten des Seienden erforscht. Dieselbe Vollkommenheit und dieselben Eigentümlichkeiten können wir vom göttlichen Wesen prädizieren, weil das Sein einen Abglanz des den Menschen verborgenen Wesens Gottes darstellt. Dazu ist aber zu sagen, daß trotz allem das Prinzip der Unfaßbarkeit Gottes, des göttlichen Wesens, aufrechtzuerhalten ist. Philo trennt das Sein vom Wesen. Obwohl beide eine einzige und einfache Realität bei Gott ausmachen, ist diese Unterscheidung notwendig, wenn man vom menschlichen Gesichtspunkt ausgeht. Das Sein "berührt" den göttlichen Kern in einem wesentlichen Punkt, nämlich in der Wirklichkeit und Wahrheit seines Wesens. Das göttliche Sein ist das Fundament und zugleich die Bedingung jeder Rede über Gott. Ein Gott ohne Sein ist eine Chimäre.

Hier geht es um das Seiende als einzigen Träger der göttlichen Eigenschaften. Bei Philo ist die Existenz Gottes nicht eine unter den vielen Eigenschaften Gottes, die die göttliche Wirklichkeit ausmachen. Das Seiende ist das Fundament dieser Eigenschaften, die Basis, die alles Göttliche als Einheit und Einfachheit integriert. Die Fülle des göttlichen Seins ist so umfassend und vollkommen, daß wirklich behauptet werden kann, daß alle "proprietates", die von Gott ausgesagt werden, nur Aspekte, verschiedene Perspektiven der einen einzigen Wirklichkeit des Seienden sind. Diese Behauptung ist in den Werken Philos nicht ausdrücklich formuliert; aber wir besitzen einige Anhaltspunkte, um sie zu erschließen. Die göttlichen Eigenschaften sind im Grunde nichts anderes, als die ausgehenden Strahlen vom Seienden[294]. Nur der Geist kann diese Strahlen erblicken. Diese Strahlen, göttliche Eigenschaften, sind nur durch die "Gewalten Gottes" dem Menschen sichtbar und erfahrbar. Man darf nicht vergessen, daß das Seiende absolut transzendent ist und daß eine unmittelbare Berührung des Gewordenen mit dem Seienden unmöglich und sogar "gotteslästerlich" ist. Aber das Seiende ist Träger der göttlichen Kräfte[295]. Das wird von unserem Verfasser häufig behauptet. Die göttlichen Gewalten zeigen mittelbar, was das Seiende als Urgrund wirkt. Schauen wir uns einige Beispiele an: Das Seiende stellt den Urgrund alles Gewordenen dar; es strahlt Güte durch die göttlichen Mächte hindurch aus. So kann die menschliche Vernunft auf die erste Ursache zurückgehen, obwohl diese Güte nur durch die Gewalt des Guten unmittelbar in der Schöpfung vollzogen wird. Auf diese Weise können wir Gott als Güte betrachten. Das Seiende strahlt durch seine Gewalten Heiligkeit aus; die Vernunft schließt daraus, daß der Urgrund heilig ist. Das Seiende strahlt Perfektion aus durch die Tätigkeit seiner Mächte, und nur so kann man den Urgrund in seiner Perfektheit erschließen. Philo schreibt dem Seienden in einem einzigen Atemzug verschiedene Eigenschaften zu. In dieser Hinsicht ist "das Seiende vollkommen" und Philo beschreibt "die Güte des Seienden"[296], "die Majestät des Seienden"[297], "die Festigkeit des Seienden"[298] und "die Tugenden des Seienden"[299]. Die Vollkommenheit, die Güte, die Majestät, die Festigkeit etc. sind nur Aspekte der einzigen Wirklichkeit des Seienden, das eine ist[300]. Zugleich stellen diese Eigenschaften die Phänomenologie des Seienden dar. Diese Phänomenologie ermöglicht die Lehre und Rede über Gott. Diese göttlichen Eigenschaften decken die wunderbare Wirklichkeit der göttlichen Existenz auf.

Die Behandlung der philonischen Theorie über das Sein Gottes benötigt zuletzt eine persönliche Wertung. Das Minimum, das man darüber sagen kann, ist, daß diese Theorie eine durchdachte und anregende Lehre darstellt. Die Ontologie der göttlichen Existenz, die Philo aus Ex 3,14 entwickelt, ist einer der wichtigsten Beiträge unseres Verfassers zur Theologie überhaupt. Die Originalität und Tiefe Philos kommen darin zum Vorschein. Sein systematisierendes Können und seine Denkkraft kommen hier wie sonst nirgendwo zur vollen Entfaltung. Auch wenn im allgemeinen Philo kein origineller Denker ist, so stellen die Ausführungen über das Seiende eine Ausnahme dar. Die biblische Doktrin und die sorgfältige Formulierung in der griechischen Sprache finden hier eine exemplarische Synthese. Seine Spekulation über den Begriff des Seienden hat einen biblischen Kern getroffen, der von den bloßen Behauptungen der griechischen Philosophie über das Seiende scharf getrennt ist. Das Seiende ist nicht nur der Ausdruck einer theoretischen Erkenntnis, sondern vielmehr der präzise Ort, an dem eine Teilnahme an Gott stattfindet.

b) Nur das Seiende ist der Urgrund

Gott als Urgrund nimmt einen festen Platz in der philosophischen Terminologie Philos ein und darf in einer gesamten Konzeption des Transzendenzgedankens auf keinen Fall übersehen werden. Eine erste Frage muß gestellt werden: Fügt der Terminus "Urgrund" etwas Neues zum Gedanken des "Seienden" in Bezug auf Gottes Transzendenz hinzu? Die bejahende Antwort darauf kann man nur im Laufe der Ausführungen geben. Vorerst mag es genügen, die Verbindung und das gegenseitige Verhältnis von beiden festzustellen. Wie wir gesehen haben, stellt das Seiende das aktive Prinzip schlechthin dar. Es ist vollständige Existenz und zugleich Ausgangspunkt jeden Daseins. Diese Aussagen sind zweifelsohne mit den Behauptungen austauschbar, in denen Philo Gott als "Urgrund" bezeichnet. Eine kurze Erklärung dazu ist, daß Gott als Seiender zugleich Gott als den Urgrund verlangt. Der Urgrund expliziert die göttliche Tätigkeit, die nur implizit im Seienden vorhanden ist. Umgekehrt expliziert das Seiende dadurch den Urgrund, daß es wirklich als existent, als wahr betrachtet wird[301]. Vom menschlichen Gesichtspunkt aus gesehen stellt Gott als Urgrund einen Ansatz dar, durch den die menschliche Vernunft ihn als Seienden erkennt[302]. Darüberhinaus gelangen die Menschen zum Seienden, wenn die Kategorie des Urgrunds gegeben und "gedacht" wird. Durch den Urgrund wird das Seiende beweisbar[303] und sogar "erfahrbar". Der Urgrund fundiert das Seiende und erklärt die Existenz jeden Seins, d.h., der Schöpfung. Im letzten Fall ist das Seiende Grund des Daseins. Philo trennt theoretisch Gott als Seiendes und Gott als Urgrund, als tätige Kraft. Der erste Aspekt drückt Gott ontologisch, der zweite dynamisch und funktional aus. Als Sein ruht Gott: "... Weil Gottes Eigenschaft Ruhe und Stillstand ist"[304]. Als Urgrund ist Gott Tätigkeit: "... Gott allein kommt ... das Tun zu"[305]. Philo versteht also den transzendenten Gott als Sein und Aktion. Ohne Sein kann Gott nicht existieren. Ohne Aktion Gottes könnte die Welt nicht sein . Göttliches Sein und göttliche Aktion sind zwei sichere Daten in der göttlichen Wirklichkeit. Gottes Wirken ist ein Moment des göttlichen Seienden[306].

Sowohl αἴτιος als auch αἰτία und αἴτιον (mit und ohne Artikel) können auf Gott bezogen werden[307]. Τὸ αἴτιον (Neutrum mit Artikel) ist aber oft Synonym Gottes. Im absoluten und abstrakten Sinne begleiten τὸ αἴτιον verschiedene Zusätze:
- τὸ ὄντως αἴτιον[308],
- ἓν αἴτιον[309],
- πρῶτον αἴτιον[310],
- τὸν ἀψευδῶς μόνον αἴτιον Θεόν[311],
- τοῦ πρεσβυτάτου πάντων αἰτίου[312],
- τὸ ἀνωτάτω καὶ πάντων ἄριστον αἴτιον[313],

- τὸ ἀνωτάτω καὶ πρεσβύτατων αἴτιον[314],
- τὸ κινοῦν αἴτιον[315],
- τὸ πάντων ... ἀγαθῶν αἴτιον[316],
- τὸ τῶν ὅλων αἴτιον[317],
- τὸ ... δραστήριον αἴτιον[318],
- τοῦ μόνου τῶν γινομένων αἰτίου Θεοῦ[319],
- τοῦ μακρὰν αἰτίου[320],
- τὸ ἀνωτάτων καὶ πρεσβύτατων εὐθὺς αἴτιον[321].

Die Adjektive und Genitive, die τὸ αἴτιον begleiten, fassen auf exklusive Weise die verschiedenen Qualitäten zusammen, die der Urgrund aus einem menschlichen Gesichtspunkt heraus besitzen kann. Darüberhinaus ist Gott die eine, wahre, erste, höchste, älteste und beste Ursache. In allen diesen prägnanten Bezeichnungen wird Gott durch die sogenannte "via perfectionis" auf höchste und exklusive Weise gepriesen. Gott ist nicht nur Ursache der Welt, sondern er ist zugleich der beste und vollkommenste Urgrund. Der Urgrund ist mit den durch Adjektive ausgedrückten Qualitäten innigst verbunden. Dahinter verbirgt sich die Tatsache, daß alle Eigenschaften Gottes im Grunde in der ursprünglichen Proprietät der göttlichen Tätigkeit miteinbezogen sind. Die verschiedenen Eigenschaften "explizieren" die Tätigkeit des Seienden als Urgrund[322]. Diese Beobachtung ist wichtig in Bezug auf eine Fundierung der philonischen Gotteslehre und vor allem angesichts der Verbindung der Doktrin der Bibel mit der Lehre Philos [323].

Philo erläutert gründlich, was er unter "Urgrund" versteht. Er erklärt, was der Satz "Gott ist Urgrund" bedeutet. In der Behandlung dieses Themas kann man den Einfluß der griechischen Philosophie eindeutig spüren. Philo macht vor allem die stoische Philosophie in diesem Sinne für seine Gotteslehre fruchtbar. Von ihr entnimmt unser Verfasser die Terminologie, die ihm dabei hilft, eine präzise Konzeption des handelnden Gottes zu gewinnen. Die Stelle Cher 125 - 127[324] hat eine maßgebliche Bedeutung: "... Weil Gott Urheber ist, nicht Werkzeug, und das, was entsteht durch Vermittlung eines Werkzeuges zwar, aber durchaus von dem Urheber geschaffen wird. Denn damit etwas entsteht, muß mehreres zusammenkommen, das von wem, das aus wem, das durch wen, das weswegen. Das von wem ist der Urheber, das aus wem ist der Stoff, das durch wen ist das Werkzeug, das weswegen ist die Ursache. Z.B., es fragt jemand: damit ein Haus und eine ganze Stadt gebaut werden kann, welche Dinge müssen da zusammenkommen? ein Baumeister, Steine, Holz und Werkzeug, nicht? Was ist nun ein Baumeister anderes als der Urheber, von dem (der Bau geschaffen wird)? was sind Steine und Holz anderes als der Stoff, aus dem der Bau entsteht? Was sind die Werkzeuge anderes als die Dinge, durch die (etwas entsteht)? Weswegen aber (wird der Bau ausgeführt), wenn nicht zum Schutze und zur Sicherheit, was eben der Grund ist? Gehe nun von diesen Einzelbauten aus und betrachte die größte Wohnung oder Stadt, diese Welt: Erkennen wirst du als ihren Urheber Gott, von dem sie geschaffen ist, als Stoff die vier Elemente, aus denen die zusammengesetzt wurde[325], als Werkzeug die Vernunft Gottes, durch die sie eingerichtet wurde, und als Grund der Schöpfung die Güte des Schöpfers. Das ist das Urteil der Wahrheitsfreunde, die nach wahrer und gesunder Erkenntnis streben. Die aber, die durch Gott etwas erworben zu haben behaupten, halten den Urheber, den Meister, für das Werkzeug, das Werkzeug dagegen, den menschlichen Geist, für den Urheber".

Philo erläutert also hier ausführlich, was unter Urgrund zu verstehen ist. Vier Begriffe unterscheidet er: αἴτιον, ὕλη, ὄργανον, αἰτία. Wir sind vor allem an αἴτιον interessiert. Das "von wem" etwas existiert, nennt Philo "Urgrund". In diesem Sinne stellt Gott den Urgrund dar. Die Welt ist "von Gott" geschaffen worden. Damit ist noch nicht geklärt, daß Gott der "einzige Urgrund" des Alls ist. Philo geht einen weiteren Schritt: "... Aber man muß wissen, daß er (Moses) als Philosoph[326] und Prophet die Reihenfolge, die Verkettung und Verflechtung der Ursachen kennt, aber nicht jenen die Ursachen für alle Geschehnisse zuschreibt. Er hat sich vielmehr ein anderes früheres Wesen vorgestellt, das über dem Weltall thront nach Art eines Wagenlenkers oder Steuermannes; denn dieses steuert das gemeinsame Weltenschiff, in dem alles fährt, und lenkt den beflügelten Wagen, den ganzen Himmel, kraft seiner unabhängigen, unbeschränkten Herrschergewalt"[327].

Über jegliche ἀκολουθία, εἱρμος und ἐπιπλοκὰς αἰτιῶν erhebt sich der erste und stützende Urgrund, der alles ohne Ausnahme "trägt". Die "Sub"-sistenz ermöglicht, daß die Wirkung des Urgrunds, der zwar ganz am Anfang, nicht aber in der inneren Reihe der Ursachen steht, durch die Tätigkeit der göttlichen Kräfte als fortwährend vorkommt. Gott ist die letzte Erklärung des Weltalls, auch wenn er von ihm ganz entfernt ist. Diese prekäre Lösung erschließt sich aus der philonischen Konzeption über den "Urgrund". Die primäre Schwierigkeit zwischen Transzendenz und Isolierung wird in den folgenden Überlegungen aufgehoben. In einem ersten und rein grammatikalischen Sinn bedeutet der Satz "Gott ist der Urgrund des Alls", daß er das aktive Subjekt ist. Das Weltall ist dagegen das passive, das die Handlung Gottes empfängt. Philo formuliert präzise, "... daß in den existierenden Dingen das eine die wirkende Ursache, das andere ein Leidendes sein muß, und daß jenes Wirkende der Geist des Weltganzen ist, der ganz reine und lautere, der besser ist als Tugend, besser als Wissen, besser als das Gute an sich und das Schöne an sich, daß das Leidende dagegen an und für sich unbeseelt und unbeweglich ist, nachdem es aber von dem Geiste bewegt und gestaltet und beseelt worden, in das vollendetste Werk, in diese (sichtbare) Welt, sich verwandelte"[328].

Aber Gott handelt nicht direkt, sondern durch seinen Logos und die anderen göttlichen Kräfte. Darüber hinaus sind der Logos und die göttlichen Kräfte das Werkzeug, durch das Gott in seinen Vorsätzen alles geschaffen hat. Das ist der Sinn dieser Überlegung[329]. Wie ist es möglich, daß der Urgrund Urheber und aktives Prinzip ist, wenn er in der Weltschöpfung nichts Unmittelbares geschaffen hat? Hier ist es nötig, auf die Begriffe "Ursprung" und "Subsistenz" zurückzugreifen. Alles, was existiert, hat seinen Ursprung im Urgrund bzw. im Seienden. Die Idee der Ursprünglichkeit sagt aus, daß es keine mögliche Handlung gibt, wenn eine erste Handlung nicht von der Gottheit stammte. Gott wirkt im Logos und in den anderen Kräften, die im göttlichen Bereich sind, und in dieser ersten Wirkung sind die anderen möglichen Handlungen pauschal eingeschlossen. Auf ähnliche Weise hat alles, was existiert, seine Subsistenz im Ursprung bzw. im Seienden. Die Sachen existieren, weil Gott existiert. Sie können nur in ihm existieren. Er erhält sie und kümmert sich um sie.

Für Aristoteles ist Gott die bewegende Ursache. Mit Bewegung ist nicht nur räumliche Bewegung, sondern Veränderung, von der die Ortsbewegung nur einen Einzelfall darstellt, gemeint. Verfolgen wir die Bewegung zurück, so gelangen wir notwendigerweise zu einem "ersten

Bewegenden". Dieser erste Bewegende bildet nach der Meinung des Aristoteles die erste Realität, die selbst unbewegt und unbeweglich, einzig, vollkommen und ewig ist. Diese erste Realität ist gleichzeitig von allem Übrigen getrennt, aber die Trennung ist nicht vollständig, weil der "erste Bewegende" durch die Liebe die direkte Ursache des Übrigen ist. Aristoteles verneint nicht, daß zwischen Ursache und Wirkung mehrere Affinitäten existieren. In diesem Punkt wendet sich Philo von Aristoteles und von den anderen übrigen griechisch-philosophischen Konzeptionen über den Urgrund entschieden ab. Sogar die Ähnlichkeit, die bei Aristoteles und anderen Philosophen zwischen Ursache und Wirkung besteht, wird von Philo verneint, weil Gott nur die im göttlichen Bereich vorhandene Realität unmittelbar bewirkt. In Bezug auf die Schöpfung stellt das Seiende nicht nur das unbewegte, sondern auch das unbewegende Prinzip dar[330].

Ein Problem, auf das Philo nicht eingeht, stellt das eigentliche Verhältnis zwischen dem Urgrund und den Wirkungen dar, die außerhalb des göttlichen Bereichs existieren. Wie man oft sehen konnte, lehnt Philo jede unmittelbare Beziehung Gottes zur Schöpfung ab. Hier ergibt sich die Frage, wie Gott "Urgrund" genannt werden kann, wenn er eigentlich nicht unmittelbar wirkt? Das Problem ist in der Theorie Philos leicht lösbar. Gott wirkt in den göttlichen Kräften und durch sie wirkt er indirekt in der Schöpfung. Welchen Unterschied es zwischen dieser philonischen Lösung und der aristotelischen Theorie gibt, ist nicht leicht vorstellbar. Das ist ein spekulativ-philosophisches Problem, das wir nicht verfolgen können, weil Philo darauf nicht eingeht. Wichtiger für uns ist aber die Idee Philos, die die genannte Ähnlichkeit verneint. Trotz der Unvollkommenheit der Lehre als "gedachte Theorie" ist das Bestreben Philos eindeutig: Er will das Seiende vom "Anderen" ganz und gar trennen. Die Trennung vollzieht sich in negativen Behauptungen, die seine Lehre als solche erhärten, die aber - und das ist ein Fehler Philos - philosophisch und rein denkerisch betrachtet, undurchführbar zu sein scheinen. Er wendet die Philosophie an und daraufhin verhält er sich nicht philosophisch genug, um einige sehr wichtige Gedankengänge zu erklären.

Es erscheint angebracht, das Verhältnis zwischen der philonischen Bezeichnung des Urgrunds und der Lehre der Heiligen Schriften näher zu betrachten. Es wurde schon gesagt, daß Philo eine Terminologie der griechischen Philosophie verwendet. Aber hier kommt es nicht primär auf die Terminologie als solche an, sondern vielmehr geht es um den Sinn dieser Terminologie, die unter den Begriffen "aktives Prinzip", "Ursprung" und "Subsistenz" zusammengefaßt werden könnte. Wichtig ist es also jetzt für unsere Arbeit, ob dieser Sinn in der Bibel vorhanden ist, und ob Philo sich dessen bewußt ist. Beides ist zu bejahen. Die Welt ist geschaffen worden und ist das Werk eines bestimmten Urgrunds. Diese Behauptung Philos (S. 132)[331] verbindet den Gedanken der Schöpfung mit der notwendigen Erschließung eines Urgrunds. Es sei ein weiteres Beispiel angeführt, das die genannte Auffassung weiter ausführt: "... Es haben nämlich manche, weil sie die Welt mehr als den Weltschöpfer bewunderten, jene für unerschaffen und ewig erklärt[332], diesem aber, Gott nämlich, in unfrommer Weise völlige Untätigkeit angedichtet, während sie im Gegenteil dessen Macht als die eines Schöpfers und Vaters anstaunen mußten und nicht die Welt über alles Maß verherrlichen durften. Moses aber, der bis zum höchsten Gipfelpunkt der Philosophie vorgedrungen und durch göttliche Offenbarungen über die meisten und wichtigsten Dinge der Natur belehrt worden ist, erkannte sehr wohl, daß in den existierenden Dingen das eine die wirkende Ursache, das andere ein Leidendes sein muß ... "[333]. Ganz eindeutig ist an dieser Stelle aufgezeigt, wie der Schöpfungsbericht des Genesis-Buches die Terminologie, die Philo aus der griechischen Philosophie entnimmt, in Bezug auf den Inhalt bestimmt. Gott den Schöpfer zu nennen, bedeutet dasselbe, daß Gott Urheber, aktives Prinzip und Urgrund ist, berücksichtigt man Inhalt und Sinn des Gemeinten. Für Philo stellt die Bibel noch eine höhere Erkenntnis als die griechische Philosophie dar. Die biblische Lehre ist nicht Produkt einer mühsamen Spekulationsarbeit, die mehrere Jahrhunderte ausmacht, sondern sie ist Resultat einer Offenbarung Gottes, die in den Heiligen Schriften enthalten ist: "... Denn was aus der bewährtesten Philosophie denen erwächst, die ihr obliegen, das wird den Juden durch ihre Gesetze und Bräuche vermittelt, die Erkenntnis von dem höchsten und heiligsten Urgrund aller Dinge, da sie die Irrlehre von den geschaffenen Göttern verwerfen; denn kein Geschaffener ist ein Gott in Wahrheit, er ist es nur in der Meinung der Menschen ..."[334]. Das erste

Gebot des Dekalogs drückt die Rechte des Urgrunds der Welt gegenüber aus: "... So begreift das erste Gebot alle die Bestimmungen über die Alleinherrschaft (Gottes) in sich; diese Erklärung, daß einer der Urgrund der Welt ist, einer der Herr und König, der das All zu seinem Heile lenkt und regiert ..."[335]. Der "Ursprung" der Schöpfung, der im Dekalog seine Rechte zeigt, hat also volle und alleinige Herrschaft über das ganze All. Dem liegt eine ontologische Wurzel zugrunde, denn in ihm findet die Welt nicht nur den Grund ihres Daseins, sondern auch ihre fortwährende Dauer. Die ganze Schöpfung ist in dem Urgrund und existiert in diesem weiter. In diesem Sinne muß man dem ersten Wesen Anerkennung schenken und als alleinigem Herrscher Ehre zollen. Das ist der Sinn des ersten Gebots des Dekalogs. Mehr noch: Diese Anerkennung und Ehre, die gleichzeitig die Ablehnung anderer Herrschaften und anderer weltlicher Kräfte einschließt, machen im Ganzen nach der Meinung Philos das erste Gebot der Religion der Juden überhaupt aus. Die Frömmigkeit eines Volkes bezeugt eine theologische Wahrheit von besonderer Wichtigkeit.

Zuletzt muß man die biblischen Texte Gen 3,14 und Deut 32,39 mit dem Urgrund verbinden. "Ich bin, der ich bin" und "Sehet, sehet, ich bin" bedeuten auch aus vernünftiger Deduktion, daß Gott Urgrund und Subsistenz des ganzen Universums ist. Sicher spricht Philo diese Kombination zwischen beiden Texten der Heiligen Schrift und seiner Lehre über den Urgrund nicht ausdrücklich aus; aber man kann sie aus seinen Gedankengängen[336] schließen.

Es sei das Ergebnis zusammengefaßt: In der Bibel sieht Philo seine Lehre begründet. Der Sinn des Ausgesagten in der philosophischen Terminologie beinhaltet alttestamentliches Gedankengut. Philo korrigiert sogar Auffassungen der griechischen Philosophie (Aristoteles), wenn sie mit der biblischen Doktrin nicht zu vereinbaren sind. Noch einmal entnimmt Philo die präzise Terminologie von den Griechen. Auf diese Weise haben die philonischen Formulierungen oft einen abstrakten Einschlag. Sicher spricht die Bibel von der Tätigkeit des Höchsten ganz direkt fast nur im Erfahrungsbereich des täglichen Lebens des biblischen Volkes. Aber die Heilige Schrift und Philos Lehre über den Urgrund überschneiden sich in ihrem Inhalt, wenn beide Gott als Schöpfer, Herrn und Lenker des Universums betrachten. Einige Aussagen des Buches der Weisheit enthalten Gedanken, die sogar terminologisch mit philonischem Gut in Berührung kommen[337]. Der Gott der Bibel und der Urgrund Philos sind in ständiger Tätigkeit begriffen. Auf diese Weise stimmt das philonische Gottesbild "... mit dem biblischen gerade in dieser Fassung Gottes als des unablässig in Tätigkeit und Bewegung sich Befindlichen überein"[338].

Eine vollständige Beschreibung der philonischen Lehre vom Urgrund verlangt die nähere Befassung einigen der wichtigen Aussagen Philos über den Urgrund, die in Thesenform wiedergegeben werden können:

Ἴδιον μὲν δὴ Θεοῦ τὸ ποιεῖν ... ἴδιον δὲ γενητοῦ τὸ πάσχειν[339].

Der Gegensatz ist ein beliebtes Motiv[340] in der philonischen Lehre. Aber was bedeutet es, daß Gott allein das Tun zukommt, während das Geschöpf sich das Tun nicht zuschreiben darf, weil es nur ein empfangendes Wesen ist? Es entstehen einige Schwierigkeiten: Die Erfahrung zeigt, daß viele Dinge in der sichtbaren Welt auch wirken können. Wo und wie wirkt Gott, wenn eine unmittelbare Beziehung "Gott - Schöpfung" untersagt ist? Die Aussage Philos bedeutet nicht, daß Gott exklusiv die Tätigkeit besitzt, sondern folgendes: Zwischen Gott und Schöpfung gibt es einen grundsätzlichen Unterschied angesichts des Wirkens. Jede Tätigkeit, jede mögliche Tätigkeit hat ihren Ursprung in Gott und beginnt in ihm. Er ist der Ungewordene. Die Geschöpfe hingegen sind das Gewordene. "... Und wenn auch diese Dinge, sofern sie nur geworden sind, eine gewisse Gemeinsamkeit und Verwandtschaft haben, so ist doch Gott auch nicht dem besten der Geschöpfe ähnlich, da dies geworden ist und leiden muß, er aber ungeworden ist und immer wirkt"[341]. Gerade weil Gott ungeschaffen ist, und gleichzeitig, weil er alles geschaffen hat, kann man die o.g. scharfe Formulierung rechtfertigen. Dazu kommt die Angabe, daß Gott immer Schöpfer ist[342], weil er alles aufrecht erhält. In der Aufrechterhaltung des Weltalls zeigt sich Gott als fortwährende Aktion. Alles existiert im wahrhaft Seienden und ohne Gott ginge alles zugrunde. Man kann sagen, daß Gott jeden Augenblick schafft[343]. Ständig holt er den Menschen aus dem Nichts ins Dasein. So verstanden ist die Tätigkeit eine exklusive Eigenschaft des Seienden. Hier taucht wieder die bekannte Schwierigkeit der Art und Weise auf, wie Gott alles aktiviert. Die ständige

Wirkung des Urgrunds wird nicht unmittelbar, sondern durch die göttlichen Kräfte vollzogen. Die Subsistenz und die Tätigkeit in der Schöpfung sind eine Aufgabe, die nach Philos Meinung entweder von dem Logos oder von den anderen göttlichen Kräften in Gang gebracht wird. Aber Philo geht über allgemeine Behauptungen hinaus und zeigt das folgende Bild: "... Nachdem (Gott) ... am siebten Tage die Erschaffung der sterblichen Wesen abgeschlossen hatte, beginnt er mit der Bildung anderer, göttlicherer Wesen; denn Gott hört niemals auf zu schaffen; wie vielmehr das Brennen zum Wesen des Feuers und das Abkühlen zu dem des Schnees gehört, so das Schaffen zum Wesen der Gottheit, um so gewisser, da sie ja für alle anderen Wesen den Quell der Tätigkeit bildet"[344]. Später fährt Philo fort: "... Wir haben bereits gezeigt, daß Gott, wenn er Ruhe schafft, nicht zu schaffen aufhört, sondern mit der Erschaffung anderer Wesen beginnt, da er ja nicht nur der Bildner, sondern auch der Vater alles Werdenden ist"[345]. In diesem Punkt "entmythologisiert" Philo die Erzählung der sechs Tage der Weltschöpfung. Oder besser ausgedrückt: Er versucht, eine richtige Exegese der eigentlichen Absicht Moses' zu gewinnen, wenn der Gesetzgeber der Juden schreibt: "... Gott vollendete am siebten Tag sein Werk, das er gemacht hatte, und ruhte am siebten Tag von seinem ganzen Werk, das er gemacht hatte"[346]. Philo sagte dazu, es sei ganz töricht zu glauben, daß die Welt in sechs Tagen oder überhaupt in einer Zeit entstanden sei[347] oder daß Gott ruhen könne. Nach einer eigenartigen Spekulation über die richtige Auffassung der Zeit und die Bedeutung des biblischen Ausdrucks "Gott ruhte" sieht Philo einen Unterschied, der in unserem Zusammenhang wichtig ist: "... Was nämlich durch unsere (menschliche) Kunst verfertigt wird, bleibt, wenn es einmal vollendet ist, unverändert stehen; was aber durch Gottes Weisheit (geschaffen wird), bewegt sich immer wieder, wenn es auch vollendet ist; denn das Ende des einen ist der Anfang des anderen, wie das Ende des Tages der Anfang der Nacht ist ..."[348]. Philo begründet den Monotheismus in der Tatsache, daß Gott der einzige Grund jeden Seins, d.h. des Geschaffenen sei[349]. Es gibt einen einzigen Gott und Herrscher, weil ein einziger Urgrund das All ins Dasein gebracht hat. In dieser Hinsicht ist Gott ὁ ἀψευδῶς μόνον αἴτιος[350]. Die Ansichten des Aristoteles und Philos sind sich hier ziemlich ähnlich. Der Peripatetiker geht von der

Vorstellung der Bewegung aus, um den Monotheismus zu begründen. Da immer die Bewegung ein Bewegendes und ein Bewegtes erfordert, muß der Anstoß einmal von einem Bewegenden ausgegangen sein. Dieser einzige unbewegte Bewegende heißt "Gott". Philo fundiert den Monotheismus mit der Annahme eines einzigen Urgrunds, der alles in Gang gebracht hat und der die Welt ins Dasein gerufen hat, wie der biblische Schöpfungsbericht es lehrt. Philo bezieht sich nicht auf die Bewegung bzw. auf die Veränderung, sondern er beschreibt die Fundierung des Monotheismus ganz generell aus einer breiteren Perspektive. Wir erklären es uns so: Aristoteles kennt noch nicht die Lehre einer "creatio ex nihilo". Er vertritt daher die Meinung der ewigen, formlosen Materie. Philo weiß aber, daß vor der Entstehung des Universums nichts war und daß Gott - der Urgrund - das All ins volle und ganze Dasein gebracht hat. Das Bewußtsein dieses grundsätzlichen Faktums ermöglicht ihm, ein besseres Verständnis des Urgrunds sichtbar zu machen. Die letzte Konsequenz für die Begründung eines "lückenlosen" Monotheismus ist damit geschaffen. Diese Idee wirkt mit besonderer Kraft auch in der Begründung der Transzendenz. Nur eine so fundamentale Begründung Gottes und des Anderen vermochte eine wie bei Philo verstandene Auffassung der Transzendenz hervorzubringen.

Der biblische Beweis für die Behauptung, der erhabene Gott sei als Urgrund außerhalb der Schöpfung[351], wird in der anschaulichen Beschreibung von Ex 24,10 geliefert. Über diesen Text schreibt Philo: "... Die wahrnehmbare Welt nennt (die Schrift) einen Fußschemel Gottes aus folgenden Gründen: Erstens um zu zeigen, daß nicht im Gewordenen die wirkende Ursache sei; zweitens um zu veranschaulichen, daß auch die ganze Welt nicht losgelassen und frei sich bewege, sondern daß Gott der Lenker des Alls, sie besteige, alle heilsam leitend und lenkend"[352]. Die Transzendenz Gottes als Urgrund wird so gesichert: Die Tätigkeit des Seienden wirkt nicht in der Folgereihe der weltlichen Ursachen, sondern sie ist draußen, d.h., sie ist etwas ganz anderes, das in ihrer Lenkung von den übrigen Ursachen scharf zu unterscheiden ist. Das Bild ist räumlich veranschaulicht, aber der Sinn des Bildes reicht über eine räumliche Transzendenz hinaus. Die Bedeutung zielt auf das totale Anderssein des Urgrunds im Gegensatz zu den Ursachen der Welt. Auf ähnliche Weise charakterisiert Philo den

Urgrund räumlich als τὸ μακρὰν αἴτιον[353] und oft als τὸ ἀνωτάτω ... αἴτιον[354]. Aber den Sinn von μακρὰν und ἀνωτάτω kann man mit einer bloßen räumlichen Bedeutung nicht gleichsetzen, wenn der Kontext berücksichtigt wird.

Philo gewinnt für die Theologie der Bibel eine wichtige Terminologie der griechisch-philosophischen Sprache, die präzise das Wirken Gottes ausdrückt und einen philosophischen Zugang zum Monotheismus aufschließt. Dabei korrigiert er Auffassungen der griechischen Philosophie, die mit dem Inhalt seiner Transzendenzlehre nicht zu vereinbaren sind. Die göttliche Ursache wirkt unbeweglich und unbewegend in der Schöpfung. Dazu kommt die Aussage, daß sie auch nicht unmittelbar, sondern bloß mittelbar tätig ist. Diese Paradoxa und nicht genug erklärten Behauptungen sind notwendige Schlußfolgerungen seines Transzendenzgedankens. Im Grunde ist der Urgrund nur eine umformulierte Bezeichnung des transzendenten Seienden angesichts seiner Tätigkeit in der Welt. Gleichfalls stellt der Urgrund eine Brücke dar, die zwischen Unbedingtem und Bedingtem geschlagen wird, um zur Isolierung zu gelangen. Als Urgrund ist Gott vom All ganz verschieden, aber zugleich verbindet er sich als Urgrund mit dem Universum. Als Urgrund ist Gott Schöpfer, und der Begriff "Schöpfer" ist ein relativer Begriff. Ohne Schöpfer gibt es keine Schöpfung; aber auch umgekehrt kann es ohne Schöpfung keinen Schöpfer geben. In der Bezeichnung Gottes als "Urgrund" verallgemeinert Philo das gesamte Wirken des Seienden in Bezug auf die Schöpfung und speziell angesichts des Menschen. Der biblische Schöpfungsbericht ist die eigentliche Vorlage, auf die Philo seine Theorie über den Urgrund baut.

Vielleicht könnte man vor diesen Ausführungen über den Urgrund den Eindruck gewinnen, daß das alles rein philosophisch ist und Philo vorwerfen, daß er eine rein abstrakte Spekulation über Gott entwickelt, wenn er das Seiende unter dem Gesichtspunkt des Urgrunds betrachtet. Dieser Eindruck ist nicht immer berechtigt und muß korrigiert werden. Er entsteht auf Grund des Versuchs einer Systematisierung. Aber Philo spricht nicht immer kühl von dem Urgrund. Die religiöse Haltung Philos vor dem Urgrund wird in den nun folgenden Aussagen herausgestellt: τὸ πρεσβύτατον τῶν αἰτίων τὸ πρὸς ἀλήθειαν θεραπείας καὶ τῆς ἀνωτάτω τιμῆς ἀξιώσαντα μόνον ...[355]; τὸ ἀνωτάτω καὶ πρεσβύτατον αἴτιον σέβουσι καὶ τιμῶσι τῷ ποιητῇ καὶ πατρὶ τῶν ὅλων προσκεκληρωμένοι [356].

Der Urgrund ist Grund unseres Seins, die Möglichkeit unserer Existenz, die Erfüllung unseres Lebens; dies kann uns tief bewegen, und dem müssen wir Anerkennung schenken.

c) Nur das Seiende ist der einzige Gott

Mit dem Seienden und dem Urgrund sind die göttlichen Eigenschaften der Einheit und der Einmaligkeit Gottes zutiefst verbunden. In den vorhergehenden Kapiteln wurde schon hervorgehoben, wie Philo die Einmaligkeit, ja, die Einzigkeit Gottes im Begriff des Seienden einbezieht. Gott als Seiendes und Urgrund kann nur eins und einzig sein. Die Fülle des Seins und die Exklusivität des Urgrunds verlangen in Gott die Einheit und Einzigkeit.

Pythagoras und seine Schüler[356] stellten die Lehre der Zahlen in den Mittelpunkt ihrer Philosophie: "... Die Dinge sind Zahlen"[357]. Die allgemein formulierte Zentrallehre lautet, daß das Wesen aller Dinge die Zahl sei. "... Alles, was man erkennen kann, läßt sich auf eine Zahl zurückführen; ohne eine solche ist es unmöglich, irgendetwas sich vorzustellen oder zu erkennen"[358]. Damit wird das Prinzip des Seienden nicht mehr, wie die griechischen Philosophen vor Pythagoras gesagt hatten, im Stoff, sondern in der Form gesehen [359]. In der Metaphysik der Pythagoräer spielt die Einheit die Rolle des höchsten Wesens und auch des reinsten Prinzips. "... Eins ist der Anfang von allem"[360]. Gott identifiziert sich mit der Einheit. "... Die Eins bedeutet das, was allen Zahlen vorangeht, was unabhängig ist und unabhängig bleibt von der ganzen Reihe, die sich aus der Eins entwickelt. Die Eins bedeutet also den absoluten Anfang und Ursprung, ohne den die ganze Reihe nicht wäre, der seinerseits der ganzen Reihe vorausliegt. Die Eins ist das Bestimmte, in sich Geschlossene, Unveränderliche, Bleibende, allen Unterschieden Vorausliegende, auch dem Unterschied zwischen gerade und ungerade. Dieser Unterschied fängt erst mit Zwei und Drei an; die Eins ist absolute Einheit, Identität. Wenn die Eins sich zur Zahlenreihe ausfaltet, dann strömt sie gleichsam aus, ohne etwas von ihrem eigenen Sein zu verlieren. Sie ist so vollkommen, daß sie die unendliche Zahlenreihe aus sich hervorgehen lassen kann, ohne dadurch selber irgend wie geringer zu werden"[361].

Die Zahlentheorie hat in Philo auch einen begeisterten Anhänger. Merkwürdig ist, wie oft er in seinen Werken mit Zahlen spielt, philosophiert und theologisiert. Er schrieb sogar ein Buch über die Zahlen, das verloren gegangen ist. Clemens von Alexandrien, der die Werke Philos gut kannte, nennt ihn einen Pythagoräer[362]. BOUSSET vertritt die Meinung, daß diese Benennung "in nicht unrichtigem Empfinden"[363] ausgesprochen wurde. Wir wollen auf dieses Problem nicht eingehen, da es unserer Untersuchung nicht hilft. Die vorhergehenden Zitate wollten nur herausstellen, daß Philo die Philosophie der Pythagoräer gut kannte. Die Zitate von Pythagoras, Philolaos und den Pythagoräern, sind der beste Beweis dafür. Auch für Philo ist die Eins "... das unkörperliche Abbild Gottes, dem sie in ihrer Einheit gleicht"[365], und die Einheit das " Ebenbild des einzigen vollkommenen Gottes", weil sie "weder Vermehrung noch Verminderung annimmt"[366]. Aber man darf den Seienden nicht mit der Eins, mit der Einheit und mit der "archä" gleichsetzen. Der transzendente einzige Seiende geht über Eins, Einheit und "archä" (Anfang) weit hinaus[367]. Der Gedanke der Transzendenz Gottes zwingt Philo, das Grundprinzip der Pythagoräer zu modifizieren. Nicht die Eins, sondern das transzendente Wesen ist die erste Realität. Nicht die Einheit, sondern der transzendente Urgrund ist die Ursache alles Gewordenen. Nicht die "archä", sondern der transzendente Seiende ist der Anfang von allem. Die Eins, die Einheit und die "archä" sind Abbilder Gottes. Aber das läßt nicht zu, die Realität des allein Seienden mit seinen Symbolen zu identifizieren. Philo kennt die pythagoräische Spekulation, die einschlägige Terminologie, die Unterschiede, die Symbole. Er wendet sie an und macht auf beschränkte Weise Gebrauch von ihrer Lehre. Aber er verfängt sich keineswegs darin. Der biblische transzendente Gott ist einer der wenigen Gedanken, der bei ihm nicht zurückbleibt. Die Transzendenz des biblischen Gottes stellt eine zutiefst verwurzelte Wahrheit, ein unveränderliches Prinzip im Leben und Denken Philos dar. Die Transzendenz des biblischen Gottes , so läßt sich sagen, ist das erste Prinzip, die primäre Wahrheit seines Systems. Was andere Philosophen als "Gott" betrachten, ist für Philo nur der Ausdruck einer Rede über

Gott; das dient ihm dazu, den Gedanken der Transzendenz besser und präziser zu formulieren. Aber das Seiende übertrifft immer jede Formulierung. Es wurde schon betont, daß Philo Wege wählt, die bereits andere auf der Suche nach Gott eingeschlagen hatten. Aber trotzdem hat Philo auch seine Originalität. Wie man in diesem Fall eindeutig und exemplarisch sehen kann, besteht die Besonderheit Philos gerade darin, daß er diese Wege immer wieder radikalisiert, um eine adäquate Formulierung der unausdrückbaren Transzendenz zu gewinnen. In dieser Radikalisierung aller möglichen Wege führt Philo eine neue Konzeption Gottes in die Geschichte des abendländischen Denkens ein.

Philo vertritt in jedem seiner Werke einen stringenten Monotheismus. Die dimensionale Beschreibung dieser Auffassung wird durch folgende Worte ausgedrückt:
- durch zwei substantivierte Adjektive τὸ ἕν (sächlich) und ὁ εἷς;
- durch die einfachen Adjektive εἷς und ἕν;
- durch das substantivierte Adjektiv τὸ μόνον;
- durch das Adjektiv μόνος und das Adverb μόνον;
- durch das Substantiv μονάς;
- durch das Substantiv μοναρχία.

Es fällt auf, daß diese Worte allein und ohne Zusätze erscheinen. Philo schreibt kein ὁ πρὸς ἀλήθειαν εἷς oder ὁ ὄντως εἷς usw., wie er es in den Abhandlungen über den "Seienden" zu tun pflegt, sondern nur τὸ ἕν oder ὁ εἷς usw. schlechthin. Alle diese Worte werden in verschiedenen Kasus und mit verschiedenen Präpositionen dekliniert, wie man im Index LEISEGANG's[368] sehen kann. Zwei dieser Worte können auch in einem Satz kombiniert werden:
- κατὰ τὸ ἓν καὶ τὴν μονάδα, τὸ ὄντως ὄν[369];
- μόνος δὲ καὶ καθ' αὑτὸν εἷς ὢν ὁ θεός[370];
- ὁ Θεὸς μόνος ἐστὶ καὶ ἕν[371];
- μονάδος πρεσβύτερον καὶ ἑνὸς εἰλικρινέστερον[372];
- τῷ ... κατὰ τὴν μόνωσιν μονάδι ὄντι ... Θεῷ[373];
- τὸ γὰρ ἓν καὶ μόνον καὶ καθαρὸν ὄντως ...[374];
- τῷ ἑνὶ μόνῳ ... Θεῷ[375]
- καλόν ἐστι τὸν μόνον εἶναι μόνον[376].

Die Proposition "Gott ist eins" bedeutet für Philo nicht nur, daß Gott als Einheit anzusehen ist, sondern zugleich auch, daß die göttliche Einzigkeit darin eingeschlossen ist. Die Einzigkeit betont ausdrücklich die Einmaligkeit Gottes und schließt die Existenz anderer Götter aus. Es besteht kein Zweifel, daß die Israeliten im Laufe ihrer Geschichte fortwährend an die Einheit Gottes geglaubt haben. Das biblische Volk hat JHWH nur als eigenen Gott gehabt. Der Glaube an einen Gott und die Anbetung dieses einen Gottes (Monolatrie) sind eine der wichtigsten Besonderheiten der jüdischen Religion. Aber es ist auch bewiesen, daß dieses Volk besonders in einer der ersten Epochen seiner Geschichte nicht immer konsequent an der Einzigkeit Gottes festgehalten hat. Für die ersten Israeliten schließt der Glaube an JHWH nicht die Existenz anderer Götter aus. Die Patriarchen, deren biblische Darstellung schon vom mosaischen Monotheismus beeinflußt ist, erscheinen als Verehrer eines einzigen Gottes, ohne daß die Frage anderer Götter besonders berührt wird[377]. JHWH ist der Gott der Erzväter, der Gott Israels, aber andere Völker können auch andere Götter haben, obwohl JHWH der Allmächtige ist. Für Philo existiert nur ein Gott, ein einziger Gott. Dieser strenge Monotheismus wird von Philo immer ohne Schwanken vertreten. Er zweifelt nie die Wahrheit einer solchen Behauptung an. Für ihn ist der Gott Israels auch der einzige Monarch des ganzen Weltalls. Im Inhalt der sprachlichen Aussagen Philos besteht kein Unterschied zwischen Monolatrie und Monotheismus. Mit der Einheit und Einmaligkeit verbindet Philo einen neuen Begriff, nämlich den des Alleinseins Gottes. Dieses Alleinsein hebt die Einmaligkeit Gottes in Bezug auf ihre Existenz, als Leben betrachtet, hervor. Die Lehre des Alleinseins Gottes stellt eine originelle Besonderheit der philonischen Rede über die göttliche Einheit dar. Dafür läßt sich ein sehr schönes Beispiel am Anfang des zweiten Buches über die "Legum Allegoriae" finden: "... Weil es schön ist, ... daß nur der Eine allein sei; der Eine aber, der für sich selbst eine Einheit bildet, ist Gott, und nichts ist Gott ähnlich; da es aber schön ist, daß der (wahrhaft) Seiende allein sei - wie auch bei ihm allein das Schöne zu finden ist - so ist es nicht schön, daß der Mensch allein sei[378]. Aber die Lehre vom Alleinsein Gottes läßt sich auch so auffassen, daß weder vor der Weltentstehung etwas neben Gott war, noch, seit die Welt geworden ist, sich ihm etwas zur Seite stellen kann; denn er bedarf überhaupt nichts[379]. Besser ist jedoch folgende Auffassung: Gott ist allein und ein Einziges, keine Zusammensetzung, sondern ein einheitliches Wesen, während jeder von uns und jedes der übrigen entstandenen Wesen eine Vielheit bildet[380].... Gott aber ist keine Zusammensetzung und besteht nicht aus mehreren Teilen, sondern ist unvermischt mit anderem[381]. Denn was Gott etwa beigefügt werden könnte, müßte entweder besser oder schlechter sein als er oder ihm gleich; nun aber gibt es nichts, was ihm gleich oder besser ist, und Geringes kann ihm nicht beigefügt werden, sonst müßte er ja selbst geringer werden, dann wäre er auch vergänglich - eine Möglichkeit, an die nicht einmal gedacht werden darf! So entspricht Gott also der Einheit und dem Alleinsein, oder vielmehr das Alleinsein dem einzigen Gott[382]; denn jede Zahl ist jünger als das Weltall, wie es ja auch die Zeit ist; Gott aber ist älter als die Welt und ihr Schöpfer"[383]. Wie man in diesem Text sehen kann, führt Philo einen neuen Gedanken ein. Die Einzigkeit und das Alleinsein Gottes verbindet er mit der göttlichen Einfachheit. Philo betrachtet in letzter Instanz die Einzigkeit und das Alleinsein als Einfachheit. Durch ein philosophisches Argument versucht er, die letzte richtige Bedeutung des Alleinseins und der Einzigkeit Gottes zu erklären. Aber hier ist Philo nicht streng genug bei der Anwendung seiner philosophischen Argumentation. Die Einfachheit stellt keine göttliche Eigenschaft dar, die man mit der Einzigkeit und dem Alleinsein gleichstellen kann. Wenn Philo behauptet, daß die beste Darlegung des Alleinseins Gottes durch die Herausarbeitung der göttlichen Einfachheit ausgedrückt wird, ist das keine stringente Argumentation. Alleinsein ist ein Begriff, der die eigene Realität im Verhältnis zu anderen Wirklichkeiten betrachtet, obwohl das Alleinsein gerade hervorhebt, daß diese Relation auszuschließen ist. Die Einfachheit aber ist ein Begriff, der das eigene Wesen in sich selbst, ohne Bezug auf andere Wesen berücksichtigt. Die Einfachheit verneint die Zusammensetzung in der eigenen Realität. Wenn Philo den "Sprung" vom Alleinsein zur Einfachheit riskiert, zieht er den erklärten Unterschied nicht in Betracht. Aber die philonische Argumentation ist verständlich, wenn man Alleinsein und Einheit auch als Eigenschaften des eigenen Wesens ohne Betrachtung des Anderen ansieht, obwohl dieser Sinn in die philonische Auffassung des Monotheismus nicht gut hineinpaßt. Denn er läßt die Wahrheit Gottes mit der Falschheit der Götter als Kontrast hervortreten. Aus der genannten Perspektive ist die philonische Argumentation verständlich, denn "einfach" bedeutet etwas, was keine Teile hat. Die Teile können numeriert werden. Weil die Einfachheit keinen Teil hat, kann sie nicht numeriert werden. Also reduziert sie sich auf die Einheit. Einheit, Einzigkeit und Alleinsein werden in der Praxis durch das Bild der Monarchie exemplarisch veranschaulicht. In diesem Sinne führt Philo einen neuen Begriff ein. Aber der Gedanke der göttlichen Monarchie stellt keinen neuen Gesichtspunkt in einer linearen Weiterführung der Einheit Gottes dar. Immerhin hat dieser Gedanke eine hermeneutische Bedeutung, die man als "politisch" bezeichnen kann. Im Grunde liegt der Schwerpunkt dieses Begriffs nicht in der göttlichen Einheit, sondern in der göttlichen Souveränität und Herrschaft, obwohl diese Eigenschaften nur durch die Hervorhebung des Alleinseins und der Einzigkeit in voller Entfaltung zum Vorschein kommen. Das ist der Grund, weshalb wir in diesem Kapitel über die Einheit Gottes auch die Monarchie einbeziehen.

Philo verwendet in seiner Ausdrucksweise eine stringent monotheistische Sprache, die eine neue Perspektive der biblischen Texte eröffnet. LOHFINK hat mit Nachdruck darauf hingewiesen, daß "... es fragwürdig erscheint", im biblischen Monotheismus "die Essenz der Botschaft Israels zu sehen"[384], denn nur "seit Deuterojesaja wird (in der Bibel) monotheistisch gedacht"[385]. Zweifellos ist diese These LOHFINK's kühn und sogar übertrieben. Die Belege, die er anbringt[386], sind nicht ganz überzeugend. Aber sicher gibt es etwas Richtiges in dieser Beobachtung, das für uns von großer Wichtigkeit ist, nämlich, daß die Juden im ersten Stadium nicht monotheistisch gedacht haben. Der Gott Israels ist JHWH, nur er. Aber Monolatrie ist nicht unbedingt Monotheismus. Diese Beobachtung stellt die Bedeutung der streng monotheistischen Sprache Philos heraus. Sätze wie:
- ὁ Θεὸς μόνος ἐστὶ καὶ ἕν
- μόνος δὲ καὶ καθ' αὑτὸν εἷς ὢν ὁ Θεός
- τοῦ μόνου τῶν γινομένων αἰτίου Θεοῦ
- τὸν ἀψευδῶς μόνον αἴτιον Θεόν

legen ein rein monotheistisches Denken frei, das eine komplette Überwindung jedes Polytheismus darstellt, und das den Unterschied zwischen dem Einen und dem Einzigen erklärt. Wenn Philo immer wieder sagt, daß Gott der alleinige, einzige Gott sei, wiederholt er nicht zwei gleiche Begriffe, sondern er hebt eine fundamentale Wahrheit in seiner Gotteslehre hervor: Der alleinige Gott Israels ist auch der einzige Gott des Kosmos, der absolute Monarch des Alls. Die Verbindung zwischen Gottes Alleinsein, Einheit und Einzigkeit ist bei Philo unauflöslich. Die Einheit weist darauf hin, daß das Seiende nicht geteilten Wesens ist, die Einzigkeit, daß das Seiende allein Gott ist. Von hier aus legt Philo die biblische Gotteslehre monotheistisch aus. Die perfekte Ausdrucksweise der griechischen Philosophie und der griechischen Sprache hat ihm das Werkzeug gegeben, um eine monotheistische Rede über Gott problemlos durchzusetzen. Philo ist nicht der Begründer dieser neuen Sprache über Gott, aber er ist doch der erste, der ganz konsequent und systematisch die Reinheit dieser Sprache in der Theologie verwendet[387]. Im Prozeß der "Säuberung" der monotheistischen Sprache stellt er einen Höhepunkt dar, der entscheidend in den folgenden Generationen von Theologen wirken wird. Eine Sprache, die nicht nur auf das "Erlebnis", sondern auch auf den theoretischen Ausdruck Wert legt. Philo spricht manchmal von "Göttern"; aber er versteht sie nicht als Konkurrenten des wahrhaft einzigen Seienden, sondern vielmehr als Synonym der Gestirne, die von den meisten griechischen Philosophen als hochvernünftige Wesen angesehen wurden. Aber diese Benennung mindert oder befleckt gar nicht den reinen Monotheismus Philos. Der Kontext von Op Mund 27 festigt diese Beobachtung. Daß Philo keine Bedenken zeigt, die Gestirne als "Götter" zu bezeichnen, hängt mit der normalen Verwendung der Sprache zusammen. Plato, Aristoteles, die Stoiker und die Pythagoräer drücken sich auf ähnliche Weise in ihren Werken aus[388].

Wenn es eine Lehre gibt, die ständig und mit Nachdruck von der Tora eingeschärft wird, ist dies nach Meinung Philos die Doktrin der Einheit Gottes. Die wichtigsten Stellen des Pentateuchs bezeugen diesen unerschütterlichen Glauben. Nur ein einziger Gott existiert; darüber hinaus sind die Götter Lügen, die keine Wirklichkeit haben, sieht man von der menschlichen Phantasie ab. Philo, Polemiker und gleichzeitig Apologet, entfaltet hier sein bestes Wissen und die Ironie und Unerbittlichkeit seiner Feder, um die Götzendiener verächtlich zu machen und um die reine Wahrheit im Herzen der Gläubigen zu verankern[389]. Im Bericht über die Weltschöpfung erteilt Moses mancherlei Lehren[390]. Das erste Gebot des Dekalogs lehrt die Einheit des einzigen Gottes und wendet sich gegen die Anbeter der Götter, die teils die vier Elemente, teils Sonne, Mond und Sterne ver"göttlichen". Die Behandlung dieser Vorschrift nimmt die Kapitel 52 - 64 des philonischen Buches "De Decalogo" ein. Noch schlimmer als die ersten sind diejenigen, die Götzenbilder aus Holz und Stein, also von Menschenhand gebildete Werke, verehren. Einen besonderen Platz nehmen die Ägypter ein, die sogar vernunftlose Tiere für Götter halten und ihnen göttliche Ehren erweisen.

Das zweite Gebot richtet sich gegen solche unvernünftige Menschen, gegen Toren[391]. Philo schreibt: "... So wollen wir denn das erste und heiligste Gebot in uns befestigen, Einen für den höchsten Gott zu halten und zu verehren; die Lehre der Vielgötterei darf nicht einmal das Ohr des in Reinheit und ohne Falsch die Wahrheit suchenden Mannes berühren"[392]. Den Götzendienern "... tritt der Vater aller Dinge entgegen mit seinem Worte: 'Ihr sollt euch neben mir[393] keine Götter aus Silber und Gold machen' (Ex 20,23)"[394]. Die Lehre der Einheit Gottes wird nach Meinung Philos ständig von Moses wiederholt: Philo macht auch von seiner beliebten "allegorischen Erklärung"[395] Gebrauch, um die Einheit Gottes zu bezeugen. Wenn Moses dem Schöpfer folgende Worte in Mund legt:"Es ist nicht gut, daß derMensch allein sei"[396], bedeuten diese Worte eigentlich nur, daß es bloß "schön" sei, wenn der Eine allein ist. Philo verdreht die Worte der Bibel: "Weswegen, oh Prophet, ist es nicht schön, daß der Mensch allein sei? Weil es schön ist, meint er, daß nur der Eine allein sei"[397]. Durch den Gegensatz, der zwischen Göttlichem und Menschlichem besteht, kann man behaupten, daß das, was für den Menschen eine Unvollkommenheit auf beschränkte Weise darstellt, Vollkommenheit bei Gott voraussetzt. Wir wollen die subtile Art dieser auffälligen Auslegung nicht bestreiten, denn wir gehen nicht auf ihre Richtigkeit ein.

Zusammen mit dem Gedanken der Einheit, Einzigkeit und des Alleinseins Gottes entfaltet Philo die Idee der göttlichen Monarchie. Gott, der einzig wahre König, ist mit voller Souveränität über das menschliche Geschlecht als Ganzes und sogar über das All ausgestattet.

Das erste Gebot enthält die Bestimmungen "über die Alleinherrschaft Gottes"[398]. Philo interpretiert auf seine Art das erste Gebot und gibt ihm eine neue Perspektive. Neu bedeutet hier nicht, daß der Kern dieser Gedanken dem biblischen Inhalt fremd ist, sondern daß der philonische Gedanke "explizit" erklärt, was nur "in nuce" im Dekalog vorliegt. Den Gedanken der königlichen Würde JHWH's kennt das Volk Israel im Alten Testament[399]. Aber die erste Absicht des Verfassers des Dekalogs besteht darin, die Menschen von falschen Göttern fernzuhalten. Gott ist der einzige Herr des jüdischen Volkes. Der Verfasser des Dekalogs ist an den anderen Völkern nur soweit interessiert, als daß sie mit ihrer Verehrung falscher Götter die Israeliten beeinflussen könnten. Philo aber geht einen Schritt weiter, indem er feststellt, daß Gott der alleinherrschende König der ganzen Menschheit ist. In der Ausdehnung des biblischen Prinzips wird Philo von seiner Umwelt beeinflußt. Philo ist ein weiser Mann, der den Vorgängen seiner Zeit aus der Nähe folgt. Die Strömungen in der politischen Welt haben in Philo einen scharfen Beobachter. Er kennt den Lauf der verschiedenen politischen Systeme und das Funktionieren der mannigfaltigen Regierungsformen: Die Herrschaften in Ägypten, wo er wohnt; er weiß von den Vorrechten der persischen Könige und der römischen Kaiser, die als einzige Despoten ihr Land regieren. Philo greift das Bild dieser Herrschaftsformen in ihrer positiven Seite auf und verwendet es als eine Erläuterung der Souveränität Gottes. Daß Gott der einzige Seiende ist, bedeutet gleichzeitig, daß er der Souverän aller Völker und sogar des ganzen Universums ist[400]. Die göttliche Monarchie beschränkt sich nicht auf das Volk Israel, sondern sie dehnt sich auf das ganze Menschengeschlecht und sogar auf das Universum aus. Gott ist nicht nur der König der Juden, sondern auch der der ganzen Schöpfung. Damit interpretiert Philo die sakrale Gesetzgebung nach der Art einer profanen Gesetzgebung einer idealen Polis. Im Grunde besitzt diese Auslegung eine letzte Wurzel. Der Gedanke der göttlichen Transzendenz bestimmt diese Umbildung.

  In der transzendenten Einheit des als Monarch gekleideten Seienden gewinnt der Gottesgedanke eine sehr wichtige Idee. Er beschreibt die Auswirkung des Göttlichen im Gewordenen, vor allem im Menschlichen. So gewinnt auch die ganze Welt einen einheitlichen und folgerichtig einen neuen, politischen Sinn. Der transzendente "Monarch" gewährt den menschlichen und sogar den kosmischen Beziehungen ihren letzten Sinn. Die politischen und gesellschaftlichen Folgen liegen auf der Hand. Die folgende Stelle zeigt das: "... Es muß nun zunächst gesagt werden, daß nichts von dem, was da ist, Gott gleichwertig ist, sondern es nur einen Herrscher, Führer und König gibt, dem allein es ziemt, alles zu richten und zu lenken. Denn die Worte: Nimmer Gedeihen bringt Vielherrschaft, nur Einer sei Herrscher, Einer nur Fürst[401] ... könnte man kaum mit größerem Rechte von Staaten und Menschen sagen, als von der Welt und Gott; denn die eine (Welt) hat notwendigerweise nur einen Schöpfer und Vater sowie (einen) Herrn"[402].

Am Ende der Ausführungen des Kapitels über das Seiende wurde das Seiende als einziger Träger der göttlichen Eigenschaften betrachtet. "Einzig" bedeutet, daß das Seiende das alleinige Subjekt aller göttlichen Eigenschaften ist. In diesem Sinne ist das Seiende, d.h. Gott, auch Synonym des Einzigen. Unter dieser Benennung wollen wir jetzt unsere Argumentation aufgreifen und eine neue Perspektive erarbeiten. In Wahrheit gehören die Perfektionen und die Fülle nur zu "dem Einzigen". Das ist eine Behauptung, auf die Philo Wert legt[403]. In diesem Sinne bekräftigt Philo die göttliche Vollkommenheit durch die "via eminentiae". Weil Gott alle Eigenschaften auf eminente Weise besitzt, ist er "der Einzige". Hier betrachten wir den Einzigen nicht unter der Perspektive des "einzigen Gottes" - im Gegensatz zu den Göttern -, wie es bisher gemacht wurde, sondern als die einzige Realität, die alle Perfektionen auf unbeschränkte Weise trägt, im Gegensatz zum Gewordenen überhaupt, das die Vollkommenheit nur auf beschränkte Weise besitzt. So ist das Seiende:
- ὁ μόνος ἐπιστήμων Θεός[404];
- μόνον ἑστάναι τὸν Θεόν[405];
- μόνου τοῦ ἀγενήτου[406];
- μόνος δὲ αὐτὸς ἄτρεπτός ἐστι[407].

Was die Scholastiker später durch die "via eminentiae" behaupten, integriert Philo in der Bezeichnung "des Einzigen", "des einzigen seienden Gottes".

Nach Philos Meinung gibt es keinen Widerspruch zwischen der Behauptung des Monotheismus und der Herausstellung der vielen göttlichen Kräfte. Ausdrücklich hebt er das hervor[408]. Hier nun taucht ein Problem auf, nämlich das der Beziehung der göttlichen Kräfte zu dem einzigen Seienden. Philo reflektiert nicht, wie die Einheit Gottes und die Vielfalt der Kräfte zu vereinbaren sind. Für ihn bedeutet das keine große Schwierigkeit. Obwohl die göttlichen Kräfte einen nahen Platz in der Beziehung zu Gott einnehmen, gehören sie zu dem außerhalb des Seienden stehenden göttlichen Bezirk. Sie sind unkörperlich und rein spirituelle Wirklichkeiten, die dem einzigen Seienden gehören. Philo sagt auch, daß der Logos als die höchste Bestrebung neben dem Seienden zu sein hat: "... Denn Gottes Logos liebt die Einsamkeit und ist alleinstehend, unter die Masse der geschaffenen und der Vernichtung anheimfallenden Wesen mischt er sich nicht, sondern ist gewohnt, immer hochzusteigen und darauf bedacht, nur eines Einzigen Diener zu sein"[409]. Eine einzigartige Relation wird hier herausgestellt: Für unseren Verfasser ist ein Wesen um so vollkommener, je weniger es mit den anderen Umgang hat, d.h. von ihnen etwas braucht. Gott ist der Alleinseiende schlechthin, weil er der Schöpfung nicht bedarf. Der Logos hingegen steigt auch in geschlossene Einsamkeit empor; obwohl dieses Alleinsein nicht vollkommen ist, weil der Logos ja eine Beziehung gleich einem Diener zu dem Einzigen hat. Das Nichtvorhandensein von abhängigen Beziehungen macht die Vollkommenheit des Einzigen aus.

In der allmählichen Vertiefung des philonischen Begriffs über die göttliche Transzendenz ist die Einheit eine weitere Stufe, die die Exklusivität dieser Transzendenz hervorhebt. Im schon erklärten Sinne existiert nur ein transzendentes Wesen, die göttliche Wirklichkeit. In der Behandlung der Einheit folgt Philo den biblischen Aussagen, aber er vertritt einen geläuterten Monotheismus, der keine "Lücke" zuläßt. Neue Akzente und Perspektiven werden erarbeitet. So stellt die philonische Lehre in Bezug auf die göttliche Einheit eine gediegene Theorie dar, die die strikten biblischen Aussagen weiterführt und ergänzt. Vielleicht ist der wichtigste Beitrag Philos in diesem Kapitel die "Umbildung" des Monotheismus in eine "kosmische Monarchie". Von Anfang an muß man betonen, daß diese "Umbildung" keine Preisgabe der biblischen Lehre darstellt. Genau das Gegenteil ist der Fall. Diese "Umbildung" ist eine notwendige Folge einer Auslegung, die das "jetzt und hier" vor Augen hält. Philo versucht, die Erhabenheit des transzendenten Gottes zu bewahren und doch seine Wirkung in der Welt zu bejahen, um letztlich das Geschick des jüdischen Volkes als "Volk des Gesetzes" und der "soteria" zu verstehen. Die philonischen Gedanken über die göttliche Monarchie sind auch insofern wichtig, weil "... von den philosophisch gebildeten Theologen es Philo" ist, "... bei dem sich dieser Gebrauch zuerst nachweisen läßt"[410]. Es ist bewiesen, daß er nicht der Begründer solch einer Theorie ist[411] und daß er "... peripathetisches Material"[412] verarbeitet hat. Aber die Klarheit, mit der er diese Theorie darlegt und das perfekte Zusammenfügen des politischen Geschehens mit den biblischen Aussagen, macht aus dieser Theorie einen Meilenstein in der "politischen Theologie" und in der "civil religion" der späteren christlichen Tradition. Eine wichtige Unterscheidung ist aber vorzunehmen. Philo verwendet nämlich ein Bild, das in der königlichen Hofszene seinen Ursprung hat und er bekräftigt die göttliche Monarchie mit diesem Bild. Aber dieses Bild setzt bei ihm keine "Sakralisierung" der weltlichen Regierungen voraus. Doch in der späteren christlichen Theologie werden die Kaiser und Könige sowie die jeweiligen politischen Systeme anhand der göttlichen Monarchie "sakralisiert"[413]. Diese Auffassung findet bei Philo keinen Anhaltspunkt. Unser Verfasser hat nur einen Teil, nämlich das Akzentuieren der göttlichen Monarchie, herausgearbeitet. Wir haben die philonische Theorie über das Alleinsein Gottes gelobt. Aber das Lob erfährt auch seine Beschränkung. Es können auch Bedenken gegen die Art und Weise, in der Philo seine Theorie auffaßt, erhoben werden. Das "Alleinsein" isoliert Gott. Er versteht es nicht nur als eine Eigenschaft Gottes, die die anderen Götter ausschließt, sondern auch als eine "ständige Lage" Gottes. Diese aber untersagt jeden Kontakt mit dem Gewordenen. Mehr noch: Der Alleinseiende ist in "Einsamkeit", und das sogar in Bezug auf seine eigenen Kräfte. In all diesen Gedankengängen finden wir die eindeutigsten Beweise, die unseren schon aufgeworfenen Vorwurf gegen Philo hinsichtlich der Isolierung Gottes auf exemplarische Weise aufzeigen. Das Alleinsein Gottes ermöglicht Philo, Gott in sich selbst zu erforschen; aber dieses Alleinsein stellt auch eine Beschränkung des biblischen Hauptkonzepts dar, das die Beziehungen zwischen Gott und

Mensch zum eigentlichen Inhalt hat. Scharf hat BRUNNER herausgestellt: "... Die biblische Offenbarung Alten ... Testaments handelt von der Beziehung Gottes zu den Menschen und der Menschen zu Gott. Sie enthält keine Lehre von 'Gott-an-sich' und keine vom 'Menschen-an-sich'. Sie sieht Gott immer als den 'Gott-zum-Menschen-hin' und den Menschen immer als den 'Menschen-von-Gott-her' ..."[414]. Diese Beziehungen zwischen Gott und dem Menschen sind bei dem Alexandriner "mindestens gestört". Philo riskiert, was in der Bibel nicht vorhanden ist: Eine Theorie über Gott in sich selbst. In diesem Sinne stellt Philo meiner Meinung nach den Anfang einer theologischen Strömung dar, die Gott in sich selbst, von seinen Werken unabhängig ansieht. Damit gewinnen wir Klarheit über die göttliche Wirklichkeit, aber zugleich verlieren wir etwas von der "soteriologischen Kraft" der Bibel. Aber vielleicht ist das das Verhängnis jeder Theo-"logie".

d) Nur das Seiende ist das wahre Gute

Wie wir gesehen haben, trennt Philo theoretisch Gott als reines Seiendes von Gott als "tätiger Kraft", als Urgrund. Das Gute ist der Urgrund im Seienden. Das Gute ist im wahrhaft Seienden auf besondere Weise miteinbezogen. Eine präzise Formulierung aus dem Urgrund heraus könnte uns zeigen, daß Gott das Seiende ist. Das wiederum bedeutet auch, daß er ebenfalls das "tätige Gute" ist. In der ontologischen Benennung des Seienden ist das Gute fundiert. Darin überschneiden sich der Urgrund und der Seiende. Im Grunde stellt das Gute eine Wertbestimmung des Seienden unter dem konkreten Gesichtspunkt des Urgrunds dar. Das Gute ist das Seiende, das der menschliche Wille erstrebt. Das Gute spiegelt das Seiende als begehrens- und erstrebenswert wider. Diese auf differenzierte Weise formulierten Gedankengänge sind in Philo lebendig, obwohl er nicht unmittelbar darüber reflektiert. Aber das Seiende, als Urgrund und als Gutes verstanden, sind bei ihm drei aufeinander bezogene und in sich abgeschlossene Realitäten, die man nicht voneinander trennen darf. Das Seiende, der Urgrund und das Gute gehen ineinander über.

Nach Plato kommen den Begriffen unseres Geistes entsprechende Gegenstände zu. Die Seele verhält sich zu jenen Gegenständen immer in derselben Weise, da sie eben damit etwas erfaßt, was selbst von dieser Art ist[415]. Diesen Gegenständen kommt es zu, niemals, in keiner Weise irgendwie auch nur die geringste Veränderung zu erleiden[416]. Diese Gegenstände sind etwas Eingestaltiges, Ewiges, Unsterbliches und Göttliches. Es sind seine Ideen[417]. Plato sieht in diesen Ideen die wahre Wirklichkeit, das ὄντως ὄν. Diesem wahren unkörperlichen Reich steht die Idee des Guten, die höchste Wirklichkeit, die erhabenste Realität gegenüber. Ein berühmter Tatbestand der platonischen Philosophie ist auch, daß nur das Gute existiert. Alles, was ist und Wirklichkeit heißt, existiert nur durch die Idee des Guten. Der Gegenbegriff, das Böse, stellt keine wahre Realität dar. Das Böse ist im Grunde nur Fehlen, "privatio" des Guten. Je mehr eine Sache ist, desto mehr hat sie an der Idee des Guten teil. In diesem Sinne ist wohl der Vergleich bekannt, den Plato zwischen der Sonne und dem Guten macht. Wie die Sonne im Bereich der wahrnehmbaren Welt allen Dingen Sichtbarkeit, Leben und sogar Wachstum verleiht, so ist auch im Bereich des Unsichtbaren die Idee des Guten die letzte Ursache dafür, daß Seiendes erkannt wird und Dasein und Wesenheit besitzt. Aber die Idee des Guten selbst darf nicht mit dem Sein identifiziert werden. Diese Idee ist mehr als Sein; sie steht jenseits des Seienden. Die Idee des Guten überragt alles an Würde, Erhabenheit, Wahrheit und Kraft. Auf der "Ebene der Wahrheit", in der Ideenwelt, stellt die Idee des Guten die transzendente Realität und Wahrheit dar. Wenn die höchste Bezeichnung der wahren Wirklichkeit der Idee des Guten entspricht, ist es notwendig, daß diese Idee mit Gott identifiziert wird. Im platonischen System kann eine dynamische Funktion für das Weltgeschehen sich weder für die Dinge noch für die Ideen eignen. Sie eignet sich nicht für die körperlichen Dinge, weil sie als solche in Raum und Zeit dem Zwang der natürlichen Notwendigkeit unterworfen sind. Das gilt auch für die unkörperlichen Ideen, weil das Wesen, das sie besitzen, in der reinen Seinsheit des Zielhaften besteht. "... Die dynamische Funktion gehört allein Gott, der als Idee des Guten, als schöpferische Kraft, der einzig wahre Grund des Werdens ist"[418]. Darüber hinaus ist Gott mit der Idee des Guten identisch. Gott und die Idee des Guten sind zwei Bezeichnungen ein und derselben Wirklichkeit. Gott ist Sein, aber vor allem dynamische Funktion, transzendente Realität, d.h. Gott ist das

Gute. Von der platonischen Philosophie kann man diese perfekte Identität zwischen der Gottheit und der Idee des Guten erschließen[419]. Gerade an diesen Punkt seien die Gedankengänge Philos angeknüpft, um seine Originalität herauszuarbeiten. Indem Philo den transzendenten Gott über die Idee des Guten stellt, wendet er sich von den platonischen Vorstellungen über die Gottheit ab[420]. Plato identifiziert das Gute mit der höchsten Idee und er heißt diese Idee des Guten "Gott". Philo dagegen setzt die Idee des Guten mit Gott keineswegs gleich. Die Idee ist nicht die höchste Wahrheit, die erhabenste Wirklichkeit, die letzte Bezeichnung der Realität. Gott überragt die Idee des Guten an Würde und Erhabenheit. Plato behauptet, daß die Gottheit doch wesentlich gut und auch so darzustellen ist. Philo dagegen vertritt die Meinung, daß Gott "besser als das Gute an sich"[421] ist.

Noch eine wichtige Differenz, die mit dem Gesagten zusammenhängt, ist zu erwägen: Für Plato ist die Idee des Guten eine selbständige Hypostase. Die zutreffende Bezeichnung der Gottheit - so könnte man sagen - ist die Identifizierung mit der Idee des Guten. Nicht so bei Philo. Immer versteht er das Gute als eine Eigenschaft, die das wirkende Seiende besitzt[422]. Das Gute existiert in Gott. Dies entspricht mehr der Auffassung Philos als "Gott ist das Gute". Den Satz "Gott ist das Gute" hätte Plato entschieden unterstützt. Philo hätte die Aussage nicht ohne weiteres treffen können. Tatsächlich ist Gott das Gute[423], immer wenn Subjekt und Prädikat nicht als übereinstimmende Inhalte angesehen werden. Das Subjekt umfaßt die ganze Realität des Prädikats, aber das Prädikat umfaßt nicht die ganze Wirklichkeit, die das Subjekt enthält, weil Gott nach Philos Meinung unidentifizierbar ist. Das Seiende steht über dem Guten, so, wie es über der Einheit und dem Sein anzusiedeln ist. In den vorhergehenden Kapiteln wurde herausgestellt, wie Philo die Theorie von Aristoteles über das Sein und die pythagoräische Auffassung über die Einheit noch übertroffen hat. Die Überwindung der platonischen Idee des Guten als adäquate Bezeichnung Gottes kann man als eine konsequente Durchführung dieser Linie betrachten. Diese Tatsachen sollten nicht aus den Augen gelassen werden, will man den philonischen Transzendenzbegriff richtig erfassen. Die Umwandlung fundamentaler Aussagen der besten griechischen Philosophie ermöglicht Philo eine präzise Formulierung der göttlichen Transzendenz. Zugleich legt dies eindeutig bloß, daß die griechische Philosophie keineswegs das Fundament der philonischen Gotteslehre sein kann[424].

Mit verschiedenen Termini drückt Philo ἡ τοῦ ὄντος ἀγαθότης[425] und τὸ ... ἄριστον αἴτιον[426] aus, die Plato schon inhaltlich verwendet hatte. Substantive und Adjektive bezeichnen vorzüglich die Realität des Guten als Eigenschaft des Seienden. Ἀγαθόν oder τὸ ἀγαθόν (mit Artikel) sind zwei Formeln, die Philo auf verschiedene Weisen auf Gott zurückführt:
- τὸ τέλειον καὶ ἄφθαρτον καὶ πρὸς ἀλήθειαν ἀγαθόν[427];
- τὸ πρῶτον ἀγαθόν[428];
- τὸ ... τελειότατον ἀγαθόν[429];
- πλήρης δ'ἀγαθῶν τελείων[430];
- τὸ κρεῖττον μὲν ἀγαθοῦ[431];
- τὸ πρῶτον ἀγαθόν, τὸ τελειότατον[432].

Auch andere Derivate von ἀγαθόν, wie vor allem ἀγαθότης können von Gott prädiziert werden. Gott als Urgrund und als Seiendes kann das Substantiv ἀγαθότης tragen. Die Stellen sind nicht zahlreich, drücken aber die philonische Absicht angemessen aus, das Gute als göttliche Eigenschaft zu verstehen:
- ἡ τοῦ ὄντος ἀγαθότης[433];
- τὴν τοῦ ὄντος ἀγαθότητα[434].

Die besondere Verbindung zwischen dem Urgrund und der göttlichen Eigenschaft des Guten wird in der Terminologie Philos hervorgehoben:
- περὶ ... τοῦ αἰτίου ... ἀγαθότητος[435];
- ἀγαθότητος ἐστὶ τοῦ αἰτίου[436];
- αἴτιον ... μόνων ὁμολογῆσαι τῶν ἀγαθῶν[437].

Das Wort, das besser die Wirklichkeit des Seienden ausdrückt, ist ὄντως. Das Adjektiv, das zutreffender die Wirklichkeit des Urgrunds charakterisiert, ist ἀγαθός. Als Seiendes ist Gott vor allem Realität und Wahrheit. Als Urgrund ist er tätige Güte. Ἡ ἀγαθότης ist auch die Bezeichnung einer göttlichen Kraft. Diese Kraft des Seienden oder des Urgrunds ist πρώτη δύναμις[438] und vor allem mit der ἐξουσία[439] und dem ἵλεω[440] verbunden. Adjektive, die vom Positiv ἀγαθός abhängen, verwendet Philo nicht nur auf der positiven Stufe, sondern er zeigt eine besondere Vorliebe für den Superlativ. Der Transzendente als Seiender, als Urgrund und als Gott ist das Beste, d.h. Philo leitet von diesen Begriffen

- ... Θεὸς ὁ πάντων ἄριστος[441];
- πάντων ἄριστον αἴτιον[442];
- τοῦ τῶν ὄντων ἀρίστου καὶ ἀσυγκρίτου καὶ πάντων αἰτίου Θεοῦ[443]

ab. Philo tendiert hier zu einer abstrakten Terminologie, die im Neutrum ihren Höhepunkt erreicht und die sich nicht nur auf den Transzendenten bezieht. Das stellt deutlich heraus, daß eine Identifizierung zwischen Gott und dem Guten nicht im Sinne Philos liegt.

Bedeutung haben die Positiv-Genitive, die von "Gott", dem "Sein" und dem "Urgrund" abhängen. Sie weisen darauf hin, in welcher Weise ἀγαθός zu verstehen ist, nämlich als eine Eigenschaft, die der vollkommen Transzendente besitzt.

Philo verwendet zwei Ausdrucksweisen in der Betrachtung Gottes als Gutes: Die "via negationis" und die "via eminentiae". In dem Seienden muß alles nicht Gute verneint werden. Zwei Behauptungen sind dabei entscheidend:

- ὅτι Θεὸς ὁ πάσης κακίας ἀμέτοχος[444];
- μόνων ἀγαθῶν ἐστιν ὁ Θεὸς αἴτιος, κακοῦ δὲ οὐδενὸς τὸ παράπαν[445].

Beide Aussagen schließen bei Gott jede Art des Bösen aus. Derjenige, der "Gott als Urheber des frevelhaften, frechen Treibens angibt"[446], ist ein "ruchloser Mensch", der die Seele und die Tugenden tötet. Nur derjenige, der Gott als gut betrachtet, kann einen Zugang zu Gott haben. Noch schwerere Worte hat Philo für die lasterhaften Menschen, die die Entstehung des Bösen Gott und nicht sich selbst zuschreiben. Eine größere Schmähung kann es gegenüber Gott nicht geben. Wie diejenigen, die ihre sterblichen Eltern geschmäht haben, zum Tode abgeführt werden, wie die Heilige Schrift es befiehlt[447], eine solche und noch eine höhere Strafe - wenn dies möglich wäre - verdienen diejenigen, die es wagen, "den Vater und Schöpfer des Alls" mit der genannten Unterstellung zu lästern. Ihr Verhalten ist unverzeihlich[448]. Gott, der an sich selbst das Böse völlig ausschließt, kann als "erster Urgrund" kein Böses ins Dasein rufen. Er gewährt den Menschen das Gute ohne Beimischung des Schlechten[449].

Die durch ἄριστος ausgedrückten absoluten Superlative veran-

schaulichen den Erhabenheitsweg, der exemplarisch den Abstand zwischen dem Seienden und dem Anderen aufzeigt. So stellt Gott das erste und vollkommenste Gut dar:
- τὸ πρῶτον ἀγαθόν[450];
- μόνων ὁμολογῆσαι τῶν ἀγαθῶν[451].

Wieder kommt die Exklusivität Gottes zum Vorschein; gut ist in Wahrheit nur Gott, nur er ist Ursache des Guten.

Die philonische Lehre über Gott als das Gute muß noch eingehender betrachtet werden. Gott ist von Natur gut und freigebig[452]. In dieser These hat Philo knapp und prägnant formuliert, was in nuce eine Zusammenfassung seiner eigenen Lehre darstellt. Das Gute gehört zu der innersten Beschaffenheit Gottes und zur göttlichen Tätigkeit in der Schöpfung. "Ad extra" und "ad intra" kann Gott nur als Gutes verstanden werden. Weil die Natur Gottes gut ist, kann er nur Gutes tun, wenn er handelt. In diesem Sinne kann man folgende ontologische Aussagen treffen:
- αὐτὸς ὢν τὸ ἀγαθόν[453] und πρὸς τὸ ἴδιον ἀγαθόν[454].

Daß Gott gut ist, hat nach Philos Meinung auch eine "ad extra" projizierte Seite. In dieser Hinsicht stimmt Philo mit Plato überein, daß "... the Creator ... thr greatest and best of causes"[454] ist. Das Gute bei Gott kann man unter verschiedenen Aspekten betrachten. Wenn Gott den Menschen das Heil bringt, ist er der "Heilsbringer". Wenn er etwas freiwillig schenkt, ist er der "Gabenspender". Wenn er als der gütige Monarch sich um das Wohl der Untertanen kümmert, ist er der "Wohltäter". Als Vater, der die Nahrungsmittel beschafft, ist er der "Ernährer"[456]. Diese Weise, die göttliche Eigenschaft des Guten konkret zu betrachten, bringt Philo in die Nähe der Bibel. Hier finden wir keine Abstraktionen mehr, sondern die konkrete Erfassung einer Realität, die tief in der Erfahrung wurzelt. Per viam negationis spricht Philo auch vom "gütigen Verhalten" Gottes. Er ist nicht unerbittlich, sondern wohlgesinnt wegen der Milde seiner Natur[457].

In immer neuen Wendungen vertritt Philo die Meinung, daß Gottes Güte den Menschen alles schenkt, viel mehr als sie überhaupt fassen könnten. Als der "Freigebige" läßt er Ströme der Freundlichkeit auf sie herabregnen, ohne daß sie dies irgendwie verdient hätten[458].

Eine weitere Steigerung bietet die Behauptung, Gott stellt die Ursache, und zwar die einzige Ursache alles Guten dar[459]. Als Güter sind nicht nur die rein äußerlichen, sondern vor allem die inneren Güter gemeint. In wenigen Worten führt Philo aus: "... kurz gesagt, für alles, was zu den seelischen, körperlichen oder äußerlichen Gütern gehört, wird der nicht Selbstsüchtige den einzig truglos wahren Urheber Gott als Urheber erklären"[460].

Zu den schönsten Texten, die Philo verfaßt hat, gehört zweifelsohne die folgende Stelle, die die göttliche Gnade zum Gegenstand hat. Gnade als unverdientes Geschenk Gottes der Schöpfung und ganz speziell dem Menschen gegenüber ist das eigentliche Thema dieses Textes. Philo schreibt: "... Denn wie vorzüglich müßte wohl einer sein, der von Gott einer Gnade wert befunden werden sollte? Ich jedenfalls glaube, daß dies kaum die ganze Welt erreichen könnte, obwohl diese das erste, größte und vollkommenste der göttlichen Werke ist. Es wird also wohl besser sein, anzunehmen, daß der Edle in Forschungseifer und Erkenntnisfülle in allem, was er durchforschte, das als die höchste Wahrheit 'fände', daß eine 'Gnadengabe' Gottes sei alles[461]: Erde, Wasser, Luft, Feuer, Sonne, Sterne, Himmel, alle Tiere und Pflanzen. Gott aber schenkt keine Gnade sich selbst - denn er hat kein Bedürfnis -, wohl aber die Welt der Welt und die Teile einander selbst und schließlich dem All. Unermeßliche Güter aber hat er dem Ganzen sowohl wie auch den Teilen geschenkt, obwohl er nichts seiner Gnade wert erachtete, sondern er blickte auf die ewige Güte und hielt das Wohltun für entsprechend seiner seligen und glücklichen Natur, so daß ich, wenn mich einer fragte, was die Ursache der Weltentstehung sei, aus meiner von Moses erhaltenen Kenntnis antworten würde: Die Güte des Seienden, welche die älteste der Kräfte Gottes und die Gnadenquelle ist"[462]. Der vorhergehende Text zeigt auf exemplarische Weise, wie Philo mit der Bibel umgeht. Er stützt sich auf Gen 6,8: "Noach aber hatte in den Augen JHWH's Gnade gefunden". Auch für Philo ist Gott der gnädige Herr, der sich des Menschen erbarmt: " ... Deshalb sagt auch der Psalmist irgendwo: 'Von Gnade und Gericht will ich dir singen'[463] ... Denn wenn Gott über das sterbliche Geschlecht richten wollte ohne Erbarmen, würde er das verdammende Urteil fällen, da ja kein einziger Mensch das Leben von der Geburt bis zum Tode ohne

Fehltritt aus eigener Kraft durchläuft, sondern (jeder) bald freiwillige, bald unfreiwillige Fehltritte begeht."[464]. In der göttlichen Barmherzigkeit ist alles verankert[465]. Alle diese Ausdrücke sind biblisch und zeigen gleichzeitig, daß der Kern der philonischen Lehre über das Gute mehr einen biblischen als einen platonischen Weg einschlägt. Es besteht kein Zweifel, daß Philo zu einer platonischen Formulierung tendiert, aber er geht über statische Behauptungen weit hinaus und schlägt eine Richtung ein, die nur in der Glaubenstradition der Heiligen Schrift ihren vollen Ausdruck bekommt. Zweifellos kann man in der ganzen Lehre über das Gute erstaunliche Übereinstimmungen zwischen dem Biblischen und dem Griechischen, dem Platonischen überhaupt, finden. Aber was das Platonische mit seinen abstrakten Formulierungen an Genauigkeit gewinnt, verliert es in menschlicher Konkretheit und lebendiger Erfahrung. Die Bibel verhält sich umgekehrt. Sie weiß wenig von Abstraktionen, aber die Lebensbezogenheit gewinnt gerade bei ihr einen unerreichbaren Ausdruck. Oft verschmelzt Philo beide Strömungen miteinander. Das biblische Moment geht dabei nicht verloren, obwohl es ein wenig seine Frische verliert. Aber es bekommt dadurch die Exaktheit des griechischen Denkens. Wir könnten die erste These so abschließen: Es ist ein Grundsatz der philonischen Theologie, daß alles Gute, was sich im Menschen findet, im Grunde von oben her geschenkt und gewirkt sei. Die Seele darf nichts als ihr eigenes Gut bezeichnen, "... sondern als von außen hinzukommendes (Gut) nach der Großmut des gnadenregnenden Gottes"[466].

Philo vertritt die Meinung, daß Gott als der Urgrund eine Gegensatzfreiheit besitzt, um zwischen dem Guten und dem Bösen zu urteilen. Nach Philos Auffassung könnte Gott - absolut betrachtet - auch das Böse tun[467], weil er keine Beschränkung in den ungebundenen Absichten seines Willens kennt. Hier scheint es doch, daß Philo nicht ganz konsequent mit seiner These, Gott sei von Natur gut, umgeht. Wenn Gott als "Gutes" bezeichnet wird, muß man das Böse sogar auf hypothetische Weise bei ihm ausschließen. Gott kann nur das Gute tun, weil nur das Gute sein "einfaches" Wesen ausmacht. Sein Wirken muß notwendigerweise gut sein. Es besteht kein Zweifel, daß Gott keinerlei Beschränkung der Freiheit kennt; aber daß er das Böse nicht tun kann, setzt keine Beschränkung der göttlichen Freiheit, sondern das

Gegenteil, nämlich den Gipfel des freien Willens voraus. Aber die philonische Behauptung ist insofern wichtig, weil sie eine noch nicht ganz durchdachte Theorie der Freiheit bei Gott freilegt. Philo geht vom menschlichen Handeln aus: Der Mensch kann des Gute oder das Böse wählen. Daraufhin überträgt er diese Vorstellung auf Gott mit der Absicht, exemplarisch zu betonen, daß Gott nur das Gute wählt und daß wir ihn nachahmen müssen. Philo hat nicht genau die verschiedenen Arten der Freiheit unterschieden und hat hier sein immer wiederholtes Prinzip, daß Gott nicht wie ein Mensch sei, aus den Augen verloren. Die Scholastiker haben das schärfer gesehen. Im allgemeinen unterscheiden sie drei verschiedene "Freiheiten":
- "libertas exercitii sive contraditionis": Unter diesem Gesichtspunkt wird die Freiheit als Handeln oder Nicht-Handeln angesehen. Das ist also eine "Indifferenzfreiheit".
- "libertas specificationis": Hier wird die Freiheit als "So-oder-anders"-Handeln betrachtet. Das ist eine "Unterscheidungsfreiheit".
- "libertas contrarietatis": Zuletzt kann man die Freiheit als Wahl zwischen dem Guten und dem Bösen beurteilen. Das ist eine "Gegensatzfreiheit".

Das menschliche Handeln kann sich auf diese drei Arten beziehen; aber Gott schließt die "libertas contrarietatis" aus. Diese Fähigkeit stellt eine Unvollkommenheit dar und gehört nicht wesentlich zum Begriff der Freiheit[468]. Für Gott kommt sie nicht in Betracht. Hingegen besitzt Gott die souveränste Indifferenz - und Unterscheidungsfreiheit. Indem Philo alle diese drei Arten der Freiheit nicht genau unterscheidet, so schreibt er Gott die Wahl zwischen Gutem und Bösem zu. Als Theologe, selbst als ein spekulativer Theologe, steht Philo ganz am Anfang, und man kann von ihm nicht zu viel verlangen.

Mehrfach haben wir bereits gezeigt, daß das menschliche Geschlecht den transzendenten Urgrund nicht unmittelbar kennt. Dies ist ihm nur durch die göttlichen Kräfte möglich. In diesem Zusammenhang vertritt Philo nun die Meinung, das wir das göttliche Gut nicht direkt, d.h. nicht wie es im Wesen Gottes gefestigt ist, kennen, sondern wir erfahren es nur durch die Tätigkeit der göttlichen Kraft des Guten. An verschiedenen Stellen bezeugt Philo die Existenz dieser Kraft, die zusammen mit der Kraft der Macht die zwei "höchsten Kräfte"[469] des

Seienden darstellt. Beide diese Kräfte sind nur dem transzendenten Urgrund und seinem Logos untergeordnet. Die Erhabenheit der Kraft des Guten ist so ausgezeichnet, daß Philo nicht zögert, sie als πρεσβυτάτη τῶν Θεοῦ δυναμέων[470] zu bezeichnen. Die Werte finden in der Kraft des Guten ihr adäquates und exemplarisches Maß[471]. Die Werte sind um so kostbarer, je mehr sie sich mit dem göttlichen Guten identifizieren. Es braucht hier nicht besonders betont zu werden, daß diese Tatsache eine gravierende Änderung der griechischen Anthropologie darstellt. Nicht der Mensch, sondern Gott in der Phänomenologie seiner Kraft des Guten ist das Maß aller Dinge und Werte!

Der Grund, weshalb Gott das Universum ins Dasein gerufen hat, besitzt im Guten seine tiefste Wurzel. Philo fragt: "... Warum machte er (Gott) nun, was nicht war?", und die Antwort lautet kurz: "... Doch weil er gut und schenkfreudig war"[472]. "... Denn wenn einer die Ursache erforschen will, warum eigentlich dieses All geschaffen wurde, so scheint er mir das Ziel nicht zu verfehlen, wenn er behauptet - was übrigens auch schon einer der Alten gesagt hat -, gütig sei der Vater und Schöpfer"[473]. Unter der Benennung "einer der Alten hat gesagt" bezieht sich Philo ausdrücklich auf Plato. Der Verfasser des "Timaios" behauptet, daß Gott die Welt aus Güte geschaffen habe[474]. Wie COHN[475] schon gezeigt hat, ist die Anschauung, daß die Ursache der Weltschöpfung die göttliche Güte sei, "auch echt jüdisch". Daß Philo nun in der Auslegung der biblischen Erzählung der Weltschöpfung die Meinung Platos heranzieht, um die biblische Anschauung zu erhärten, zeigt die Übereinstimmung der beiden Auffassungen in diesem konkreten Punkt. Nirgendwo wird die Übereinstimmung der griechischen Philosophie mit der Bibel besser angedeutet als in der Behauptung, Gottes Güte sei Ursache der Weltschöpfung. So ist es kein Wunder, daß Philo immer konsequent diese Lehre durchhält und weiterentwickelt. Eine weitere, sachliche Koinzidenz mit Plato stellt die Lehre dar, in der Philo andere Gründe der Weltschöpfung ablehnt: Gott hat z.B. die Welt nicht mit der Absicht des Profitierens schaffen können, weil er selbst perfekt und in sich genug sei. Das ist der Sinn folgender rhetorischer Frage: "... Denn wer wüßte nicht, daß Gott sich auch vor der Entstehung der Welt genug war und daß er nach der Entstehung der Welt derselbe blieb und sich nicht wandelte?"[476].

Mit demselben oder sogar mit mehr Nachdruck, mit dem Philo behauptet, daß Gott die alleinige Ursache des Guten ist, bekräftigt er auch, daß Gott überhaupt nicht die Ursache des Bösen sein kann[477]. Folgende Gedankengänge sind in der Fundierung dieses Gedankens wichtig: 1. Die Natur Gottes ist derart beschaffen, daß sie das Böse von sich selbst ausschließt. Die einfache Natur des Urgrunds, die nur Gutes ausmacht, darf mit dem Bösen nicht vermengt werden. 2. Das Schlechte - so schreibt Philo - bleibt "in der weitesten Entfernung vom göttlichen Reigen angesiedelt"[478]. Das Schlechte findet also keinen Raum im Göttlichen. 3. Philo gibt auch andere Gründe an, warum Gott überhaupt nicht Urheber des Schlechten sein kann und er bestimmt vorläufig, woher das Böse stammt: "... Gott ist nämlich überhaupt nicht der Urheber von irgendetwas Schlechtem, sondern dies erzeugen die Änderungen der Elemente"[479]. Die Übeltaten sind "... nie auf Gott, sondern stets auf unseren eigenen Willen"[480] zurückzuführen.

Philo kennt die Existenz des Bösen, nimmt es ernst und geht manchmal sogar darauf ein, obwohl seine Lösung fragwürdig und fragmentarisch bleibt. Im Grunde genommen konnte es nicht anders sein. Das Böse ist immer ein Geheimnis gewesen und als solches besteht es auch heutzutage. Religionen, Systeme, Philosophien und Theologien sind nacheinander vorbeigezogen, ohne eine endgültige Antwort auf das Problem des Bösen gefunden zu haben. Eine hinreichende Antwort darauf gibt es nicht. Vielleicht kann es sie nie geben. Zweifellos wird das Böse immer als Problem und Geheimnis bestehen bleiben. Kann ein transzendenter Gott existieren, wenn das Böse in der Welt waltet? Ontologisch gesehen, verlangt nicht die unwiderrufliche Präsenz des Bösen die gleichzeitige Negation Gottes? Wie verhalten sich Gott und Böses miteinander? Diese und andere ähnliche Fragen werden eine Antwort im Laufe der Ausführungen erhalten. Absicht und Interesse konzentrieren sich auf die philonischen Elemente im Versuch einer Lösung des Problems.

So ist der Gedanke der Transzendenz in diesem Zusammenhang wirksam. Dabei entstehen die folgenden Fragen: Wie verhält sich die Vorsehung Gottes zu dem materiellen Übel? Wie verhält sich die Gerechtigkeit Gottes zu der Tatsache der Ungerechtigkeit der etablierten sozialen Verhältnisse? Wie kann man das ontologisch-moralische

Übel mit der Gütigkeit des transzendenten Gottes in Einklang bringen?

Eine rein äußerliche und sicher nicht die wichtigste Bekundung des Bösen erfährt der Mensch in den physischen Naturvorgängen. Wie können z.B. die Katastrophen mit der transzendenten Vorsehung des Seienden vereinbart werden? Philo setzt sich mit diesem und ähnlichen Problemen vor allem in den zwei Büchern "De Providentia" auseinander, die man als rein philosophisch ansehen kann. Die Vorsehung ist ein typisches Theodizeeproblem, das eine besondere Geltung in der Philosophie besitzt. Philo hat das Thema von der griechischen Philosophie übernommen. Er versucht damit, den äußerlichen Aspekt des Problems des Bösen zu lösen. Philo lehnt ganz scharf die Theorie der Epikuräer ab, die aus den Naturvorgängen auf die Nichtexistenz der Vorsehung Gottes und sogar auf die Nichtexistenz Gottes[481] schließen. Für Philo aber stellen die Übel der natürlichen Vorgänge kein wichtiges Moment im Problem des Bösen dar, das die Existenz Gottes ausschließen könnte. Er vertritt die Meinung, diese Übel sagen nichts gegen Gott und in Wirklichkeit können sie als "Güter" angesehen werden. Gott schickt sie den Menschen, um sie zu ermahnen. In dieser Hinsicht gleicht die weise Tätigkeit Gottes einer Amme, die mit Strafen erziehen[482] will. Das physische Übel stellt also kein "Übel" dar, wenn andere höhere Werte im Spiel sind.

Zusammenfassend erklärt Philo seine Auffassung: "... Deshalb sendet die Vorsehung Hagelschauer[483], Blitze[484] und Heuschreckenschwärme[485], um die Menschenkinder mittels mannigfacher Geißeln zur Tugend zu erziehen, auch wenn diese aus Unverstand hartnäckig sind; denn für die Vorsehung ziemt es sich nicht, die Menschen ohne Wirkung der Vorsehung zu lassen. Denn wenn die Vorsehung nicht wäre, würde der Mensch von keinem Schmerz heimgesucht und von keiner Krankheit gequält, weil niemand da wäre, der die Geißel führen könnte. Aber wenn der Mensch gezüchtigt würde, würde er keine Vernunft annehmen; denn es würde ihm der Mahner fehlen"[486].

Das Problem des Bösen wird komplizierter, wenn man fragt, warum es eine solche Verwirrung der Lebensverhältnisse gibt: Dem Schlechten ergeht es wohl; die tugendhaften Menschen leiden dagegen an Ungerechtigkeit und sogar an Elend. Viele Beispiele in der Geschichte der Menschheit beweisen die Richtigkeit dieser Beobachtung[487]. Philo antwortet darauf und weist die Fragwürdigkeit der Macht und der Güter nach[488]. Ein Leben, das von rein äußeren Gütern, Begierde und Übersättigung beherrscht ist, stellt kein wahres Glück dar[489]. Aber das Fehlen von Kleidern, Körperkraft und Schönheit ist kein Fehlen der wahren Werte[490]. Philo bringt einige Beispiele der Geschichte, um seine These damit zu belegen[491] und stellt eine für ihn geltende Wahrheit heraus: "Hinreichend ... haben wir für den Augenblick darüber gesprochen, daß kein Schlechter glücklich und umgekehrt keiner der Gerechten unglücklich ist"[492]. Alle diese Gedanken sind engstens mit Tugendtheorie Philos verbunden. Für unseren Verfasser wurzeln wahres Menschsein, wirkliche Werte, Glück usw. nicht in äußerlichen Umständen des Lebens, sondern in der erfahrenen Tugend, die zu Gott führt. Es ist frappierend, daß der Glaube an das ewige Leben bei der Aufzählung der verschiedenen Lösungen gegen das soziale Übel fehlt. Der Grund ist einfach: Bei Philo fehlt die Eschatologie fast völlig! Der Glaube an das ewige Leben kommt sehr selten in den zahlreichen philonischen Werken[493] vor.

Nach der Meinung Philos wird das Problem des Bösen in seinem eigentlichen Kern getroffen, wenn man in das "böse Herz" des Menschen hineinschaut. Er faßt das moralische Übel ins Auge. Philo konstatiert dabei eine in seiner Lehre unbestreitbare Tatsache: "... Es gebührt sich also, daß wir die heimlich, auf hinterlistige Weise und mit Vorbedacht begangenen Übeltaten niemals auf Gott, sondern stets auf unseren eigenen Willen zurückführen[494]. Denn in uns selbst liegen, wie ich schon sagte, die Schatzkammern des Schlechten, in Gott die des Guten allein. Wer also 'flüchtet' in dem Sinne, daß er für Vergehen nicht sich selbst, sondern Gott verantwortlich macht, der soll bestraft werden, indem er des Zufluchtsortes beraubt wird ... eine schwer oder überhaupt nicht wiedergutzumachende Schmähung ist aber die Behauptung, die Gottheit sei auch Urheberin der Übel"[495]. Aber mit harten Worten allein ist das Problem ontologisch nicht zu lösen. Sicher ist der Mensch der direkte Anstifter des moralischen Bösen, doch das bedarf der eingehenden Nachfrage. Wie ist es nur möglich, daß der Mensch, der Gott als Urgrund hat, bei dem das Böse ausgeschlossen ist, selbst Böses tut? Was bedeutet dieser "Same des Bösen", der sich im Herzen und in der Seele des Menschen "versteckt"? Oder zugespitzt könnten wir fragen: Stellt nicht die Präsenz des Bösen eine Negation der Gütigkeit Gottes dar? Philo ist sich der Tatsache bewußt, daß das moralische Übel tief im Menschen wurzelt. Deshalb versucht er eine Lösung, die in die Koordinaten seiner Theodizee paßt.

Philo führt im Rahmen seiner Untersuchungen des Bösen eine Unterscheidung ein, die nun eine bedeutende Rolle in seiner theologischen Anthropologie spielen wird: Es gibt, so Philo, zwei Klassen von Menschen, nämlich die tugendhafte und die schlechte. Die direkte Schöpfung des Guten im Menschen ist auf Gott zurückzuführen oder zumindest zu prädizieren[496]. Das Schlechte des Menschen stellt hingegen das Werk eines "unidentifizierbaren Mitarbeiters" Gottes dar. Philo führt dazu aus: "... Mit Recht könnte einer fragen, warum wohl Moses die Schöpfung des Menschen nicht einem Schöpfer, wie alles andere auch, sondern gewissermaßen mehreren zuschreibt. Er ließ nämlich den Allvater also sprechen: 'Laßt uns einen Menschen machen nach unserem Ebenbilde und unserer Ähnlichkeit'[497]. Er, dem alles untertan ist, sollte ich meinen, hat doch nicht irgendeine Hilfe nötig? Damals, als er den Himmel und die Erde und das Meer schuf, brauchte er keinen Mitarbeiter; den Menschen aber, ein so unbedeutendes und hinfälliges Lebewesen, war er nicht imstande, ohne die Mithilfe anderer aus eigener Kraft selbst zu schaffen? Die wahre Ursache hiervon weiß selbstverständlich Gott allein; was aber nach wahrscheinlicher Vermutung die glaubhafte und einleuchtende Ursache zu sein scheint, darf nicht verschwiegen werden ... Unter den existierenden Dingen gibt es zunächst solche, die weder mit der Tugend, noch mit der Schlechtigkeit etwas zu schaffen haben, wie die Pflanzen und unvernünftigen Tiere ... Dann gibt es wieder solche, die nur Tugendhaftigkeit besitzen und an keiner Schlechtigkeit Anteil haben ... Endlich gibt es Wesen von gemischter Natur, wie der Mensch, der alle Gegensätze in sich aufnimmt: Verstand und Unverstand, Sittsamkeit und Zuchtlosigkeit, ... Gerechtigkeit und Ungerechtigkeit, um es kurz zu sagen: Gutes und Böses, Schönes und Häßliches, Tugend und Laster... Deshalb heißt es nur bei der Schöpfung des Menschen, daß Gott sprach: 'Laßt uns machen', was die Hinzuziehung anderer als Mitarbeiter andeutet, damit bei den tadellosen Entschlüssen und Taten des richtig handelnden Menschen Gott, der Lenker aller Dinge, als Urheber gelte, andere Wesen dagegen, die seine Untergebenen sind, bei den entgegengesetzen; denn nie durfte der Vater Urheber des Bösen für seine Kinder sein ..."[498].

Das Profil dieser philonischen Lehre läßt sich mit einem anderen Text belegen, der die sachlichen Argumente wiederholt, aber auch den Horizont erweitert, weil der Text uns ausdrücklich erklärt, wer mit dem Wort "Gott" gemeint ist. Nach Philos Meinung wurde die Schöpfung nicht direkt von Gott gemacht, sondern von der göttlichen Kraft, die "Gott" heißt. "... Denn mittels dieser Kraft ordnete alles der zeugende und werkende Vater ... Das größte Geschenk ist es, ihn (die Kraft, die 'Gott' heißt) zum Bauleiter zu erhalten, den auch die ganze Welt erhielt. (Denn die Seele des Schlechten formte er nicht - feindlich ist ja Gott die Schlechtigkeit, die mittlere aber nach dem hochheiligen Moses nicht bloß mittels seiner selbst[499], da diese wie Wachs unterschieden Gutes und Schlechtes einnehmen sollte. Deshalb heißt es: 'Wir wollen den Menschen machen nach unseren Bilde'[500] ..., damit er, wenn er eine schlechte Form annimmt, das Werk anderer scheine, wenn aber eine gute, das des nur die Edlen und Guten bildenden Meisters)"[501].

Darüber hinaus ist Gott "der Schöpfer allein der guten und weisen Menschen"[502]. Wir haben die Mitarbeiter Gottes, die die Seele des bösen Menschen geformt haben, als "unidentifizierbar" gekennzeichnet, weil - wie man aus beiden Texten eindeutig erschließen kann - Philo kein Wort sagt, wer diese Mitarbeiter Gottes sind. Selbstverständlich denkt er dabei nicht an andere Götter, denn diese Meinung ist bei ihm völlig auszuschließen. Die Urheber des Bösen im Menschen sind vielmehr göttliche Kräfte, die das ausführen, was Gott auf Grund seiner Erhabenheit nicht selbst tut. Schließlich können wir einen Text zitieren, in dem Philo ausdrücklich sagt, was wir hören wollten: "... Der Vater des Alls redet also mit seinen Kräften[503], denen er den sterblichen Teil unserer Seele zu bilden überließ, in Nachahmung der Kunst, die er selbst ausübte, als er den vernünftigen Seelenteil in uns formte; denn er hielt es für recht, daß der herrschende Teil in der Seele vom Herrscher, der untergeordnete von untergeordneten Kräften geschaffen würde. Gott verwandte aber die mit ihm gemeinsam tätigen Kräfte nicht nur aus dem angegebenen Grunde, sondern auch, weil die menschliche Seele als einzige bestimmt war, die Begriffe zugleich des Guten und des Schlechten zu fassen, um die einen oder die anderen davon, wenn schon nicht beide, zur Anwendung zu bringen. Er hielt es daher für notwendig, die Erschaffung des Schlechten anderen Schöpfern zuzuweisen, die des Guten dagegen vorzubehalten ... Den wahren Menschen, welcher reinster Geist ist, erschafft nur einer, der alleinige Gott, den mit Sinnlichkeit vermischten, sogenannten Menschen dagegen, eine Mehrzahl"[504]. Zuerst muß man anerkennen, daß Philo eine sehr spitzfindige Auslegung von Gen 1,26 bietet. Aber die Lösung, die er findet, erscheint ein wenig "naiv", weil sie nur in einem ersten Moment Beweiskraft besitzt.

Sicher hat Philo mit seiner Auslegung von Gen 1,26 das Problem des Bösen nicht gelöst. Man könnte wohl sagen, daß er es noch mehr zugespitzt hat, obwohl Philo sich dessen nicht bewußt ist. Interessant sind für uns folgende Punkte: Die Kraft, die "Gott" heißt und die man in vielen Aspekten mit der Kraft des Guten gleichsetzen kann[505], wirkt nur das Gute, das auf das Seiende als Urgrund und als letzte Instanz zurückzuführen ist. In dieser Hinsicht ist das Seiende die Ursache des Guten. Andere Kräfte[506] sind die direkte Ursache im Menschlichen. Dieses Böse kann in seinem Ursprung nur von diesen Kräften[507] prädiziert werden, ohne daß das Seiende den winzigsten Anteil daran besitzt. Das ist der springende Punkt, in dem sich die philonische Lösung als untragbar erweist. Philo hat das Problem verlagert und damit leider zugespitzt. Wie kann eine im göttlichen Bereich stehende Kraft Ursache des Bösen im Menschlichen sein, wenn Philo ausdrücklich sagt, daß das Schlechte "in der weitesten Entfernung vom göttlichen Reigen angesiedelt"[508] sei?

Eine noch präziser formulierte Frage kommt hinzu: Woher stammt die Möglichkeit, daß eine Kraft Gottes Übel schaffen kann? Muß man dieses Übel nicht in letzter Instanz Gott zuschreiben? Das spekulative Denken Philos geht darauf nicht ein und gibt keine Antwort. Mehr noch: Man gewinnt den Eindruck, daß Philo auf diesen Gedanken gar nicht gekommen ist! Hier zeigt die Theorie der "göttlichen Kräfte" in Bezug auf das Problem des Bösen eine unüberwundene Schwierigkeit. Aber für uns haben die philonischen Aussagen im erwähnten Sinne eine besondere Wichtigkeit. Wieder einmal entdecken wir die echte Lehre Philos angesichts der Transzendenz Gottes. Philo schwankt nicht in der Vorstellung der Transzendenz Gottes. Es ist für ihn eine unerschütterliche Tatsache, daß nur ein Urgrund des Alls existiert und daß dieser Urgrund gut ist und das Böse transzendiert. Philo vertritt die Meinung, daß das Böse ein inneres Moment der Schöpfungsentwicklung darstellt. Es ist in der Schöpfung und mit ihr entstanden. Vor der Schöpfung existierten kein böser Gott oder eine Kraft des Bösen, sondern es existierte nur der vollkommene Gott, der gut ist. Zutreffend ist auch die Überzeugung Philos, daß das in der Schöpfung verwurzelte Böse einen festen Platz im freien Willen des Menschen besitzt. Bedauerlicherweise hat Philo diesen Gesichtspunkt nur angedeutet, nicht aber entwickelt. An verschiedenen Stellen erwähnt er auch, daß Gott das Übel zuläßt, weil der Mensch in Freiheit[509] geschaffen worden ist.

Bemerkenswerterweise zeigt Philo fast keinen selbständigen Zug in der Behandlung des göttlichen Guten. Was er in diesem Sinne geschrieben hat, war bereits in der überlieferten Spekulation enthalten. Er beschränkt sich auf die Verwendung einer griechischen Terminologie, die er stellenweise bis zum äußersten zuspitzt. Der Inhalt der philonischen Lehre über Gott als "das Gute" bekommt einige anschauliche Beschreibungen, wenn unser Verfasser den gütigen Gott einerseits und den bedürftigen Menschen, die Schwachheit der Schöpfung andererseits, einander gegenüberstellt. Darin macht sich der biblische Einfluß besonders bemerkbar. Der originellste Punkt der Theorie Philos besteht in der theologischen Überwindung des Platonismus. Diese Überwindung ist eine Notwendigkeit der Einstellung Philos zur göttlichen Transzendenz. Mit der Behandlung des Problems des Bösen bietet Philo im Grunde keine Lösung an. Es ist die Auslegung von Gen 1,26 zu unterstreichen, die später in der Gnosis eine große Bedeutung haben wird. Bemerkenswert ist die Tatsache, daß das Gute nach Philos Meinung nicht in den äußerlichen Gütern, sondern in der Tugend und im Streben nach Gott liegt. Hier hat Philo stoische Philosophie mit echt alttestamenlicher Frömmigkeit verbunden. Angesichts unserer Untersuchung war die philonische Behandlung des Problems des Bösen wichtig, weil sie noch einmal den Transzendenzgedanken Philos gänzlich zum Vorschein gebracht hat. Gott ist die perfekte Vollkommenheit und kann also kein Böses zulassen, was im Grunde moralische "Unvollkommenheit" bei ihm darstellen würde.

e) Nur das Seiende ist ewig

Gott ist Seiendes und Urgrund. Als permanentes Seiendes ist Gott mit der Eigenschaft der Ewigkeit ausgestattet. Als Urgrund ist er auch mit der Zeit verbunden. Der Urgrund ist auch der Schöpfer der Zeit. In unserer Beschäftigung mit dem Seienden und dem Urgrund hatten wir zumindest indirekt die Ewigkeit Gottes hervorgehoben: Gott ist permanentes Seiendes, das nicht vergeht. Zugleich wirkt er als Urgrund immer und unaufhörlich.

"... Der Sinn der Welt und des Menschseins ist nicht in einer außerhalb von Natur und Geschichte liegenden Dimension zu suchen, die es als in sich ruhende, ewig gleich gültige gibt. Menschliches Dasein beruht nicht in einer zeitlosen, meta-physischen Wesensverfassung, zu der die Geschichtlichkeit hinzukommt, sondern Menschsein zeitigt sich in der Zeit, es ist wesentlich geschichtlich"[510]. Diese Äußerung enthält eine tiefe Einsicht in das Weltliche und das Humanum, die Philo auch hätte aussprechen können. Aber seiner Gotteslehre treu hätte er gerade das Gegenteil dem Transzendenten zugeschrieben. Die Schöpfung ist Zeit, Gott ist Ewigkeit. Der Mensch ist "historia" und Gott ist "aeternitas". Auf diese Weise wäre nach der Meinung Philos auch der Sinn Gottes nicht in einer innerhalb von Natur und Geschichte liegenden Dimension zu suchen. Gott ist ruhende, ewig gleich gültige Wirklichkeit. Göttliches Dasein beruht in einer zeitlosen, metaphysischen Wesensverfassung, zu der die Ewigkeit hinzukommt. Gottsein "verewigt" sich in der Ewigkeit, denn Gott ist dem Wesen nach ewig. Die Erklärung dieser Paraphrase kann uns helfen, ein richtiges Verständnis dessen zu gewinnen, was Philo mit "Zeit und Ewigkeit" und "Gott und Zeit" meint.

Als Leitfaden unserer Beschäftigung mit der Ewigkeit wird zuerst der folgende Text aus Deus Imm 31 - 32 wiedergegeben: ".. Doch auch Schöpfer der Zeit ist Gott; denn er ist ihres Vaters Vater - Vater aber der Zeit ist der Kosmos - und dessen Bewegung hat er als ihren Ursprung offenbart, so daß die Zeit im Verhältnis zu Gott die Stellung eines Enkels einnimmt. Dieser Kosmos jedoch ist der jüngere Sohn Gottes, da er sinnlich wahrnehmbar ist; denn den älteren, der aber geistig ist, würdigte er des Erstgeburtsrechts und beschloß, daß er bei ihm bleibe. Dieser jüngere, sinnlich wahrnehmbare Sohn bewirkt nun dadurch, daß er in Bewegung versetzt wurde, das Aufleuchten und den Aufgang des Wesens der Zeit, so daß es vor Gott nichts Zukünftiges gibt, vor ihm, der auch über die Schranken der Zeiten erhaben ist; denn auch sein Leben ist nicht eine Zeit, sondern Ewigkeit, das Urbild und Muster der Zeit. In der Ewigkeit aber gibt es nichts Vergangenes und Zukünftiges, sondern nur Gegenwärtiges."

Die Terminologie bietet keine Besonderheit. Αἰώνιος [512] und ἀίδιος [513] zusammen mit den Substantiven αἰών und ἀιδιότης sind die gebräuchlichsten Termini, um die "Ewigkeit" auszudrücken. Allerdings wendet Philo diese Begriffe nicht nur in Bezug auf Gott, sondern auch angesichts anderer geschaffener Realitäten [514] an. Die Welt wird auch von Philo als "ewig" [515] betrachtet. Darüber hinaus ist es notwendig aufzuzeigen, was die "Ewigkeit" bei Gott bedeutet. Philo versteht sie auf zweierlei Weise: Negativ ausgedrückt bedeutet "Ewigkeit" die Überwindung der Zeit, also "Zeitlosigkeit". Zum anderen meint "Ewigkeit" das Leben in einem unaufhörlichen Jetzt. Damit ist sie ständige Gegenwärtigkeit.

In den philonischen Werken finden wir sowohl eine ontologische Definition als auch eine Beschreibung der Ewigkeit. Im Anschluß an Dtn 4,4 "Ihr aber, die ihr JHWH, eurem Gotte, anhinget, seid allesamt heute noch am Leben" [516] gibt Philo eine Definition der Ewigkeit: "... Unter dem 'heutigen Tag' ist nämlich die grenzenlose, unfaßbare Ewigkeit zu verstehen; denn die Perioden von Monaten, Jahren und überhaupt aller Zeiten sind lediglich Einbildungen von Menschen, welche die Zahl überschätzen: Die wahre Bezeichnung der Ewigkeit hingegen ist 'der heutige Tag'" [517]. Darüber hinaus gehört die unaufhörliche "Heutigkeit" nach Philos Meinung zum Wesen der Ewigkeit. Zwischen dem "Heute" und der Ewigkeit bestehen eine Korrelation und auch eine Adäquatheit. Philo beschreibt die Ewigkeit folgendermaßen: ἐν αἰῶνι δὲ οὔτε παρελήλυθεν οὐδὲν οὔτε μέλλει, ἀλλὰ μόνον ὑφέστηκεν [518].

Die philonischen Gedanken haben eine erstaunliche Kraft. Es fällt schwer, in so wenigen Worten gleich viel oder mehr auszudrücken. Die Sätze zielen darauf hin, das Leben Gottes als ständige Gegenwart zu zeigen. Nach der Meinung Philos stellt die Ewigkeit eine "Zeitkategorie" dar, die die Folge der Zeit verneint. In dieser

Hinsicht transzendiert das Seiende die geschaffene Zeit. Mit einer schönen Metapher drückt Philo dann aus:"Gott ist über die Schranken der Zeit erhaben"[519]. Die Ewigkeit wird hier durch einen anderen Gedanken bestimmt. Sie ist nämlich Urbild und Muster der Zeit[520]. Wie LEISEGANG[521] schon gemerkt hat, wirkt Plato nachhaltig bei Philo[522]. Was Philo unter "Urbild" und "Muster" im Anschluß an Plato versteht, und welchen Sinn er dieser Behauptung geben will, erklärt er nicht.

Für Philo ist es selbstverständlich, daß Gott der Schöpfer der Zeit ist. Diese Wahrheit ist im Grunde nur ein Aspekt einer grundlegenden Lehre, nämlich daß Gott Schöpfer der Welt ist. "... Die Zeit existierte nicht vor der Welt, sie ist vielmehr entweder mit ihr oder nach ihn ins Dasein getreten"[523], urteilt Philo. Der letzte Teil der Äußerung wird verständlicher, wenn man sich die stoische Definition der Zeit, die Philo daraufhin zitiert, vor Augen hält: "... Denn da die Zeit das Intervall der Bewegung des Weltalls ist, Bewegung aber nicht früher als das Bewegte eintreten kann, sondern entweder später oder zugleich entstanden sein muß, so muß auch die Zeit entweder ebenso alt wie die Welt oder jünger als sie sein; der Versuch, sie als älter zu erweisen, wäre unphilosophisch"[524]. Mit dieser Spekulation versucht Philo, das richtige Verständnis des Beginns des Buches Genesis zu gewinnen. Wenn Moses sagt: "Am Anfang schuf Gott den Himmel und die Erde", ist unter "Anfang" "... nicht der zeitliche zu verstehen", sondern "Am Anfang" bedeutet vielmehr "zuerst schuf"[525] Gott den Himmel.

Merkwürdig ist jedoch Philos Spekulation, daß die Zeit die Stellung eines "Enkels" im Verhältnis zu Gott einnimmt. Hier ergeben sich die Fragen, woher eine solche Aussage stammt und was Philo damit gemeint hat. LEISEGANG[526] nimmt an, daß Philo "im wesentlichen auf posidonische Gedanken" zurückgeht. Allerdings ist die Erklärung des Sinnes noch wichtiger. Anscheinend verbindet Philo - wie es auch LEISEGANG[527] sehr richtig vertritt - eine beliebte Lehre vom Kosmos als dem "Sohn" Gottes mit der schon erwähnten Auffassung, die Zeit stamme von dem Kosmos ab oder sei mindestens mit ihm entstanden. Der erste Satz ist leicht beweisbar. An verschiedenen Stellen spricht Philo von dem "Vater des Kosmos"[528]. Die Richtigkeit des zweiten Teils haben wir bereits vorher herausgestellt.

Zuletzt ist es von Wichtigkeit zu sagen, daß alle diese Spekulationen in Bezug auf die Ewigkeit Gottes Bedeutung haben. Sie sind Ausdruck einer deutlichen Tendenz, mit der Philo versucht, der Zeit eine möglichst untergeordnete Stellung beizumessen. In diesem Zusammenhang sei die folgende Aussage Philos zitiert: "Grau ... ist die nichtsschaffende Zeit; vor der soll man sich umwenden und fliehen vor der Meinung, die unzählige irrende Menschen täuscht, als ob diese imstande sei, irgend etwas zu schaffen"[529]. Hier ist die Polemik eindeutig sichtbar, die Philo gegen "die ... von chaldäischen Vorstellungen genährte orphische Weltbildungslehre"[530] aufwirft. Nach einer solchen Auffassung ist "die Zeit" die oberste Gottheit[531]. Als Ergebnis können wir festhalten, daß Philo nur den ewigen Urgrund, den transzendenten Seienden als Urprinzip und oberste Gottheit kennt. Die Zeit steht nicht nur unter dem unerschaffenen Gott, sondern auch unter dem geschaffenen Kosmos.

Philo spricht nicht oft vom "Leben Gottes". Was wissen wir eigentlich über dieses glückliche und heilige Leben? Aber bei Gott verbindet Philo in der Beschäftigung mit der Ewigkeit die Ewigkeit und das Leben und vertritt die Meinung, das göttliche Leben sei nicht Zeit, sondern Ewigkeit[532]. Diesen Gedanken kann man an den folgenden anknüpfen: Bei Gott ist nichts "für alt oder überhaupt vergangen zu halten, sondern (alles) für zeitlos werdend und bestehend"[533]. Somit ist die Ewigkeit in Bezug auf das Leben in einen Gegensatz zur Sterblichkeit zu setzen. Daher kann Philo nun zwischen "sterblich" und "ewig"[534] unterscheiden. Andererseits steht die Ewigkeit in einem Gegensatz zur Geschaffenheit. So kann Philo die drei göttlichen Eigenschaften, nämlich "das Ungeschaffene", "das Unsterbliche" und "das Ewige"[535] in einem Satz verbinden. Im Hinblick auf das Leben des Seienden steht die Ewigkeit im Gegensatz zur Geschaffenheit und Sterblichkeit. Das Geschaffene ist zeitgebunden; das Sterbliche vergeht. Beide können ohne ein "vor" und ein "nach" nicht richtig verstanden werden. Das Leben des Seienden projiziert sich rückwärts zur Unerschaffenheit und vorwärts zur Unsterblichkeit. Das Seiende kennt keine Vergangenheit, weil es unerschaffen ist, und es fürchtet keine Zukunft, weil es unsterblich ist. Es erfährt überhaupt kein "vor" und kein "nach".

Man gewinnt einen falschen Eindruck, glaubte man, daß Philos Gedankengänge über die Ewigkeit nur kalte philosophische Spekulation darstellten. Philo legt diese Lehre auch "soteriologisch" aus. Die göttliche Ewigkeit hat für den Menschen eine besondere Bedeutung. Sie ist im letzten "für uns" da: "... Die Worte 'ewiger Gott' bedeuten demnach so viel, wie: 'der Gnadengeschenke spendet', nicht manchmal ja, manchmal nicht, sondern immer und unaufhörlich, der stets Wohltaten erweist, der die Fülle seiner Gaben in fortgesetzter, ununterbrochener Kette zusammenfügt, seine Gnadengeschenke in steter Folge wiederholt und durch einigende Kräfte verknüpft, der keine Zeit zum Wohltun versäumt, wie wohl er doch 'Herr' ist, also doch auch schaden könnte"[536]. Philo verbindet zwei wichtige Wirklichkeiten in Gott, nämlich die Ewigkeit und die Güte, um den ständigen Beistand Gottes im Blick auf die menschlichen Bedürfnisse zu gewährleisten. Gott als Träger des menschlichen Lebens wird nicht nur rein theoretisch als "Subsistenz" betrachtet, sondern Philo arbeitet zugleich verschiedene Gesichtspunkte aus, um eine adäquate Lehre für den Menschen fruchtbar zu machen.

Ein letzter wichtiger Punkt wurde noch nicht behandelt: Woher stammt die philonische Lehre über die göttliche Ewigkeit? Auch hier hat Philo gültige Elemente der Heiligen Schrift mit der philosophischen Spekulation der Griechen verbunden; aber das Entscheidende der philonischen Auffassung wurzelt doch in der Bibel. In der Begründung einer solchen Meinung sind die folgenden Fragen zu beantworten: Gibt es einen biblischen Begriff für "Ewigkeit"? Wie und wann ist dieser Begriff in Berührung mit der griechischen Kultur gekommen? Wie verhalten sich der griechische und der biblische Begriff von "Ewigkeit" in der philonischen Lehre?

Die erste Frage ist mit Vorbehalt zu bejahen. Zweifellos hat JENNI recht, wenn er die Meinung vertritt, daß die "... Übersetzung 'Ewigkeit' ... für zahlreiche Stellen mit 'olam im AT ungeeignet" sei und daß man dort, "... wo sie angebracht erscheint, nicht einen vorgefaßten, mit allerlei späteren philosophischen und theologischen Inhalten belasteten Ewigkeitsbegriff in die Texte zurücktragen"[537] dürfe. Vielleicht ist der Begriff der "Ewigkeit" auch in Bezug auf unsere Untersuchung derjenige, der eine größere philosophische Last zu tragen hat. Darüber hinaus wollen wir nun eine Analyse des hebräischen Begriffs 'olam' durchführen, um die Einstellung Philos beurteilen zu können. Was bedeutet 'olam' im Hebräischen? Die Grundbedeutung ist "fernste Zeit", und zwar in zwei Richtungen: Sowohl in Bezug auf die Vergangenheit als auch im Hinblick auf die Zukunft. Für unser Anliegen wird zum entscheidenden Faktum, daß 'olam' "ein relativer Begriff" ist, und daß es sich "mit zukünftiger als auch vor allem mit vergangenheitlicher Bedeutung"[538] zeigen läßt. In der Grundstruktur des 'olam'[539] werden die Vergangenheit und die Zukunft negiert. Auf diese Weise können in 'olam' qualitative Konnotationen wie z.B. "Dauerhaftigkeit, Endgültigkeit, Unabänderlichkeit"[540] mitschwingen.

Es ist mit einer αἰών - Spekulation im damaligen Alexandrien zu rechnen, "... wo auch das Judentum dieses griechische Wort übernahm"[541]. Man muß zugleich erwähnen, daß die Septuaginta den biblischen Begriff 'olam' "... fast durchgehend"[542] mit αἰών/αἰώνιος wiedergegeben hat. Es besteht kein Zweifel, daß die Übersetzung der Septuaginta die Auffassung Philos irgendwie - und vielleicht nicht nur in Bezug auf die Terminologie - mitgeprägt hat.

Wenn man das alles berücksichtigt, fällt auf, daß die Grundbedeutung von 'olam' von der philonischen Konzeption nicht entfernt ist. Die "Ewigkeit" setzt für Philo auch einen zeitlichen Horizont voraus, um Vergangenheit und Zukunft zu verneinen. Zweifellos ist der Begriff "Ewigkeit" bei Philo mit philosophischen Überlegungen belastet und darüber hinaus mit einer abstrakten Zeitauffassung verbunden; aber meiner Meinung nach enthält die philonische "Ewigkeit" auch die Grundbedeutung des biblischen 'olam'. Als erstes Moment hat "Ewigkeit" in der philonischen Theorie die Bedeutung der "Überwindung der Zeit". Ist es nicht das, was die Bibel prinzipiell mit dem Ausdruck der "fernsten Zeit" meint? Sicher hat Philo als Philosoph den Begriff ausgeweitet und ihm eine positive Richtung mit der Konnotation der "ständigen Gegenwärtigkeit" gegeben. Aber es ist bezeichnend, daß Philo durch eine Schlußfolgerung aus der ersten Grundbedeutung zu der zweiten Bedeutung gelangt. In der philonischen Auffassung hat der Begriff der "Zeitlosigkeit" der Stoiker ebenso mitgewirkt. In Bezug auf den zweiten Gedanken, den der "ständigen Gegenwärtigkeit" und des Ewigkeitsbegriffs kann man die Spuren Platos erkennen. Entscheidend ist aber, daß

Philo der zeitlosen, ideellen Realität einen mit einer ganz bestimmten Wirklichkeit, d.h. mit dem Seienden verbundenen Inhalt gegeben hat. Für Philo ist die Ewigkeit nicht mehr eine Idee, sondern eine göttliche Eigenschaft des wahrhaft Seienden und somit das göttliche Leben überhaupt. In diesem wichtigen Aspekt stimmt Philo mit der Bibel überein. Als Ergebnis können wir festhalten, daß eine perfekte und eindeutige Trennung zwischen biblischem und griechischem Gut durchzuführen sehr schwer fällt. Bezeichnend ist die Tatsache, daß Philo keine Ewigkeit kennt, die von dem Seienden unabhängig wäre. Gott - nicht eine Idee oder irgend eine Spekulation - ist ewig! In dem Maße aber, in dem Philo die Ewigkeit als Prädikat Gottes betrachtet, verbindet er sie mit dem in "der fernsten Zeit" lebenden JHWH und mit der immerwährenden Gnade Gottes.

Unsere Deutung der philonischen Lehre über die Ewigkeit ist ein weiterer Schritt in unserem Versuch, einen Gesamteinblick in das philonische Konzept der Transzendenz zu gewinnen. Gott geht nicht nur über die Räumlichkeit, sondern auch über die Zeitlichkeit hinaus. Philos versucht in diesem Zusammenhang, die Ewigkeitslehre in Bezug auf den transzendenten Gott auszuarbeiten, wobei er auch entscheidende Elemente einer überlieferten Spekulation übernommen hat.

f) Nur das Seiende ist unveränderlich

Οὗτος ἐγὼ ὁ ἐμφανὴς καὶ ἐνταῦθα ὢν ἐκεῖ τέ εἰμι καὶ πανταχοῦ, πεπληρωκὼς τὰ πάντα, ἑστὼς ἐν ὁμοίῳ καὶ μένων, ἄτρεπτος ὤν.[543]

Schwerlich hätten wir einen besseren Text aussuchen können, um das Verhältnis zwischen dem Seienden und der Unveränderlichkeit zu verdeutlichen. Das Seiende ist unveränderlich, denn es ruht. Die Unveränderlichkeit gehört zur göttlichen Wirklichkeit, wie die Sprache zur menschlichen Realität. Nur das Seiende, das mit der Eigenschaft der Unveränderlichkeit ausgestattet ist, kann das wahre Sein innehaben.

In der Terminologie bezüglich der Unveränderlichkeit Gottes bedient sich Philo negativer und positiver Ausdrücke. Der Begriff, den Philo normalerweise anwendet, um die göttliche Eigenschaft der Unveränderlichkeit auszudrücken, ist das Adjektiv ἄτρεπτος, das häufig

fig Θεός begleitet: ὁ ἄτρεπτος Θεός[544]. Als substantiviertes Adjektiv kann ἄτρεπτος Θεός ersetzen. So ist Gott ὁ ἄτρεπτος[545] schlechthin. Als Neutrum in Begleitung von τὸ Θεῖον wird auch an einigen wenigen Stellen ἄτρεπτον benutzt[546].

Philo bezieht das Wort ἄτρεπτος nicht nur auf Gott, sondern auch auf andere Wirklichkeiten[547]. Allerdings ist ὁ ἄτρεπτος ein Synonym Gottes. Dabei fällt ein scharfer Kontrast in der Terminologie auf, wenn Philo das Ungewordene und das Gewordene einander gegenüberstellt:...ἐπειδὴ τὸ μὲν θεῖον ἄτρεπτον, τὸ δὲ γενόμενον φύσει μεταβλητόν[548]. Πάντα τὰ ἄλλα τρέπεται, μόνος δὲ αὐτὸς ἄτρεπτός ἐστι[549]. Γένεσις κινητὸν ἐξ ἑαυτῆς, τὸ δὲ ἀγένητον ἄτρεπτόν τε καὶ ἀκίνητον[550] ... Philo spricht von dem "beständigen Gott - βεβαιότης τοῦ Θεοῦ"[551]. Das Adjektiv βέβαιος spielt auch eine wichtige Rolle in der philonischen Terminologie. Der Superlativ βεβαιότατος[552] kann auch auf die vielseitige Beständigkeit Gottes bezogen werden. Die terminologische Verbindung zwischen ἄτρεπτος und βεβαιότης ist auch möglich: ... ἵν'ὁμολογηθῇ μηδὲν εἶναι τῶν μετὰ τὸ ὂν ἀκλινοῦς καὶ ἀρρεποῦς αἴτιον βεβαιότητος[553]. Besonders wichtig für das Verständnis des Sinnes ist es, daß Philo terminologisch die göttliche Unveränderlichkeit mit anderen ähnlichen Eigenschaften eng verbindet: ἀκίνητόν τε καὶ ἄτρεπτον[554], τὸν ... ἀγένητον καὶ ἄτρεπτον Θεόν[555], ἄτρεπτος ... καὶ ἀμετάβλητος Θεός[556], περὶ Θεοῦ τοῦ ἀγενήτου καὶ ἀφθάρτου καὶ ἀτρέπτου καὶ ἁγίου καὶ μόνου μακαρίου[557], ὁ ἀκλινὴς καὶ ἄτρεπτος Θεός[558].

Man kann drei verschiedene Bedeutungen, nämlich eine räumliche, eine physische und eine moralische Unveränderlichkeit feststellen. Im ersten Moment hat die Unveränderlichkeit Gottes bei Philo eine räumliche Bedeutung. Das Seiende wechselt seinen Platz nicht, weil es durch die göttlichen Kräfte alles umfaßt und den ganzen, sogar den fernsten Raum einnimmt. Es bedarf nicht irgend einer Art von Bewegung und noch weniger organischer Glieder, um etwas zu erreichen. In diesem Sinne ist Gott unbeweglich, weil er alles umfaßt. Bekannt sind die rhetorischen Fragen Philos: "... Wohin aber soll er (Gott) gehen, da er alles erfüllt? und zu wem, da ihm keiner ebenbürtig ist? und weshalb? ..."[559]. Es ist ein unbegreifliches Geheimnis, daß Gott alles überholt, obwohl er stehenbleibt[560]. Wenn man zu einer positiven Beschreibung tendiert, kann man die räumliche Unveränderlichkeit des

Höchsten als "tranquillitas", d.h. als Beständigkeit und ewige Ruhe ansehen: .. στάσις τε καὶ ἠρεμία ἀκλινὴς ἡ παρὰ τὸν ἀκλινῶς ἑστῶτα ἀεὶ Θεόν[561]. Der nicht wankende Gott ist der Halt, die Stütze, die Festigkeit und die Sicherheit der Schöpfung: στήριγμα καὶ ἔρεισμα καὶ ὀχυρότης καὶ βεβαιότης ἁπάντων ἐστὶν ὁ ἀσφαλὴς Θεός[562]. Gott ist die ewig ruhende Gegenwart. Charakteristisch für ihn sind die Ruhe und der Stillstand: ὅτι Θεοῦ μὲν ἴδιον ἠρεμία καὶ στάσις [563]. Hier nun liegt der Gedanke der aristotelischen Metaphysik zugrunde: ἀνάγκη εἶναι τίνα ἀΐδιον οὐσίαν ἀκίνητον[564].

Aber die Unbeweglichkeit hat mit Passivität nichts zu tun. Denn der Urgrund, der als Seiendes Standhaftigkeit und Unveränderlichkeit besitzt, ist immer durch seine Kräfte wirksam. In diesem Sinne "ruht" Gott niemals. Er hört nicht auf zu schaffen[565]. Unter einer anderen Perspektive erklärt Philo einen wichtigen Text der Heiligen Schrift, die Erzählung des Turmbaus von Babel, in dem Gott ganz und gar anthropomorph vorkommt. "... Da stieg JHWH herab, um die Stadt und den Turm anzusehen, den die Menschen gebaut hatten"[566]. Nach der Meinung Philos muß man diese Worte "ganz figürlich" auffassen. ".. Die Annahme, daß die Gottheit hinzu-, hinweg-, herabkomme oder umgekehrt, daß sie emporsteige, wie überhaupt, daß die Gottheit dieselben Haltungen annehme wie die einzelnen Geschöpfe und dieselben Bewegungen ausführe, ist, um sich richtig auszudrücken, eine ungeheure Gottlosigkeit. Der Gesetzgeber aber schildert Gott nach menschlicher Art .. mit Rücksicht auf den Nutzen, (der sich) für unsere Erziehung (daraus ergibt), ... denn wer weiß es nicht, daß der Herabsteigende den einen Ort verlassen und den anderen einnehmen muß? Gott aber erfüllt die ganze Welt, umfassend, nicht umfaßt, und ihm allein kommt es zu, zugleich überall und nirgends zu sein: nirgendwo, weil er selbst den Ort und den Raum gleichzeitig mit den Körpern erschaffen hat und es sich nicht ziemt zu sagen, daß der Schöpfer im Geschaffenen umschlossen ist und überall, sofern er seine Kräfte durch Erde, Wasser, Luft und Himmel ausdehnen, keinen Teil der Welt frei läßt, sondern, nach er alles zusammengebracht, er es mit unsichtbaren Banden zusammengeschnürt hat, damit es, durch die Gnade Gottes entstanden, sich ja nicht auflöst ... Kein einziger Ausdruck für die Bewegung durch Ortsveränderung paßt somit zum göttlichen Sein, wie das 'Nachoben', 'Nachunten', 'Nachrechts', 'Nachlinks', 'Nachvorn' und 'Rückwärts'. In keinem dieser Worte wird (das Göttliche) erfaßt, da es als unbewegt den Ort nicht wechseln kann"[567].

Zusammenfassend läßt sich die philonische Lehre der räumlichen Unveränderlichkeit Gottes folgendermaßen definieren: Im positiven Sinne als Festigkeit, Beständigkeit und Ruhe; in negativem Sinne als Unbeweglichkeit, Unbeugsamkeit und Unerschütterlichkeit.

Zusammen mit der räumlichen muß man auch eine andere, nämlich die physische Unveränderlichkeit Gottes berücksichtigen. Sie besagt, daß Gott beispielsweise keine Ermüdung erfährt. Philo vertritt die Meinung, daß die Dinge der Schöpfung sich wegen der Ermüdung ändern. Das kann man von Gott nicht sagen: ἄτρεπτος δὲ καὶ ἀμετάβλητος ὁ Θεός, ἀκμῆς ἂν εἴη φύσει[568]. Philo betrachtet es als eine verdammenswerte Sünde, daß ein unbeständiges und unveränderliches Geschöpf sich selbst Vorrechte und Fähigkeiten zuschreibt, die im Grunde nur dem Schöpfer zu eigen sind[569]. Unter diesen Fähigkeiten sind vor allem die Unerschütterlichkeit[570] und auch die Festigkeit Gottes[571] gemeint.

In der Bedeutung der räumlichen Unveränderlichkeit ist metaphorisch ein anderer Sinn mitenthalten, der bei der Gotteslehre Philos einen höheren Rang einnimmt. Wir beziehen uns auf die moralische Bedeutung der göttlichen Unveränderlichkeit. Gott ist fest, beständig, unbeweglich und unbeugsam, aber nicht nur in Bezug auf Raum und Bewegung, sondern vielmehr angesichts der unergründlichen Entschlüsse seines Willens. Auf hervorragende Weise besitzt er auch die "tranquillitas voluntatis". An verschiedenen Stellen und auf sehr verschiedene Weise wiederholt Philo diese Lehre. Aber er geht mit einem beträchtlichen Umfang von Argumenten, die sogar systematisch hintereinander stehen, auf die moralische Unveränderlichkeit des Seienden im Buch "Quod Deus immutabilis sit"[572] ein. "... Als JHWH sah, daß die Bosheit der Menschen auf Erden groß war und alles Gedankengebilde ihres Herzens allezeit nur auf das Böse gerichtet war, da reute es JHWH, daß er die Menschen auf Erden gemacht hatte, und er grämte sich in seinem Herzen. Und er sprach: Ich will die Menschen, die ich auf Erden geschaffen habe, vom Erdboden hinweg vertilgen, die Menschen samt dem Vieh, dem Gewürm und den Vögeln des Himmels. Denn es reut mich, daß ich sie gemacht habe"[573]. Dieser Text, der am Anfang der Erzählung über die "Sintflut" steht, ist für Philo der Anlaß, um eine richtige Auffassung der Unveränderlichkeit und Affektlosigkeit Gottes zu gewinnen. Bei Philo geht es hier um die moralische Unveränderlichkeit des Höchsten. Der Unveränderliche kann sich nicht ändern: τί γὰρ ἂν ἀσέβημα μεῖζον ... τὸν ἄτρεπτον τρέπεσθαι[574]. Er kann seinen Willen nicht ändern, denn ὁ δὲ Θεὸς οὐχ ἀψίκορός[575]. Es wäre eine ungeheure Gottlosigkeit[576], das Gegenteil zu vertreten. Von dieser Grundvorstellung geht Philo bei der Aufzählung von Beweisen aus.

Gott ist unveränderlich, weil ihm alles offenbar ist. Er erkennt alles als Gegenwärtiges und für ihn existiert keine Vergangenheit und auch keine Zukunft. In diesem Sinne kann das Seiende überhaupt keine Reue erfahren[577]. Philo vertritt also die Meinung der Unveränderlichkeit Gottes aus der Vollkommenheit des göttlichen Wissens heraus. Gott kennt bereits im Akt der Schöpfung die Gottlosigkeit der zukünftigen Menschen. Um eine klare und perfekte Kenntnis davon zu haben, hat er es nicht nötig, daß die Ereignisse geschehen und in die Geschichte eingehen.

Eine zweite Überlegung, die in voller Übereinstimmung mit Philos Transzendenzbegriff steht, reicht tiefer. Gott ist ἄποιος, also affektlos, weil er von dem Menschen und der Schöpfung ganz verschieden ist[578]. Darauf brauchen wir nicht weiter einzugehen, denn wir werden das Thema "ἄποιος" später ausführlich behandeln. Aber eines ist noch hinzuzufügen: In der Darstellung der Affektlosigkeit Gottes weist Philo seine theologische Begabung am überzeugendsten nach. Zweifellos kann man in diesem Buch das Beste der philonischen Theologie finden. Hierin macht Philo die vielleicht profiliertesten Aussagen über das "totaliter alter - Sein" des Seienden.

Philo gibt einen dritten Grund an, um Moses zu rechtfertigen. Die Behauptung von Moses in Gen 6,5 hat eine pädagogische Funktion. Davon haben wir bereits gesprochen. Der jüdische Gesetzgeber versucht mit seinen Aussagen, Furcht einzuflößen. Es existieren Menschen, die sich nur durch Furcht und leider nicht ethisch bewegen lassen. An diese unvollkommenen Menschen sind die harten Worte von Moses in Gen 6,5-7 gerichtet: "... So hoffte er (Moses), sie (die Krankheiten der Seele) auf die Art gründlich ausrotten zu können, wenn er den Urgrund auftreten läßt mit Drohungen, Unwillen und unerbittlichem Zorn, dazu mit Verteidigungswaffen gegen die anstürmenden Übeltäter. Denn nur so wird der Unvernünftige belehrt"[579]. Anschließend bemüht sich Philo durch eine eigenwillige Deutung des Textes um eine Rechtfertigung der Absichten des Moses, die mir nicht überzeugend erscheint: .. ἐθυμώθην, ὅτι ἐποίησα αὐτοὺς εἰπών, ἀλλ' οὐ κατ' ἀναστροφήν. Διότι ἐποίησα αὐτούς, ἐθυμώθην[580]. Die Auslegung findet im hebräischen Original keinen Anhaltspunkt. Allerdings gibt die Septuaginta Philo Anlaß, diese Auslegung zu rechtfertigen. Die gemeinte Auslegung, "weil er (Gott) ergrimmte, schuf er die Menschen" hat zugleich eine metaphorische Bedeutung. Sie bedeutet, "... das alles, was wir aus Zorn und Furcht oder Trauer oder Freude oder in einem anderen Affekte tun, offensichtlich des Vorwurfs und Tadels wert ist, was aber in rechter Einsicht der Vernunft und Erkenntnis (geschieht), lobenswürdig ist"[581]. Weil in der Aussage des Moses der Verstand Gottes, nicht der Zorn - die "Quelle der Sünden"? - gemeint ist, sind die Worte des jüdischen Gesetzgebers gerechtfertigt.

Es ist nun auf die Lehre einzugehen, auf die sich die zwei letzten Argumente Philos stützen. Für ihn, wie für die Philosophen der Stoa, stellen die Affekte keine Perfektion dar. Sie stammen nicht von der Vernunft, dem vollkommensten Teil der Seele des Menschen, sondern aus einer anderen, niedrigeren Quelle. Nur in der Ausrottung oder mindestens in der Verdrängung der Affekte kann der Mensch eine gewisse Vollkommenheit erreichen. In seiner Lehre über die Affekte folgt Philo den Stoikern sogar in der Terminologie, wenngleich auch mit einer Variante. Auch für die Stoa gab es vier Affekte, aber Philo setzt die ὀργή statt der ἐπιθυμία an die erste Stelle[582]. Es ist wichtig, die Tatsache hervorzuheben, daß Philo bei Gott ausschließt, was seiner Meinung nach auch für die Menschen Unvollkommenheit darstellen kann. Doch betrachten wir einmal die Gedankengänge Philos in Bezug auf die Affekte.

Bei der Freude als einem "unvollkommenen Affekt" lassen sich zwei Modifikationen unterscheiden. Unvollkommen ist die vorübergehende, trügerische Freude, die nur Unzufriedenheit zur Folge hat. Als solche kann man fast alle Arten menschlicher Freude ansehen: Freude am Essen, an der Sexualität, am Besitz etc. Das griechische Wort, das den Inhalt dieser Freude besser ausdrückt, ist ἡδονή. In diesem Sinne ist bei Gott jede Art von ἡδονή ausgeschlossen. Hingegen stellt die permanente Freude, wie sie bei Gott ist, Vollkommenheit dar. Für Philo besteht kein Zweifel, daß Gott in diesem Sinne Freude, ja, perfekte Freude besitzt. Der Begriff χαρά[583] drückt dies am besten aus.

Es ist sicher eine stoische Anschauung, daß der Zorn ein niedriger Affekt sei. Gleichwohl ist sie nicht biblisch begründet und man kann sie daher auch mit der Heiligen Schrift nicht leicht in Einklang bringen.

Für die Hagiographen ist der Zorn Gottes oft nur ein Bestandteil der göttlichen Liebe. Gott straft diejenigen, die er liebt. Man braucht nur eine Konkordanz zur Bibel zu den Stichwörtern "Liebe" und "Zorn" zu befragen, um die Richtigkeit dieser Beobachtung belegen zu können[584]. Mit Recht lehnt FICHTNER die Behauptung von LINDBLOM ab, es "... sei für die alttestamentliche Gottesanschauung typisch, daß Liebe und Zorn im Wesen Gottes gerade wie in einem orientalischen Herrscher nebeneinander liegen, ohne irgendwie ausgeglichen zu werden"[585]. Daraufhin entgegnet FICHTNER mit Nachdruck: "... Vielmehr ist der Zorn JHWH's im Blick auf Israel die Kehrseite seiner Liebe zu ihm, aufs engste mit ihr verbunden in der Vorstellung seines Eifers ... Und wenn uns Deuterojesaja einen Blick tun läßt in das Ringen zwischen Zorn und Erbarmen im Herzen Gottes, dann schauen wir nicht in das Herz eines Tyrannen, der Zorn und Liebe willkürlich verteilt, sondern wir sehen, wie חסד und רחמים dem überwallenden Zorn JHWH's Einhalt gebieten und in ihm das Erbarmen letztlich die Oberhand behält (Jes 54,8-10; vgl. Jer 31,20)"[586].

Philo hingegen sieht das nicht so. Für ihn ist Zorn auf jeden Fall etwas negatives im Hinblick auf die Vollkommenheit[587] und darüber hinaus auch verwerflich, besonders aber dann, wenn man von Gott spricht. Daran ändert sich auch nichts, wenn man in Übereinstimmung mit der Bibel und der Kultur der Antike den berechtigten Zorn des Menschen auf das Böse und den Übeltäter kennt. Aber vielleicht liegt die Lösung des Problems im Verständnis des Begriffs "Zorn" und in der Erfassung seines Inhalts und Kontextes. Philos Betrachtung des Zorns und der Affekte und die sich für ihn daraus ergebenden Fragestellungen liegen völlig außerhalb des biblischen Blickfeldes. Für Philo ist Zorn immer etwas, das unter dem Namen der berüchtigten "passio" einen negativen Sinn hat. Zorn ist Ärger, Verdruß, Groll, Verbitterung usw. Philo kann sich daher nicht vorstellen, daß Gott "zornig" sein könnte. Aber Philo kennt - wohl nicht unter dem Begriff "Zorn" - auch die furchtbare, pädagogische Perspektive der Liebe Gottes, die sich auch in Strafe äußern kann. Hier finden wir nun ein typisches Beispiel für zwei verschiedene Deutungen ein und desselben Begriffs. In der Bibel ist Zorn ein Ausdruck, der auch bei Gott einen positiven Aspekt besitzt. In der Stoa hingegen, von der Philo hier abhängig ist, kann man dies nicht behaupten. Aber eines muß man zugeben: Bei dem inhaltsreichen Begriff ὀργή verhält sich Philo völlig unbiblisch.

In der weiteren Entwicklung des philonischen Transzendenzgedankens ist es wichtig herauszustellen, wie die Unveränderlichkeit, deren Sinn schon erklärt wurde, nur Gott zukommt. Beständigkeit, Unbeugsamkeit und anderes mehr sind exklusive Eigenschaften des Seienden [588]. Auf diese Weise kann man Gott als die alleinige Beständigkeit, μόνον ἑστάναι τὸν Θεόν[589] bezeichnen. Er ist der μόνος ἄτρεπτος[590], ὁ ἀκλινῆ μόνος[591] und "... God stands alone"[592]. Sogar der "logos" besitzt die vollkommene Festigkeit des Seienden nicht, da "... nichts, was nach dem Seienden kommt, Ursache einer unbeugsamen und unschwankenden Festigkeit sei"[593]. Allerdings ist es ein Grundsatz der philonischen Ethik, daß der Mensch sich Gott bei der Erringung der Tugend ähnlich machen kann. Das Trachten nach Gott gewährt wachsende Festigkeit; praktizierte Tugend nähert sich der moralischen Unveränderlichkeit des einzigen Unveränderlichen[594].

Wie in der Terminologie bereits hervorgehoben wurde, legt Philo einige Male die Begriffe ἀγένητον καὶ ἄφθαρτον καὶ ἄτρεπτον[595] zusammen. Manchmal verbindet er auch nur ἄτρεπτον mit ἀγένητον[596]. Diese terminologische Vorfindlichkeit hat jedoch meines Erachtens keinen Sinn. Will man genau sein, ist die Unveränderlichkeit nur von dem Ungewordenen zu prädizieren. Nur Gott allein ist unveränderlich, weil er zugleich das einzige Ungewordene ist. Dieses wiederum läßt sich leicht einsehen: Etwas "wird", wenn es vom Nichts zum Etwas übergeht. Der Übergang verlangt notwendigerweise eine Veränderung. Berücksichtigt man nun diese Tatsache, so besteht kein Zweifel daran, daß nur das Ungewordene die einzige unveränderliche Realität ist.

Eine andere Eigenschaft, die mit der Unveränderlichkeit zusammenhängt, ist auch die göttliche "Unsterblichkeit". Wie nur das Ungewordene unbeweglich sein kann, so kann auch nur das Unsterbliche unveränderlich sein. Man könnte das Ungewordene als Ausgangspunkt und das Unsterbliche als Endpunkt der ontologischen Unbeweglichkeit des Seienden betrachten. Beide zusammen machen die ontologische Unbeweglichkeit und Unveränderlichkeit Gottes aus. Nur das Ungewordensein enthält noch nicht den umfassenden Gedanken der Unbeweglichkeit. Dasselbe kann man von dem "nur Unsterblichsein" sagen. Das Ungewordene, das sterblich wäre, ist beweglich; und umgekehrt: Das Unsterbliche, das geworden ist - wie es bei vielen spirituellen Realitäten der Fall ist - enthält Bewegung, eine Veränderung in sich. Auf diese Weise ist Gott nach Philos Meinung ὁ δὲ ἀγένητος καὶ ἄφθαρτος μόνος[597].

Philo könnte wohl kaum in den unmittelbaren Aussagen der Bibel einen fundierten Grund für seine Lehre der Unveränderlichkeit Gottes finden. Die Bibel beschreibt das Wirken Gottes als volle, tätige Bewegung. Aber mit dem Problem der Veränderlichkeit oder der Unveränderlichkeit Gottes haben sich die Hagiographen niemals unmittelbar auseinandergesetzt. Also ist das Problem der Unbeweglichkeit Gottes nicht der Gegenstand der Bibel. Die philonische Lehre der Unbeweglichkeit des Seienden stützt sich vielmehr auf die schon erwähnte Theorie von Aristoteles und stellt zugleich eine notwendige Konsequenz des philonischen Transzendenzgedankens dar. Wenn man "vernünftig" denkt, muß man dem höchsten und vollkommensten Wesen die Bewegung absprechen. Ein "bewegter" Gott kann in gar keinem Fall "perfekt" sein. So schließt die Bewegung eine Veränderung ein, und zugleich enthält die Veränderung in sich selbst die Unvollkommenheit des noch nicht Gehabten. "... Gott erleidet keine Verringerung und keine Hinzufügung, da er vollkommen ist und sich immer gleich bleibt"[598]. Das ist der philosophische Grund, warum Philo - Aristoteles folgend - die Bewegung bei Gott ausschließt. Deutlich verbirgt sich unter diesem Argument eine neue Perspektive in der Betrachtung Gottes. Was hier ins Auge gefaßt wird, ist nicht die Beziehung "Gott - Mensch", sondern die Wirklichkeit Gottes in sich selbst betrachtet. Wieder einmal finden wir bei Philo ein Beispiel seiner dominierenden Tendenz der Isolierung des Gottesbegriffes. Wenn man Gott in sich selbst betrachtet, darf er in den Koordinaten der "griechischen Vernunft" nur als unbeweglich verstanden werden. Daß die Bewegung, die Veränderung überhaupt, eine Imperfektion darstellt, kann man aus dem Verständnishorizont der aristotelischen Metaphysik eindeutig erschließen. Aber dieses Problem ist von den Absichten der Bibel weit entfernt. Was die Schrift betrachtet, ist die Beziehung "Gott - Mensch" und darin kommt Gott in voller Bewegung vor, weil der Mensch ihn in der Veränderung, in der wechselhaften Geschichte des Volkes Israel erfährt. Noch einmal taucht hier das Problem auf, wie man über Gott reden kann. Philo hat eine bestimmte Antwort gegeben, die nur in den griechischen Kategorien verständlich ist. zweifellos benötigte der "relevante" JHWH der Bibel dringend diese "Umdeutung".

Aber eine Art von moralischer Unveränderlichkeit kann man wohl der Bibel entnehmen. Zusammen mit Aussagen, in denen JHWH ganz anthropomorph vorkommt und darüber hinaus ihm Affekte zugeschrieben werden, tauchen andere Aussagen auf, in denen die Vorsätze Gottes als unveränderlich gekennzeichnet werden. Die göttlichen Absichten können mit denen der Menschen überhaupt nicht verglichen werden. Wir benötigen keine groß angelegten Ausführungen, um dies zu beweisen. Im Grunde kann man es mit den schon zitierten Texten über die Unvergleichbarkeit Gottes belegen[599]. Ein Aspekt der göttlichen Verschiedenheit besteht gerade darin, daß Gott auf Grund der Festigkeit seiner erlösenden Entschlüsse im Gegensatz zu der unbeständigen und sündhaften Haltung des Menschen steht. Aber betrachten wir dies doch von einer anderen Perspektive. Wenn man den Grundgedanken der biblischen Theologie, "Wort Gottes", aussondert, fällt sofort auf, daß es einen großen Unterschied zwischen dem göttlichen und dem menschlichen Wort gibt. Eine Hauptdifferenz besteht darin, daß das Wort Gottes für immer bestehen bleibt. Es ist unveränderlich und ewig. Die Psalmen singen es: "... Dein Wort, JHWH, bleibt auf ewig bestehen, beständig wie die Feste des Himmels. Deine Treue waltet von Geschlecht zu Geschlecht; du hast die Erde gegründet, und sie besteht. Nach deiner Ordnung dauern sie allezeit, dienen muß dir das All"[600]. Ähnlich drückt sich Jesaja aus: "... Das Gras verdorrt, die Blume verwelkt, das Wort unseres Gottes aber bleibt ewig"[601].

Sicher ist die Heilige Schrift kein philosophisches oder theologisches System. Aber es besteht kein Zweifel, daß man sich auf die

Bibel stützen kann, um ein theologisches System zu bauen. Entscheidend ist es, um der Bibel treu zu bleiben, daß ihre Absichten, ihr "Woraufhin" und ihre Intentionalität respektiert werden. Dies trifft auch auf die Überlegungen Philos zu. Er respektiert die biblischen Absichten und drückt sie zeitgemäß aus. Doch in Bezug auf unseren Gegenstand der Unveränderlichkeit muß man ganz ernst fragen: Könnte ein "gebildeter Mensch" an einen Gott glauben, der sich ständig "verändert", der launisch ist, der sein Wort nicht hält? Über Gott nachzudenken, setzt zugleich geläuterte Rationalität voraus. Weil jede Rede über Gott auch eine Rede über den Menschen und des Menschen ist, muß die Vernunft immer in den Vordergrund treten. Über Gott darf man niemals "unvernünftig" reden, auch wenn der Mensch mit der Vernunft die göttliche Wirklichkeit nicht "ausschöpfen" kann. Niemand leugnet, daß die Vernunft gewisse Schranken hat, aber sie ist einzusetzen, wenn man über Gott redet und vor allem über ihn nachdenkt. Für Philo bleibt immer das hermeneutische Prinzip gültig: "... fides quaerens intellectum" und "... intellectus quaerens fidem". Im Hinblick auf die Unveränderlichkeit Gottes war die Umdeutung Philos in seiner Zeit notwendig. In den Koordinaten der griechischen Vernunft konnte er über Gott nicht anders reden und an ihn denken. Damit hat er den Boden der Bibel nicht verlassen, sondern er hat exemplarisch gezeigt, daß die göttliche Offenbarung in gewissem Maße von der menschlichen Auffassungsgabe abhängig ist. Der Hermeneut der Bibel muß sich immer zwei Tatsachen vor Augen halten, nämlich die göttliche Offenbarung und das menschliche Erfassen dieser Offenbarung.

g) Nur das Seiende ist vollkommen

Er wurde schon festgestellt, daß das Seiende ein vollkommenes Sein in alldimensionaler Fülle besitzt. Mit anderen Worten wurde dasselbe vom Urgrund ausgesagt. Verschiedene Konkretisierungen der Vollkommenheit des Seienden bzw. des Urgrunds, wurden in der Behandlung der Einheit, Ewigkeit, Gültigkeit, Unveränderlichkeit Gottes gemacht. Nun soll die Vollkommenheit als letzte und innere Eigenschaft Gottes ausführlich bearbeitet werden. In der göttlichen Vollkommenheit sind in Philos Theologie die anderen Eigenschaften Gottes auf die eine oder andere Weise enthalten und zusammengefaßt. Die Transzendenz Gottes erhält im Vollkommenheitsgedanken ihren breitesten Ausdruck und stellt eine innere Struktur im menschlichen Denken und Sprechen von Gott dar. Ein wichtiges Prinzip der philonischen Gotteslehre lautet, daß Gott die Fülle aller Vollkommenheit birgt.

Die göttlichen Eigenschaften, die wir bis hierher im einzelnen untersucht haben, verbergen in ihrer inneren Struktur eine letzte, die anderen "von innen" bestimmende Eigenschaft, nämlich die Vollkommenheit. Alle Eigenschaften, die Philo von Gott prädiziert, betrachten das Seiende auf zwei verschiedene Weisen, nämlich die "via negationis" und die "via plenitudinis". Die oft wiederholte und fundamentale Behauptung Philos, "Gott ist nicht wie ein Mensch", sieht Gott auf der Grundlage der "via negationis". Dagegen enthält der einfache Satz "Gott ist vollkommen" eine Aussage, die dagegen die "via plenitudinis" bezeichnet. Im Grunde genommen ist die "via negationis" nur die Kehrseite dieser anderen "via plenitudinis". Wenn Philo etwas von Gott verneint, geschieht es, weil dies eine Unvollkommenheit bei dem Seienden darstellen kann. Bei Philo ist die "via negationis" eine strukturelle Komponente des Weges der Vollkommenheit. Anders gesagt: Die "via negationis" ergänzt die "via plenitudinis". Die "via plenitudinis" ist immer in allen göttlichen Eigenschaften vorhanden. Die absolute Perfektion der göttlichen Vollkommenheit verlangt implizit die "anderen" Vollkommenheiten. Die "via plenitudinis" stellt den inneren Gedanken dar, der Philo anregt, um die göttliche Transzendenz aufzubauen. Dafür steht das folgende Beispiel: "... So entferne, also, oh Seele, alles Irdische, Sterbliche, Veränderliche und Unheilige aus der Vorstellung von Gott, dem Unirdischen, Unsterblichen, Unveränderlichen, Heiligen und allein Glücklichen"[602]. Durch die "via negationis" enthüllt die innere Struktur dieser philonischen Aussage einen Gedanken, der die unbeschränkte Vollkommenheit Gottes ausdrückt. Aber die göttlichen Eigenschaften bleiben immer im Bereich der Negation, wenn sie phänomenologisch betrachtet werden. Die falschen Vorstellungen über Gott sind nur durch eine negative Sprache abzugrenzen. Darüber hinaus verlangt die Affirmation eine Negation um der Affirmation willen. Gott ist der unbeschränkte Vollkommenste. Die Vollkommenheit ist auch eine innere Komponente der Transzendenz, wenn man die Transzendenz in sich selbst betrachtet. Präziser ausgedrückt bedeutet das: Die Vollkommenheit ist das eigentlich innere Konstitutivum des philonischen Transzendenzgedankens, wenn man Gott in sich selbst ohne notwendigen Bezug auf die Schöpfung betrachtet.

Wir haben bereits an früherer Stelle die Struktur des philonischen Transzendenzbegriffs hervorgehoben. Der Gedanke der Überlegenheit muß durch den der Vollkommenheit ergänzt werden. Die Überlegenheit führt im Gottesgedanken - in der philonischen Gotteslehre - zur Vollkommenheit. "... Wo es ein Besseres gibt, muß es auch ein Bestes geben". Das ist die letzte, innerste Struktur der Gedankengänge Philos in bezug auf Gott. Hier identifiziert sich "das Bessere", das die Schöpfung als Positivterminus hat, mit "dem Besten", das Gott in sich selbst betrachtet. Der "im Besseren" ausgedrückte Gedanke der Überlegenheit führt Philo zum "im Besten" ausgedrückten Gedanken der Vollkommenheit. Gott ist nicht nur der Schöpfung überlegen, er ist das Beste. Gerade weil Gott das Beste ist, ist er "dem Anderen" überlegen und von ihm verschieden. Das Beste ist im Gottsein fundamentiert, wenn Verschiedenheit und Überlegenheit zu ihrem vollen Ausdruck gebracht werden. Den Weg, den diese Struktur verbirgt, hatten schon die Bibel, Pythagoras, Plato und Aristoteles eingeschlagen. Aber Philo geht bewußt über sie hinaus, insofern er dieses Vollkommene mit niemandem und nichts identifiziert. Nur mit sich selbst kann Gott identifiziert werden[603]. Das vollkommene Seiende ist immer "plus ultra"[604]. Die Bibel identifiziert oft das Vollkommene mit dem Gott Abrahams, Isaaks und Jakobs. Für Philo ist dieser Gott im Grunde nur eine Kraft des Vollkommensten. Die Pythagoräer identifizieren das Vollkommene mit der Einheit, die sie "Gott" nennen. Philo behauptet, daß das Vollkommenste über die Einheit hinausgeht. Plato identifiziert Gott mit der Idee des Guten. Philo dagegen sagt ausdrücklich aus, daß das Vollkommene besser als das Gute ist. Dieses "darüber hinaus" des vollkommenen Gottes ist in Wirklichkeit das Neue, das Philo im Gedanken Gottes einführt und das ihm einen festen Platz in der Geschichte der Theologie gewährt. Das ist auch der letzte, innere Sinn der philonischen Transzendenz. Die Ablehnung der Analogie und der Relation zwischen Gott und Schöpfung haben als ihren letzten Grund dieses "darüber hinaus" des Vollkommenen. Philo hat also eindeutig die Struktur der "via plenitudinis" artikuliert, obschon er darüber meines Erachtens fast immer unreflektiert schreibt.

Wir haben hervorgehoben, daß Philo Gott jede bestimmende Identifikation übersteigen läßt. An diesen Befund knüpfen wir jetzt an: Gott ist unendlich perfekt. Die völlige Bestimmung der göttlichen Vollkommenheit ist also dem Menschen untersagt, da das Humanum die göttliche Perfektion nicht erfahren und desto weniger erfassen oder bestimmen kann. Auf diese Weise stellt das Streben nach der Ergreifung der unendlichen Vollendung Gottes ein unmögliches Unterfangen dar. Die Perfektion des Seienden bzw. des Urgrunds geht immer darüber hinaus. Gott ist so unendlich erhaben, daß man eigentlich nur in negativen Prädikaten von ihm sprechen kann. Aber hinter dieser Negativität verbirgt sich auch ein "positives Konzept", das in menschlichen, endlichen Kategorien unaussagbar und unerfahrbar ist. Nur Gott kennt seine Vollkommenheit und außer ihm niemand. Nur Gott begreift seine Perfektion und außer ihm niemand. Sogar die göttlichen Kräfte, die im Bereich der Wirklichkeiten einen sehr nahen Platz in Bezug auf Gott einnehmen, können die Vollendung des Seienden nicht begreifen.

Die Bedeutung des Weges der Verneinung in der Suche nach dem transzendenten Gott ist bei Philo unverkennbar. Mit der "via negationis" ist der philonische Gedanke der Qualitätslosigkeit des Seienden innigst verbunden. Dieser Begriff ist von besonderer Wichtigkeit. Er beschreibt wie kein anderer, was unter der "via negationis" zu verstehen ist. Außerdem beinhaltet er ganz generell die Aussagbarkeit der "via negationis". Auf diese Weise sind beide Begriffe austauschbar. Der mit Gott in Verbindung stehende Begriff "ἄποιος" war schon immer ein Streitpunkt und deswegen ein Schwerpunkt in der Forschung der philonischen Gotteslehre. Einige Kritiker bezichtigen unseren Verfasser eines augenfälligen Widerspruchs in der philonischen Theologie, wenn Philo die Qualitätslosigkeit des Seienden vertritt. "... Trotz der Behauptung der Eigenschaftslosigkeit schreibt Philo Gott den Besitz aller Vollkommenheiten zu"[605]. Diese Unterstellung scheint mir auf exemplarische Weise die Oberflächlichkeit einiger Autoren aufzuzeigen, die den Gottesgedanken Philos etwas vorschnell untersucht haben. Man kann die scheinbaren Widersprüche Philos mit zwei apodiktischen Sätzen nicht erledigen und beiseite schieben. Philo verdient sicher mehr Anerkennung. Nach BREHIER "... l'intention de Philon ne va pas plus loin qu'à prouver que Dieu n'a ni corps analogue au corps humain, ni passions"[606]. ἄποιος bedeutet also nach BREHIER's Meinung, daß Gott weder Qualitäten noch Leidenschaften hat, wie sie für den Menschen charakteristisch sind. Wir stehen hier vor einer notwendigen Schlußfolgerung des oft wiederholten philonischen Prinzips des "nicht-anthropomorphen Gottes".

Eine sehr ausführliche und differenzierte Meinung wird von DRUMMOND und WOLFSON vertreten. DRUMMOND betrachtet das Wort "ἄποιος", das Philo in "... its proper logical meaning"[607] verwendet, als eine Behauptung, die "... denotes strictly that which does not belong to a class, but is sui generis"[608]. Präziser ausgedrückt: "... quality is that the possession of which makes you a member of a class; and when any quality is ascribed to you, you are to that extend placed on a level with a number of other individuals"[609]. Darüber hinaus bedeutet nach DRUMMOND "quality" entweder "genus" oder "species" oder "differentia specifica". Wenn Philo behauptet, daß Gott ἄποιος sei, sagt er aus, daß das Seiende kein "genus", keine "species" und keine "differentia specifica" kennt[610].

Zu einem ähnlichen Ergebnis, wenn auch auf verschiedenem Wege, gelangt WOLFSON, der DRUMMOND kritisiert: "... It is still doubtfull whether the denial of this manner of discribing God may be derived directly from his statements that God is without quality. For the term quality, by the time of Philo, had three distinct meanings though not altogether unrelated to each other"[611].

Philo wendet zwei Worte an, die nun Gegenstand unserer Überlegungen sein werden: ἄποιος und ποιότης (oder: ποῖος, οἷος). Im Blick auf das ἄποιος sind die Gedankengänge Philos ganz eindeutig. Gott ist ἄποιος, d.h. "qualitätslos". Doch wenn es gilt, daß Gott αποιος ist, wie läßt sich das dann mit den Aussagen in Einklang bringen, nach denen Gott eins, gut, langmütig, ewig und unveränderlich ist? Der Widerspruch setzt sich scheinbar darin fort, daß Philo Gott ποιότης auf der einen Seite zuschreibt und auf der anderen Seite einfach verneint, daß Gott diese Qualität (ἄποιος) haben kann. Die Frage lautet daher: Wie verhalten sich ἄποιος und ποιότης zueinander? Die folgenden Ausführungen wollen versuchen, die beiden Begriffe zu erläutern und, was vielleicht noch wichtiger ist, sie in einem angemessenen Kontext einzuordnen.

Philo legt die Begriffe des Wesens (οὐσία) und der Beschaffenheit Gottes (ποιότης) zusammen. Dazu finden wir ein charakteristisches Beispiel: Philo stellt sich die Gedanken des Geistes über den Urgrund folgendermaßen vor: "... durch wen sie (die Welt) geschaffen ist, wer ihr Schöpfer nach Wesenheit und Beschaffenheit war"[612]. An anderen Stellen legt Philo gleichfalls οὐσία und ποιότης zusammen[613]. Die Konjunktionen καὶ und η verbinden diese zwei Realitäten eines selben Ranges. Darüber hinaus ist die göttliche Beschaffenheit mit dem göttlichen Wesen nach diesem Befund zutiefst verbunden. In Bezug auf Gott führt Philo beide Bezeichnungen, οὐσία und ποιότης ein. Es scheint mir angebracht, beide nach Philos Auffassung zu beschreiben: Das Wesen antwortet auf die Frage, was etwas ist; die Beschaffenheit antwortet auf die Frage, wie dieses Etwas ist: ἀκατάληπτός γε ἐκ τῆς .. ἀντικρὺς καὶ κατ' εὐθυωρίαν προσβολῆς διὰ γὰρ ταύτης οἷος ἦν ἐμηνυέτ' ἂν[614]. Die Beschaffenheit stellt also jene Bestimmung des Wesens dar, die es uns ermöglicht, das Wesen durch seine Tätigkeit oder Erscheinung zu erkennen. Die Beschaffenheit ist also die Phänomenologie des Wesens. Nach der ausdrücklichen Meinung Philos können wir weder das Wesen noch die Beschaffenheit Gottes erfassen, wie im folgenden Text sichtbar wird: "... Sich aber darauf zu verlegen, weiter zu streben, um über sein (Gottes) Wesen und seine Beschaffenheit Forschungen anzustellen, wäre eine uralte Torheit"[615]. Darüber hinaus aber verkennt der Mensch nicht nur, was Gott ist, sondern auch, wie er ist. Die Phänomenologie des Seienden beschränkt sich auf das "Daß". Denselben Gedanken wiederholt Philo in Poster C 169. Aber an dieser Stelle tritt eine Beschränkung auf. Philo spricht nur von der Beschaffenheit und mit einem terminologischen Unterschied. Philo verwendet οἷος anstelle von ποιότης, was für die Definition von ποιότης sehr wichtig war: "... Unfaßbar ist er (Gott) durch das direkt und in gerader Richtung auf ihn zielende Streben - denn hierdurch wäre seine Beschaffenheit offenbart worden"[616]. Philo fährt im vorangehenden Text weiter fort. Durch die göttlichen Kräfte ist das Seiende faßbar in seiner Begleitung; "... Denn diese zeugen nicht für sein Wesen, wohl aber für seine Existenz aus den vollbrachten Werken"[617].

Philo unterscheidet ganz scharf zwischen dem Wesen und der Existenz Gottes. Dieser Unterschied muß auch notwendigerweise zwischen "der Begleitung" des Wesens und "der Begleitung" der Existenz Gottes, d.h. zwischen der Beschaffenheit Gottes angesichts seines Wesens und der Beschaffenheit Gottes angesichts seiner Existenz getroffen werden. Die Notwendigkeit dieses Unterschieds wird in der folgenden Überlegung belegt: Die göttlichen Kräfte spielen in Bezug auf das Seiende die Rolle der Erkennbarkeit der göttlichen Existenz. Sie sind - um es mit anderen Worten zu sagen - als Phänomenologie der göttlichen Existenz zu betrachten. Einfacher ausgedrückt bedeutet das, daß die göttlichen Kräfte das "Wie" der Existenz des Urgrunds bekunden. Diese Existenz ist keine "hohle Existenz", sondern eine perfekte Existenz, die durch die göttlichen Kräfte gezeigt wird. In dieser Hinsicht bezeugen die Kräfte Gottes die Vollkommenheit der göttlichen Existenz. Gewissermaßen kann der Mensch aus der Vollkommenheit der göttlichen Kräfte, die die noch vollkommenere Existenz des Seienden gleichzeitig aufweisen und erschließen, erkennen, daß das "Wie" und auch das "Was" der Beschaffenheit und des Wesens Gottes vollkommen ist. Vielleicht können die vorangegangenen Behauptungen überraschend klingen und auf einen etwaigen Widerspruch zu dem vorherigen Text hinweisen? Das wäre weit gefehlt. Die Beschaffenheit der Vollkommenheit der Existenz des Seienden zu erkennen bedeutet nicht, daß der Mensch damit auch die Beschaffenheit des göttlichen Wesens erfaßt hätte. Die Kräfte Gottes bezeugen die Vollkommenheit des Seienden. Von der Vollkommenheit des Seins Gottes ausgehend kann man auch die Vollkommenheit der unerfahrbaren und erreichbaren Beschaffenheit des Wesens Gottes erschließen. Diese Folgerung ist zutreffend, weil Philo auch die Meinung vertritt, daß die Existenz das "πρόσωπον" seines Wesens sei[618]. Wenn das rein Äußerliche vollkommen ist, kann man auch das Innere als vollkommen betrachten. So ist das notwendigerweise auch bei Gott. Die göttliche Existenz ist nach der Meinung Philos keine "hohe Wirklichkeit", sondern eine vollkommene Existenz, wie bereits mehrfach gesagt wurde. Die Realität Gottes verlangt nach etwas, worin sie Wirklichkeit wird. Wahres Dasein existiert nicht ohne eine Stütze. Diese Stütze ist das Wesen in Bezug auf die in sich selbst betrachtete Wirklichkeit. Diese Stütze ist Vollkommenheit vom menschlichen Gesichtspunkt aus.

Unsere Lösung aber ist noch nicht vollständig. Wir wollen versuchen, die scheinbaren Widersprüche zu klären, in denen Philo einerseits die ποιότης Gottes ablehnt und andererseits ihn als ἄποιος betrachtet. In den vorhergehenden Ausführungen wurde herausgestellt, wie Philo Gott die ποιότης zuschreibt. Die Bedeutung dieser "Beschaffenheit" war als Synonym der Phänomenologie des göttlichen Wesens zu verstehen. Wenn Gott οὐσία hat, muß er nach der Auffassung Philos notwendigerweise auch eine ποιότης besitzen, obwohl sein Wesen nur von ihm selbst erkannt werden kann. Damit läßt sich nicht sagen, daß Gott eine ähnliche "Beschaffenheit" wie die des Menschen besitzt.

Ποιότης kann aber auch eine ganz andere Bedeutung haben, wie sich jetzt anhand eines ganz konkreten Beispiels zeigen läßt: "... Die Genossen der Seele nun sind imstande, mit geistigen und unkörperlichen Wesen zu verkehren und vergleichen das Sein mit keiner irdischen Gestalt, sondern lösen es ab von jeglicher Qualität (πάσης ποιότητος) - denn eins der Dinge, die zu seiner Seligkeit und seinem höchsten Glücke gehören, wäre die Erfassung seiner reinen Existenz ohne ein Kennzeichen - und nahmen allein die Vorstellung des Seins in sich auf, ohne ihm Gestalt zu geben"[619]. Hier wird nun die Behauptung aufgestellt, daß Gott von πάσης ποιότητος abzulösen sei. Diese Aussage wird parallel mit den folgenden Aussagen gebraucht: Gott ist ἄνευ χαρακτῆρος καὶ (μορφῆς), und er ist nur in ὕπαρξις und εἶναι erfahrbar. Dem Terminus ποιότης werden χαρακτήρ und μορφή gegenübergestellt.

In diesem Zusammenhang kann die ποιότης verschiedene Bedeutungen haben. Sie kann eine der neuen aristotelischen Kategorien sein, d.h. ein Akzidens, das den körperlichen Objekten inhärent ist. Sie kann auch eine andere Bestimmung der menschlichen Beschaffenheit sein. Daher besteht kein Zweifel, daß Gott diese ποιότης nicht haben kann, weil er nicht wie der Mensch ist[620]. Gott ist folglich ohne ποιότης, d.h. ἄποιος. Der Grund ist klar. Als unerschaffenes und einfaches Wesen hat er keine Kategorien, die die Grundseinsweisen des geschaffenen Daseins bestimmen. Gott ist in einem aristotelischen Sinn kategorienlos. Wenn Philo sogar die Kategorie der Relation bei Gott ablehnt, um wieviel mehr lehnt er dann auch die Kategorie der Qualität ab! Gott ist ebensowenig anthropomorph.

Das Verhältnis zwischen ποιότης und ἄποιος ist mehr in einen sachlichen Sinn als in eine terminologische Bedeutung einzuordnen. Daß Gott "etwas" ist - er ist das wahrhaft Seiende - und dieses "etwas" eine Erscheinungsweise hat, ist unumstritten. Sonst könnte der Mensch nicht prädizieren, daß er existiert. Gerade das will Philo ausdrücken, wenn er ποιοτης in Bezug auf Gott anwendet. Damit will er aber nicht behaupten, daß Gott "geschaffene" Qualitäten besitzt, sondern daß er eine Realität darstellt, die eine ganz besondere Art und Weise hat und die der Mensch sich nicht vorstellen kann. Wenn Philo die Meinung vertritt, daß die ποιοτης Gottes unerforschbar und unerfahrbar sei, fällt die Behauptung mit der anderen, daß Gott αποιος ist, zusammen. Zusammenfassend können wir feststellen, daß ποιοτης bei Philo zwei verschiedene Bedeutungen besitzt: Sie bezeichnet das "wie" des göttlichen Wesens und sie fällt mit einer der aristotelischen Kategorien zusammen. Das Wesens des reinen Seins entzieht sich jeder Definition und kann nur durch den Vergleich "via negationis" angedeutet werden.

Eine von Philo entworfene Perspektive der göttlichen Vollkommenheit stellt folgende Betrachtung dar: Vollkommenheit bedeutet zugleich Bedürfnislosigkeit, was ein markanter Gegensatz zur menschlichen Eigenart ist. Die Unvollkommenheit des Menschen zeigt sich vor allem in der Unbedingtheit seines Wesens, den eigenen Wünschen und darin, seinen Bedürfnissen nachzugehen. Der Mensch wünscht und verlangt etwas, weil er es noch nicht besitzt. Im Alltag erscheint der Mensch als mangelhaftes Wesen. Das Fehlen an Vollkommenheit bestimmt durch und durch die ganze humane Existenz. Es gehört zum Menschsein, unvollkommen zu sein. Anders ist es nach Philos Meinung bei Gott. Er hat keine Wünsche, weil er unveränderlich ist. Alle seine angeblichen "Wünsche" sind bereits erfüllt - wie könnte Gott sonst perfekt sein?

Vielleicht könnte jemand glauben, daß Gott von den vom Menschen dargebrachten Opfern abhängig sei. Aber das entspricht keineswegs der Wahrheit. Die Opfer besitzen nur eine symbolische Bedeutung. Gott legt nicht auf die Menge der geschlachteten Tiere, sondern auf die völlige Reinheit des denkenden Geistes des Opfernden wert[621]. Gott ist das erste und höchste Gut, der ewige Urquell der Einsicht und der Gerechtigkeit und verwirft die Gaben der Ungerechten[622]. Gott ist also von den Opfern nicht abhängig. Der Grund liegt nach Philos Meinung darin, daß Gott "sich selbst vollkommen genug" ist und daß er "keines der Erschaffenen" bedürfe[623]. Philo vertritt hier die Meinung, daß Gott selbstgenügsam ist. Der Grund dafür wird mit der "via negationis" dargelegt: Der vollkommene Gott bedarf nichts. Dieser Aspekt soll näher betrachtet werden. In der Heiligen Schrift ist folgende Aufforderung Gottes an Moses zu lesen: "... Gebiete den Israeliten und sage ihnen: Haltet darauf, mir meine Opfergaben, meine Feueropferspeisen zum lieblichen Geruch für mich, zum festgesetzten Zeitpunkt darzubringen"[625]. Wieder taucht hier das Problem des Opfers auf. Philos Auslegung dazu liefert einen neuen Gesichtspunkt: "... Da er aber keines Dinges bedürftig ist, befiehlt er, ihm (Moses) sein Eigentum darzubringen im Übermaß seiner Wohltätigkeit für unser Geschlecht; denn wenn wir uns bemühen, gegen ihn dankbar und ehrfürchtig zu sein, werden wir rein bleiben, entsühnt von den Sünden, die das Leben beschmutzen in Worten, Gedanken und Taten"[626]. Ein anderer Gesichtspunkt ist ebenfalls zu berücksichtigen: Die Opfer drücken Gott gegenüber Dankbarkeit aus. Aber weil Gott nichts bedarf, will er, daß die Abgaben in würdigster und ehrenvollster Weise den Dienern im Heilgtum überwiesen werden: "... Das Bewußtsein, nicht von Menschen, sondern von dem Wohltäter aller Wesen beschenkt zu werden, läßt bei dem Empfänger das Gefühl der Beschämung nicht aufkommen"[627].

Ein für uns wichtiges Thema ist die Hervorhebung der Quelle, aus der die philonischen Behauptungen über die Eigenschaftslosigkeit Gottes stammen. SIEGFRIED schreibt: "... Von einem eigenschaftslosen Gott weiß das A.T. nichts, vielmehr hat Gott in demselben doch sehr bestimmte Eigenschaften; auch ist Gott im A.T. nichts weniger als frei von Affekten, sondern von sehr lebhaftem Eifergeist erfüllt, von Reue bewegt und ähnlich"[628]. All das zwingt - unter anderen Gründen - SIEGFRIED, hier die Meinung zu vertreten, "... daß das A.T. nicht das Fundament der philonischen Gotteslehre sein kann"[629]. Meiner Meinung nach spricht SIEGFRIED in diesem Zusammenhang sehr undifferenziert von der Bibel. Die verschiedenen Hagiographen vertreten auch unterschiedliche Lehren in Bezug auf die Eigenschaftslosigkeit Gottes. Bekannt ist zum Beispiel, daß das jhwh'istische Geschichtswerk im Genesisbuch vor allem einen anthropomorphen Gott malt und daß es eine Vorliebe für "immanente Abläufe als Handeln Gottes"[630] hat. So malt der Verfasser des Werkes JHWH als Spaziergänger[631] und als Töpfer[632], um nur zwei der charakteristischen Beispiele zu nennen. Das sogenannte elohistische Geschichtswerk beschreibt Gott transzendenter. Gott spricht generell nicht direkt mit dem Menschen, sondern durch Träume, durch Engel und hinter Feuer oder von den Wolken aus[633]. Der Hagiograph trägt Sorge für die Beschreibung eines transzendenten Gottes und vermeidet alle auffälligen Anthropomorphismen. Diese Tendenz in zwei der Quellen des Pentateuchs kann uns auf exemplarische Weise das Ringen um eine adäquate Sprache über Gott aufzeigen, das in der ganzen Bibel spürbar ist. Die Bibel enthält auch Aussagen, aus denen man die philonische Lehre erschließen kann. Zweifellos gibt es in den Heiligen Schriften viel mehr Behauptungen, in denen Gott Leidenschaften, vor allem Zorn, zugeschrieben werden. Mit dieser Sprache versuchen die Hagiographen, die Souveränität Gottes einzuschärfen und die enge Beziehung Gottes zum Menschen auszudrücken. Sogar Philo wendet eine solche Sprache an. Diese Sprache ist legitim und als normale Umgangssprache angemessen. Eine solche normale Beziehung stellt das Verhältnis "Gott - Mensch" dar. Aber einige Aussagen der Bibel, die eine "kritischere" Vorstellung der göttlichen Realität bezeugen, lassen die Qualitätslosigkeit des Höchsten ahnen. Sehr bekannt sind die Worte Gottes, die nach Philos Meinung durch Bileam gesprochen wurden, wie in Num 23,19. Nicht ohne Grund kann Philo von diesem Text her seine Transzendenzlehre aufbauen. Das radikale Verständnis des biblischen Spruches führt Philo zu seiner Theorie von der Affektlosigkeit Gottes[634]. Sicher ist Num 23,19 nicht ausreichend, um eine groß angelegte Theorie aufzubauen, die im Grunde der Bibel zuwider ist, wenn man die Heilige Schrift als Ganzes betrachtet. Hier verhält sich Philo genau so wie später auch die Scholastiker, die Texte isoliert aus der Bibel herausnehmen, um ihre Lehren anhand der Schrift zu belegen. Im Grunde stellt die Qualitätslosigkeit Gottes eine notwendige Schlußfolgerung des philonischen Transzendenzgedankens dar. Wenn Gott unähnlich und unvergleichbar, vollkommen und perfekt ist, muß man notwendigerweise die Qualitätslosigkeit des Transzendenten behaupten. Das Gegenteil wäre unzweckmäßig. Geschaffene Eigenschaften stellen schon im Ursprung Unvollkommenheit dar. Wenn der Gottesgedanke von Anfang an vollkommen sein muß, ist es selbstverständlich, daß Gott keine Eigenschaften besitzen kann. Philo ist in Bezug auf die göttliche Affektlosigkeit von den stoischen Philosophen stark beeinflußt worden. Für die Stoa sind die Affekte nur unvollkommene Triebe des Menschen. Ihre Vernichtung oder Verdrängung gewährt dem Menschen größere Vollkommenheit. Philo verallgemeinert die Theorie und dehnt die Lehre nicht nur auf die Affekte, sondern auch auf die menschlichen Eigenschaften aus. Immerhin besteht kein Zweifel, daß Philo hier von einer stoischen Vorstellung ausgeht.

Hat Philo damit aber grundlegende Positionen der biblischen Schriften aufgegeben? Keineswegs, wie wir feststellen können. Er hat eine bestimmte Lehre "uminterpretiert". Wenn Philo schreibt, berücksichtigt er "den griechischen Menschen". Was für einen Israeliten hingegen selbstverständlich klang, d.h. daß der Gott seiner Vorfahren eine fast "humane" Beziehung zu Israel pflegte, wäre ein Anstoß für einen gebildeten Hellenisten gewesen, hätte dieser eine abstraktere Vorstellung von Gott besessen. Die Falschheit der Mythologie und des krassen Polytheismus bewirkten in dem griechischen Philosophen, Gott eben nicht wie einen Menschen zu betrachten. Diese Gefahr aber verkannten die Juden, weil es für sie nur einen Gott gab.

Im weiteren Verlauf dieser Untersuchung sind zwei unterschiedliche Behauptungen zu unterscheiden: Gott ist "plenitudo" in sich selbst und Gott ist "plenitudo" in seinen Werken. Die erste Behauptung, Gott ist "plenitudo" in sich selbst, setzt die folgende sprachliche Überlegung voraus. Das Adjektiv, das die Vollkommenheit Gottes besser ausdrückt, ist πλήρης. Auf diese Weise ist das Seiende ὁ πλήρης Θεός[635]. In der Formel ὁ μόνος πλήρης Θεός[636] kommt die Exklusivität Gottes hinzu. Die einfachste Affirmation wird durch die adjektivische Formel ὁ πλήρης Θεός[637] und durch das Prädikat Θεός ... πλήρης καὶ ἰσαίτατος ὢν ἑαυτῷ[638] ausgedrückt. Eine Steigerung dieses Gedankens findet sich in der Anwendung des Superlativs. Auf diese Weise ist das Seiende "das vollkommenste Wesen" (ὁ τελειότατος)[639]. Aber noch eine zusätzliche Steigerung ist möglich: Gott ist nicht nur der Vollkommene, der Vollkommenste im Bereich der Wirklichkeit, sondern man kann keinen Vollkommeneren mit der menschlichen Vernunft denken: "... Im Bereich des geistig Erfaßbaren (existiert) nichts Vollkommeneres als Gott"[640]. Diese vollkommenste Vollkommenheit ist bei Gott immer aktuell. Philo gibt den Grund an, warum es nicht anders sein kann: "Gott nämlich ist sich völlig gleich; denn weder erschlafft er, so daß er schlechter würde, noch strengt er sich an, so daß er besser würde"[641]. Eine andere Gruppe von Aussagen über die göttlichen Perfektionen[642] drückt Philo in Verbindung mit den verschiedenen Vollkommenheiten des Seienden aus. Hinsichtlich des Seins Gottes wurde schon hervorgehoben, daß Gott das Seiende schlechthin ist. Das bedeutet, daß das Seiende die vollkommene Existenz in alldimensionaler Fülle besitzt. Aber weil die Perfektionen dem Seienden "anhaften", stellen sie auch in ihrer Ausdrucksweise ebenfalls Vollkommenheit dar. In diesem Zusammenhang ist der Urgrund der einzige Vollkommene, denn "... in Wahrheit kommen die Vollendungen und äußersten Endpunkte nur dem Einen allein zu"[643]. Aus dieser Perspektive des Guten ist das Seiende auch vollkommen. Es ist "the greatest and best of causes"[644] und bezüglich der Schöpfung ist das höchste Gut "reich an vollkommenen Gütern"[645]. Das Seiende, das das vollkommenste Gut darstellt, kann unmittelbar nur das Beste, ja das Vollkommenste schaffen, da es "selbst das altehrwürdigste aller Wesen ist und das vollkommenste Gut"[646]. Göttliche Unveränderlichkeit bedeutet gleichfalls abgeschlossene Vollkommenheit, denn "Gott ... erleidet keine Verringerung und keine Hinzufügung, da er vollkommen ist und sich immer gleich bleibt"[647]. Was bedeutet schon Ewigkeit, wenn nicht die zeitlose Vollkommenheit und Überwindung der Wissensschranken? Ist nicht Vollkommenheit die Durchdringung bis in die intimsten Gedanken der Seele? "... Denn für einen Menschen ist es unmöglich, die Ereignisse der Zukunft und die Gedanken anderer vorauszusehen. Gott aber ist alles wie in reinem Glanze offenbar. Denn er dringt auch bis in die Winkel der Seele und kann das, was den anderen unsichtbar ist, weithin deutlich erblicken; mit Fürsorge und Voraussicht, den ihm eigentümlichen Tugenden, läßt er sich nichts entweichen und seiner Beobachtung entgehen. Daher verträgt sich auch die Unklarheit der Zukunft nicht mit seinem Wesen; denn nichts ist für Gott unklar und zukünftig"[648].

Der vorangegangene Gedanke gibt Anlaß, der Vollkommenheit des Gotterkennens in Philos Lehre nachzugehen. Hier wird bewußt "kennen" und nicht "wissen" gebraucht, weil wir überzeugt sind, daß bei Philo das Kennen einen höheren Rang einnimmt als das Wissen. Die große Bedeutung, die das Wissen im Leben der Griechen besaß, ist hinlänglich bekannt. Das Streben nach Wissen stellt für die Hellenen eine der nobelsten Tätigkeiten des Menschen dar. Das Wissen umfaßt die Kunst und die Poesie, die Beobachtung und die Forschung, die Naturwissenschaften und die Philosophie. Gleichfalls liegt einer der höchsten Werte gerade im Wissen[649]. Es besteht kein Zweifel, daß dieser Hintergrund auch bei Philo, dem gebürtigen Griechen, eine beachtliche Bedeutung besaß, wenn er über Gott in diesem Sinne reflektiert: "... Gott aber ist alles kund, nicht nur die Gegenwart und die Vergangenheit, sondern auch die Zukunft"[650]. In diesem allgemeinen Satz ist das natürliche Wissen eingeschlossen. Aber wenn Philo von der Vollkommenheit der Kenntnisse Gottes spricht, bezieht er sich vor allem auf die den Menschen geheimgehaltenen Kenntnisse und auf das göttliche Eindringen und Durchschauen des menschlichen Herzens. Diese Gedanken halte ich für "typisch jüdisch", zumal sie auch in der Heiligen Schrift enthalten sind[651]. Die folgenden Aussagen Philos erinnern stark an die Bibel: "... Wer sich aber nicht nur neuer Sünden enthält, sondern auch von den Sünden der Vergangenheit zu läutern entschlossen hat, der aber kommt fröhlich herbei; wem solche (Gesinnung) fehlt, der ist unrein und bleibt fern; denn er wird niemals dem verborgen bleiben, der das in den Falten der Seele (Versteckte) schaut und in ihren innersten Gemächern einherwandelt"[652].

Eine erstaunliche und originelle Entfaltung der göttlichen Vollkommenheit stellt die "Theologie der Freude" dar, die Philo auch entwickelt. Gott besitzt die perfekte Freude und die wahre Freude ist eigentlich nur Gott vorbehalten: τὸ χαίρειν οὐδενὸς ὂν γενητοῦ, μόνου δὲ τοῦ Θεοῦ[653] oder τὸ μὲν χαίρειν ἴδιόν ἐστι μόνου Θεοῦ[654]. Wenn die Freude die Kulmination des glücklichen Lebens beim Menschen darstellt, muß Gott die vollkommene Freude nach menschlicher Vorstellung sein. Die menschliche Rede über Gott bekommt hier einen starken Ausdruck. Für Philo spiegelt sich die Theorie über die göttliche Freude in der Heiligen Schrift wider. Das Stichwort "ἑορτή" von Num 28,2[655] gibt ihm den Anlaß, seine "Theologie der Freude" völlig zu entfalten: "... Gott allein feiert in Wahrheit Feste, denn er allein darf sich freuen, er allein darf froh und heiter sein, er allein hat Frieden ohne jeden Kampf; er ist ohne Trauer und ohne Furcht und vollkommen frei von Übeln, keinem nachgebend, ohne Schmerzen, ohne Müdigkeit, voll reiner Glückseligkeit; sein Wesen ist ganz vollkommen, mehr noch, Gott ist

selbst der Gipfel, der Endpunkt und die Grenze der Glückseligkeit, er braucht keinen anderen zu ihrer Steigerung, gewährt vielmehr allen Einzelgeschöpfen Anteil an der Quelle des Schönen, an sich selbst; denn alles Schöne in der Welt wäre niemals geworden, wenn es nicht dem wahrhaft schönen Urbilde, dem ungeschaffenen, seligen, unvergänglichen nachgebildet wäre"[656]. Anhand einer "Theologie der Freude" erreicht die philonische Sprache über die göttliche Vollkommenheit ihren Höhepunkt. Sehen wir die Kraft der Ausdrücke im griechischen Original. Er prädiziert von Gott:
- μόνος ὁ Θεὸς ἀψευδῶς ἑορτάζει
- καὶ γὰρ μόνος γήθει
- καὶ μόνος χαίρει
- καὶ μόνος εὐφραίνεται
- καὶ μόνῳ τὴν ἀμιγῆ πολέμου συμβέβηκεν εἰρήνην ἄγειν

Der Grund ist eindeutig: ἄλυπός ἐστι καὶ ἄφοβος καὶ ἀκοινώνητος κακῶν, ἀνένδοτος, ἀνώδυνος, ἀκμής, εὐδαιμονίας ἀκράτου μεστός - τελειοτάτη ἡ τούτου φύσις.

Vielleicht läßt sich kein besseres Beispiel als das vorhergenannte finden, in dem die zwei erwähnten "viae" ausführlicher dargestellt sind. Es werden negative Bezeichnungen verwendet, um zusammen mit positiven besser die Vollkommenheit Gottes auszudrücken. Dabei kristallisiert sich folgendes Ergebis heraus: Auf der Suche nach dem wahren Gott und in der humanen Rede über den Transzendenten entfaltet Philo nicht nur den Weg der Negativität, sondern auch den der Vollkommenheit. Ob nun mit negativen Ausdrücken oder mit positiven Bezeichnungen bleibt für Philo doch ein Faktum unumstritten: Der Seiende ist vollkommen!

Wie Gott im Bereich der geistigen und unsichtbaren Wirklichkeiten das Vollkommenste darstellt, so ist die Welt im Bereich des sinnlich Wahrnehmbaren auch das Vollkommenste[657]. Dieses Prinzip, das Philo wahrscheinlich in seiner Jugend vertreten hat, stimmt völlig mit den Äußerungen anderer philonischer Schriften überein, in denen die Welt als "das vollkommenste Werk"[658] angepriesen wird. Die Welt als Einheit spiegelt perfekt die göttliche Vollkommenheit wider. Sie ist auch die beste aller möglichen Welten. Der Optimismus des Gedankens stützt sich auf einen schon bekannten theologischen Grund, nämlich auf die Vollkommenheit des transzendenten Seienden: "... Wenn er (Gott) aber eine bessere Welt bilden wird, dann wird auch der Weltbildner besser. Daraus ergibt sich, daß er in seiner Kunst und in seiner Vernunft weniger vollkommen war, als er die frühere Welt gestaltete und das darf man nicht einmal in Betracht ziehen"[659]. Es ist lohnend, über diese Argumentation einen Augenblick nachzudenken. Schon in seiner Jugend ist Philo mit dem Gedanken der Vollkommenheit Gottes unablässig beschäftigt. Das Argument zum Beleg seiner These, daß die Welt die beste aller möglichen sei, erfährt seine Beweiskraft nicht aus einer unmittelbaren Betrachtung der Welt in sich selbst, sondern durch das apodiktische Argument der göttlichen Vollkommenheit. Wir wollen auf die Richtigkeit dieses Theodizeeproblems nicht eingehen, das außerhalb des Rahmens dieser Untersuchung liegt. Die Tatsache, daß die Welt vollkommen ist, interessiert uns nur von einem bestimmten Aspekt aus, nämlich dem der Verbindung mit der Vollkommenheit Gottes. Es ist gerade der Vollkommenste, der die Welt vollkommen macht.

Eine wichtige Beobachtung muß unbedingt festgehalten werden: Die Art und Weise, wie das Seiende das All durchdringt, wird durch seine wohltuende Kraft vollzogen: ὁ πάντα διὰ πάντων πεπληρωκὼς τῆς εὐεργέτιδος ἑαυτοῦ δυνάμεως[660]. Darüberhinaus sind die folgenden synonymischen Behauptungen im erklärten Sinne zu verstehen: πάντα γὰρ πεπλήρωκεν ὁ θεός[661], ὁ θεὸς πεπλήρωκε τὸν κόσμον ἑαυτοῦ[662], ὃς τὸ πᾶν ἐμαυτοῦ πεπλήρωκα[663].

Die in positiven Aussagen behauptete Vollkommenheit Gottes steht der biblischen Theologie gewiß sehr nahe. Die Herausarbeitung der Vollkommenheit des Höchsten ist in der Heiligen Schrift kein Randanliegen, sondern ein zentrales Thema. Die ganze Bibel stellt einen Gesang der Macht und Herrschaft JHWH's dar. Die Bibel spricht nicht nur mittelbar von der Perfektion Gottes, wenn sie ihn mit der Nichtigkeit der Götter vergleicht oder wenn sie ihn als den einzigen und wahren Gott anerkennt, sondern sie versieht ihn mit einigen Prädikaten, die auf sehr verschiedene Weise die Vollkommenheit Gottes zum Ausdruck bringen. Die biblischen Aussagen über das göttliche Handeln, d.h. die Macht[664], die Güte[665], die Gerechtigkeit[666], die Liebe[667] und die Heiligkeit[668] Gottes sind Ausdruck der Vollkommenheit des einzigen, wahren JHWH. Allerdings stellt sich die Bibel keine in Gott selbst begründete Vollkommenheit vor, sondern sie verbindet die göttliche Vollkommenheit mit dem Handeln Gottes in der Schöpfung und ganz besonders in der Geschichte des Volkes Israel. Der biblische Mensch glaubt an Gott und hofft auf ihn, weil er in der Tiefe seines Herzens überzeugt ist, daß sein Gott als Retter der Schwachen über allen anderen Göttern thront und daß alles durch sein gewaltiges Wort und durch sein wunderbares Wirken möglich ist. Für den biblischen Menschen ist Gott in seinen Werken und in den Wundertaten, die er an seinem Volk Isreal vollbracht hat, vollkommen. Das gesamte Universum gilt als vollkommenes Werk des Schöpfers und als solches ist es gepriesen[669]. Gleichfalls ist Gottes Weg makellos[670] und sein Gesetz fehlerlos[671]. Den allwissenden Gott bewundert Ijob, der ausruft: "... Kannst du den Urgrund Gottes denn erforschen, bis zur Vollkommenheit Schaddais gelangen?"[672] Daß Philo den Gedanken, Gott sei vollkommen, der Bibel entnommen hat, ist keine Vermutung, sondern eine selbstverständliche Tatsache, die überall in den philonischen Schriften zum Vorschein kommt. Philo ist als Jude von diesem biblischen Glauben an die Vollkommenheit Gottes tief geprägt. Der Gott der Bibel stellt ja für ihn den Einzigen dar, und darüber hinaus ist er der Allmächtige und der Vollkommene. Mit der Hilfe philosophischer Spekulationen hat Philo eine abgerundete Lehre über die Vollkommenheit Gottes entwickelt, die - einem echten biblischen Anliegen folgend - eine besondere Fruchtbarkeit für die Theologie gezeigt hat.

8. Der unfaßbare Gott

Der Mensch kennt, wie wir bereits festgestellt haben, die Existenz Gottes, d.h. daß Gott existiert und waltet; aber er kennt nicht sein Wesen, was Gott eigentlich ist. Philos tiefste Sehnsucht ist die Schau des Höchsten. Dies ist gewiß ein ununterdrückbarer Wunsch Philos, auch wenn dieser nicht in Erfüllung gehen kann. Er weiß, daß kein Sterblicher Gott schauen kann. Der Mensch muß sich damit begnügen, die "existentia Dei", das "Daß" Gottes zu erkennen. Das Wesen des Seienden stellt ein tiefes Geheimnis des Unerforschlichen dar. Die "essentia Dei", sein "Was" und "Wie", bleiben dem Menschen verborgen. Philo, der Erforscher der göttlichen Tiefe, kennt kein Mittel, durch das der Mensch zur absoluten Transzendenz Gottes vordringen könnte. "... Doch meine nicht, daß Seiende, das wahrhaft seiend ist, würde von irgendeinem Menschen erfaßt. Denn ein Organ haben wir nicht in uns, mit dem wir uns jenes vergegenwärtigen könnten, weder Sinneswerkzeug - denn sinnlich wahrnehmbar ist es nicht - noch Intellekt. Moses nun, der Beschauer der unsichtbaren Natur - denn in das Dunkel, berichten die göttlichen Offenbarungen, ging er hinein[673] ... und deuten damit die unsichtbare unkörperliche Wesenheit an - erforschte alles durch und durch und suchte den dreimal Ersehnten, einzig Guten in Klarheit zu sehen. Wie er aber nichts findet, keine Gestalt, die auch nur vergleichbar wäre dem Gegenstand seines Hoffens, da verzweifelt er an der Belehrung durch anderes und flieht zum Gesuchten selber hin und bittet: 'Zeige dich vor mir, daß ich dich erkennbar sehe' (Ex 33,13). Und doch wird ihm nicht zuteil, was das Ziel seines Strebens war"[674]. Die Antwort kann nicht eindeutiger sein: Weder die Sinne noch die Vernunft können Gott ergreifen. Immer bleibt das Seiende ein unfaßbarer Gott. Gott darf nur von sich selbst allein begriffen werden[675]. Über der Ideenwelt des Platonismus, über der höchsten Idee des Guten, über jeder möglichen umfassenden Ergreifung der göttlichen Existenz, über Raum und Zeit, über jeder möglichen Bestimmung verbirgt sich das unsichtbare, ungeschaffene, unsterbliche, ewige und unfaßbare Seiende.

In der Philo-Forschung ist die Theorie über das "Schauen Gottes"[676] ein beliebter und auch ein intensiv erforschter Gegenstand. Das hat auch seinen Grund: Die Lehre über das "Schauen Gottes" umfaßt verschiedene Perspektiven: Anthropologie, Theologie, Frömmigkeit und sogar Ethik überschneiden sich hier vorbildlich und zeigen den Höhepunkt des religiösen Denkens und Strebens Philos auf. Einige Beispiele sollen das belegen: LEISEGANG hat die Ekstase und die mystische Schau Gottes bei Philo miteinander verbunden[677]. VÖLKER hat die "Schau Gottes" als Vollendung des vollkommenen Menschen beschrieben[678]: "... Sie ist das Ziel seines Strebens"[679]. PASCHER hat dem Verhältnis zwischen dem "Schauen Gottes" und dem "Königsweg" nachgeforscht[680]. JONAS hat versucht, "... die Wurzel des philonischen Agnostizismus", d.h. die Wurzel der philonischen Lehre über die Unmöglichkeit der Schau Gottes herauszufinden, uns er hat die "Entwertung des Zuganges zu Gott über das Gegebene" und "die Forderung nach einem unmittelbaren Zugang durch ihn selbst im Übersprung über die Welt und ihre Erkenntnisweisen" als "gnostisch" bezeichnet[681].

Allerdings ist die Sinngebung der erwähnten Untersuchungen beträchtlich anthropologisch orientiert. Bevor wir auf das Problem eingehen, möchten wir von Anfang an das Ziel der folgenden Ausführungen klarmachen und uns das methodische Vorgehen vor Augen führen. Unser Ziel ist rein theologisch, obwohl wir uns der anthropologischen Aspekte bewußt sind, die damit verflochten sind: Der letzte Sinn der Transzendenz des Seienden wird in der menschlichen Unfähigkeit zur "Schau Gottes" gegeben. Dies wird anthropologisch beschrieben. Philos Verlangen und sein Glaube gehen dabei auseinander. "... Unmittelbare Schau des göttlichen Wesens ist der Idee nach bei Philo immer die höchste Spitze geistiger Existenz und somit das letzte Ziel religiösen Strebens"[682]. Aber als Jude ist Philo vom Grundgedanken des radikalen Abstands zwischen Gott und Schöpfung bestimmt und von seinem Glauben her verneint er die direkte Berührung des Menschen mit Gott. Andere anthropologische Aspekte und ethische Begriffe lassen wir jetzt - soweit möglich - außer Betracht. In der weiteren Beschäftigung mit der Isolierung Gottes werden wir die Möglichkeit haben, diese Aspekte ausführlich zu berücksichtigen.

Hier nun stehen wir nicht vor einer weiteren Eigenschaft Gottes, sondern wir betrachten jetzt vielmehr einen "Vorgang" mit pointiertem menschlichen Hintergrund. Der Vorgang bzw. das Geschehnis erhält seine wichtigste Terminologie in der θεωρία, in der An"schau"ung

Gottes und vor allem in der ὅρασις oder τὸ ὁρᾶν Θεοῦ, in der "Schau" Gottes. Θεωρέω und verschiedene Formen und Zeiten des Verbs ὁράω (wie ὁρᾶσθαι und ὁρῶσα καὶ ὁρωμένη [683]) καταθεάσασθαι [684] usw. können im Zusammenhang mit dem Vorgang auch vorkommen. Wenn nun der Vorgang der "Schau Gottes" berücksichtigt und zugleich verneint wird, kann man die Unfaßbarkeit Gottes prädizieren. In dieser Hinsicht ist das transzendente Seiende ἀκατάληπτος [685], und man kann ihm die Eigenschaft der Unfaßbarkeit zusprechen. Aus einer unmittelbaren anthropologischen Perspektive, die als Gegenstand die Betrachtung der Transzendenz Gottes hat, vertritt Philo die Meinung, daß es unmöglich ist, den Höchsten zu schauen. Die bedeutung der Anthropologie im Hinblick auf die endgültige Sinngebung der Transzendenz des Seienden ist hier deutlich hervorgehoben. Die Unerreichbarkeit bzw. die Unfaßbarkeit des Seienden verbietet dem vollkommensten Sinn des menschlichen Wesens - nach Philos Überzeugung dem Gesichtssinn - eine direkte Erfahrung des transzendenten Gottes. Das höchste Gut, nach dem der Mensch überhaupt zu trachten vermag, kann er nicht erreichen. Denn das menschliche Wollen, das ein Nichtkönnen einschließt, umfaßt sogar ein physisches Nichtkönnen. Leider ist das höchste Gut, d.h. Gott zu schauen, dem Menschen untersagt: Eine schmerzliche, aber doch unausweichliche Schlußfolgerung der philonischen Transzendenzlehre. Wenn das Seiende so ist, wie wir, Philo folgend, es beschrieben haben, kann uns diese letzte Feststellung nicht überraschen. Wenn jede direkte Beziehung zwischen Unbedingtem und Bedingtem unmöglich ist, ist das Verlangen nach dem göttlichen Schauen ein unmögliches Unterfangen. Aber vor dieser Tatsache ergibt sich eine wichtige Frage: Woher stammt die philonische Sicherheit und die feste Überzeugung der Unmöglichkeit, Gott zu schauen?

Ausschlaggebend für die endgültige Bestimmung der Transzendenz Gottes sind nach Philos Überzeugung zwei biblische Stellen des Exodus: Ex 3,3 ff und Ex 33,13 ff (vor allem Ex 33,18-20). Unsere These über die Quelle der philonischen Transzendenzlehre erhält hier ihren letzten Beweis. Auf jeden Fall findet Philo seine Auffassung von der Unerreichbarkeit und Unfaßbarkeit des Höchsten in der Bibel widergespiegelt. Die Gewißheit, mit der Philo die Unmöglichkeit der Schau Gottes vertritt, stützt sich dabei auf Erlebnisse, die in der Bibel beschrieben sind. Diese Erlebnisse haben Moses als Protagonisten. Das Faktum kann nicht hoch genug veranschlagt werden: Der philonische "Theos akataleptos" baut auf biblisches Gut auf.

Ex 3,3-6 hat als Kontext die Erzählung des brennenden Dornenbusches. Moses sieht einen Dornenbusch, der im Feuer brennt, der aber nicht verbrennt. "... Da dachte Moses: 'Ich will doch hingehen und dieses seltsame Schauspiel betrachten, warum der Dornenbusch nicht verbrennt'. Als JHWH sah, daß er herantrat, um nachzusehen, rief Gott ihm aus dem Dornenbusch zu: 'Moses, Moses!' Dieser antwortete: 'Hier bin ich!' Da sprach er: 'Tritt nicht näher heran! Ziehe deine Schuhe von deinen Füßen, denn der Ort, auf dem du stehst, ist heiliger Boden!' Und er fuhr fort: 'Ich bin der Gott deines Vaters, der Gott Abrahams, der Gott Isaaks und der Gott Jakobs'. Da verhüllte Moses sein Angesicht; denn er fürchtete sich, Gott anzuschauen". Philo interpretiert diese Stelle so: "... Angetrieben von seiner lernbegierigen Natur, suchte Moses einmal auch nach den Ursachen, durch welche die wichtigsten Dinge in der Welt zustandekommen. Denn indem er betrachtet, wie alles in der Schöpfung zerstört und erzeugt wird, vergeht und beharrt, staunt er und wundert sich und ruft aus: 'Warum nur brennt der Dornstrauch und verbrennt doch nicht?' ... Das unbetretbare Gebiet[686] nämlich, den Aufenthalt göttlicher Wesen, erforscht er nicht weiter, vielmehr wird er, wie er schon im Begriff ist, einer unfruchtbaren und erfolglosen Mühe sich zu unterziehen, befreit durch das Erbarmen und die Fürsorge Gottes, des Erretters aller, der aus dem Allerheiligsten das Wort ertönen läßt: 'Tritt nicht näher heran', ... das bedeutet: Wage dich nicht an eine derartige Untersuchung heran; denn es bedarf dazu einer größeren Sorgfalt und Vielgeschäftigkeit als im menschlichen Vermögen steht; bewundere vielmehr das Entstandene, ohne neugierig nach den Ursachen zu forschen, durch die es entstanden ist oder zugrunde geht. 'Denn das Gebiet, auf dem du stehst' heißt es, 'es ist heiliges Land' ... Als er nun sieht, wie schwer dies zu fassen und zu begreifen ist, betet er darum, von Gott selbst belehrt zu werden, was Gott ist; denn er erwartet nicht, es von einem anderen aus der Zahl der Wesen, die unter ihm stehen, erfahren zu können. Gleichwohl vermochte er nichts über das Wesen des Seienden zu erforschen; denn es heißt: 'Du wirst sehen, was hinter mir ist, mein Antlitz aber sollst du nicht schauen' (Ex 33,23). Denn der Weise begnügt sich damit zu erkennen, was mit Gott zusammenhängt, ihm nachfolgt und nächst ihm ist. Wer aber das herrschende Wesen schauen will, wird von dem Glanz der Strahlen, bevor er es erblickt hat, erblinden"[687].

Das letzte biblische Zitat der vorhergehenden Ausführungen von Philo vermittelt uns den Übergang zum zweiten Text (Ex 33,13 ff). Der unmittelbare Kontext ist ein Gespräch zwischen dem Gesetzgeber der Juden und Gott, das nach der Anfertigung des goldenen Kalbes, nach der jeweiligen Strafe und nach Moses' Fürsprache für das abgefallene Volk (Ex 32) und zuletzt nach der Reue des Volkes in dem Offenbarungszelt stattfand. Darin enthalten die Worte von Moses die folgende Bitte: "... Da bat er: 'Laß mich doch deine Herrlichkeit schauen!' Er antwortete: ... 'Mein Angesicht kannst du nicht schauen, denn kein Mensch sieht mich und bleibt am Leben'. JHWH sprach: 'Siehe, bei mir ist ein Platz, da magst du dich auf den Felsen stellen. Wenn dann meine Herrlichkeit vorübergeht, will ich dich in die Höhlung des Felsens stellen und meine Hand über dich decken, bis ich vorübergegangen bin. Wenn ich meine Hand zurückziehe, wirst du meine Rückseite schauen. Aber mein Angesicht darf man nicht schauen.'"[688]

Philo gibt eine ausführliche Auslegung dieses Zwiegesprächs zwischen Gott und Moses und wagt sogar, die ausgelegten Worte dem Seienden in den Mund zu legen. Der folgende Text besitzt ein besonderes Interesse für uns. Wie nirgendwo sonst drückt Philo an dieser Stelle die Unmöglichkeit, Gott zu schauen, aus und stellt das zugleich als biblisches Gut heraus: "... Im Hinblick darauf fleht Moses, der gottgeliebte Hierophant, zur Gottheit mit dem Worte: 'Offenbare dich mir' ... ; vom göttlichen Geiste ergriffen, gibt er damit deutlich zu verstehen, 'daß du bist und waltest, hat diese Welt mir als Lehrerin und Wegweiserin verkündet, wie ein Kind über seinen Vater, wie ein Kunstwerk über seinen Meister mich belehrt; aber bei meinem Wunsche, dich deinem Wesen nach zu erkennen, finde ich in keinem Teile des Weltalls einen Meister, der mich belehren könnte ... ' Und Gott erwidert: 'Dein Lerneifer ist lobenswert, und ich erkenne ihn an; deine Forderung indessen ziemt sich für keines der erschaffenen Wesen. Ich gewähre aber nur, was sich für den Empfänger eignet; denn nicht alles, was ich mühelos geben kann, vermag der Mensch anzunehmen; daher gewähre ich dem, der meiner Gunst würdig ist, nur alle die Gaben, die er anzunehmen fähig ist. Das Verständnis meines Wesens ist aber nicht nur dem Menschen, sondern auch dem ganzen Himmel und dem Weltall versagt[689]. Daher erkenne dich selbst, laß dich nicht von einem Streben und Begehren fortreißen, das deine Kräfte übersteigt, und nicht durch die Sehnsucht nach Unerreichbarkeit in schwindelnde Höhen entrücken; denn von dem, was du erreichen kannst, soll dir nichts versagt bleiben'"[690].

Angesichts der vorhergehenden Texte sind einige Überlegungen anzustellen. Philo interpretiert die beiden Exodustexte unter zwei Perspektiven, die miteinander in einem Verhältnis stehen und die unbedingt zu beachten sind: Die Unfähigkeit des Menschen, Gott zu schauen und die Unmöglichkeit, das göttliche Wesen zu begreifen. Wichtig ist jetzt herauszustellen, ob beide Aspekte in der Bibel enthalten sind, oder ob Philo eine Auslegung hineingebracht hat, die seinem Interesse dient, aber die der Bibel fernliegt. Nach meiner Überzeugung hat Philo den Kern der Aussagen der Exodustexte getroffen. Sicher hat er in seiner Interpretation andere Motive, Gesichtspunkte, Korrelationen usw. hineingebracht, die in beiden biblischen Texten nicht vorhanden sind. Diese Erweiterungen zeigen jedoch die damit zusammenhängenden Eigenintentionen Philos auf. Doch dies ist jetzt unbedeutend. Entscheidend ist sicher die Tatsache, daß Philo im Exodusbuch zwei außerordentlich wichtige Texte herausgefunden hat, um den letzten Sinn seiner Theologie über die Transzendenz zu belegen. Zweifellos sprechen die biblischen Texte nicht unmittelbar von "Wesen" und anderen abstrakten Termini. Aber die Auslegung Philos und der in der Schrift gemeinte Sinn stimmen völlig miteinander überein. Die biblischen Worte von Ex 33,18-23 bergen auf jeden Fall eine hohe Wertung der Transzendenz Gottes im Hinblick auf die Unmöglichkeit seiner Schau.

NOTH charakterisiert diese Stelle als "... die Erscheinung der göttlichen Majestät"[691], und HEINISCH gibt den allgemeinen Sinn wieder: "... Der Abstand zwischen Gott und dem Menschen ist zu groß, als daß dieser in die Geheimnisse der Gottheit eindringen könnte"[692]. Zuletzt entdeckt BAENTSCH "den höheren Sinn" des Textes zutreffend: "... Gottes Erscheinung und Wesen vermag der Sterbliche nicht zu sehen; er kann nur der Wirkungen seiner Macht innewerden"[693].

Daß der Mensch Gott nicht schauen kann, hat also Philo mit aller Sicherheit aus der Bibel gelernt. Der buchstäbliche Sinn beider

Texte der Schrift ist in der Auslegung Philos enthalten.

Daß man darüber hinaus das Wesen Gottes nicht begreifen kann, ist, wenn man die Unmöglichkeit der "Schau" Gottes ernst genommen hat, eine notwendige, von der Vernunft gebotene Schlußfolgerung. Zwischen den Tatsachen, Gott zu "schauen" und sein Wesen zu "begreifen", besteht dieselbe Korrelation, die zwischen "Sehen" und "Erfassen" existiert. Ohne Sehen gibt es kein Erfassen, so ist die Meinung Philos, die anthropologisch eine allgemeine Gültigkeit besitzt. Wenn das "Erfassen" eines Sachverhalts beim Menschen das "Sehen" verlangt, besteht kein Zweifel, daß die Unmöglichkeit, das göttliche Wesen zu begreifen, eine Konsequenz der Unfähigkeit, Gott zu schauen, darstellt.

Aber eine weitere Tatsache ist zu bemerken, um der ganzen Interpretation Philos die angemessene Grenze zu setzen. Hebt doch dieser einseitig den Vorrang des Sehens zum Nachteil des Hörens hervor. In der Bibel besteht eine Parallelität zwischen "sehen" und "hören". Das ganze dritte Kapitel, dessen Teil (Ex 3,3-6) Philo auslegt, ist ein einleuchtendes Beispiel dafür. BEER teilt den Stoff des Kapitels in Visio (Ex 3, 1-5) und Auditio (Ex 3, 6-20)[694] ein. Wenn man den inhaltlichen Umfang des Kapitels berücksichtigt, fällt sofort auf, daß die Auditio den größeren Teil einnimmt. Die Schrift spricht nicht nur vom Sehen, sondern auch und vor allem vom Hören, wenn der Mensch mit Gott in unmittelbare Berührung kommt. Als Beispiel sei das bekannte "Höre Israel" (Dt 6, 4) erwähnt, obwohl diese Formel einen umfassenderen Sinn hat.

Wir dürfen in der biblischen Religion einen wichtigen Tatbestand nicht vergessen: "... Die Gottesoffenbarung im AT wird, auch wenn sie mit visionären Erlebnissen verbunden ist, doch vornehmlich gehört; auch hierin zeigt sich die 'Prävalenz des Hörens'[695]. In diesem Tatbestand der Prävalenz des Hörens drückt sich das tiefste Wesen der biblischen Religion aus. Sie ist Religion des Wortes, weil sie Religion des Tuns, des dem Worte Gehorchens ist"[696]. Moses ist von Gott wie keiner sonst gewürdigt, "... die Stimme Gottes zu hören"[697]. Man kann gleichfalls behaupten, daß "... das Schauen Gottes ... der Todesstunde und dem jenseitigen Leben"[698] vorbehalten ist.

Philo wertet den "Hörvorgang" ab und legt einseitigen Nachdruck auf das Sehen. Einige Gründe, die er für sein Vorgehen angibt, sind rein personell und klingen wenig überzeugend: Das Hören kann irreführen und täuschen, das Sehen dagegen nicht[699]. Lehrt nicht die tägliche Erfahrung, daß auch das Sehen den Menschen irreführen kann? Gleichfalls hat der Grund keine Beweiskraft, daß das Sehvermögen vor den anderen Sinnen Vorrang hat, nämlich vor dem Geschmackssinn, dem Geruchssinn und dem Tastsinn, weil diese drei Sinne die Begierde anregen, das Sehen dagegen nicht. Ist nicht vielmehr das Sehen die Hauptquelle der Begierde? Die hohe Bedeutung, die Philo dem Gesichtssinn beimißt, ist freilich, rein physiologisch betrachtet, gerechtfertigt, vor allem, wenn man die abendländische Überlieferung berücksichtigt. Zweifellos hängt das mit der Tatsache zusammen, daß das Sehen in der Erkenntnistheorie der Griechen eine große Rolle spielt. In der hellenistischen Kultur - sowohl in den Natur- als auch in den Geisteswissenschaften - hat das Sehvermögen ein klares Primat über die anderen Sinne, und dieser Tradition bleibt Philo verbunden[700].

Wenn man das alles berücksichtigt, kann man erschließen, daß Philo die Überzeugung einer Kultur übernommen und sie in seine Theologie integriert hat. Die Bedeutung des biblischen Hörens geht bei ihm fast verloren. Aber vielleicht ist das ein Beispiel für die einseitige Herabsetzung einzelner Elemente, wenn man das Entscheidende in eine andere Kultur umsetzen will.

Das volle Verständnis der Bedeutung der humanen Unfähigkeit, Gott zu schauen, verlangt auf jeden Fall eine weitere anthropologische Erklärung. Nach Philos Auffassung ist der Gesichtssinn der wichtigste und vollkommenste aller Sinne des Menschen. Er hat Vorrang sogar vor dem Gehörsinn und spielt beim Körper eine ähnliche Rolle, wie die Vernunft in der Seele des Menschen spielt. Im Zusammenhang mit der auch bei Philo beliebten "Lichtlehre" betrachten wir eine lange Ausführung, die exemplarisch die ganze Lehre Philos über das Sehvermögen umfaßt: "... Für das Sehvermögen allein unter allen Sinnen hat Gott das Licht vervorgebracht, das unter den existierenden Dingen das schönste ist .. Denn weswegen ist das Licht der Sonne, des Mondes, der anderen Planeten und der Fixsterne geschaffen worden, wenn nicht für die Tätigkeit der Augen zum Zwecke des Sehens? Mit Hilfe des Lichtes also, dieser schönsten aller Gaben, betrachten sie alles in der Welt, die Erde ... und schließlich den Himmel, der in Wahrheit als eine Welt in der Welt geschaffen ist, und alle Herrlichkeiten und göttlichen Wunderwerke am Himmel. Welcher andere Sinn kann sich wohl rühmen, so weit vordringen zu können? Aber lassen wir die Sinne, die an ihren Krippen das uns eingepflanzte Tier, die Begierde, mästen[701], betrachten wir den Gehörsinn, der sich das Wort zu eigen macht. Sein angespannter und vollendetster Lauf macht Halt an der die Erde umgebenden Luft, wenn heftige Stürme und Donnerschläge großen Lärm und mächtiges Getöse erschallen lassen. Die Augen aber gelangen in einem Augenblick von der Erde in den Himmel und zu den Enden des Weltalls ... und dort angekommen, ziehen sie den Geist an die Erscheinungen heran, daß er sie denkend betrachte. Der Geist aber bleibt nicht untätig, nachdem er den gleichen Eindruck empfangen hat, er erhält, da er wach und immer in Bewegung ist, von dem Gesichtssinn die Anregungen, das rein Geistige erblicken zu können, und geht bald zu der Untersuchung über, ob jene Erscheinungen unerschaffen (ewig) sind oder ob sie einen Entstehungsanfang gehabt haben ... und wenn nun die Welt geschaffen wurde, durch wen sie geschaffen ist, wer ihr Schöpfer ... war, in welcher Absicht er sie gemacht hat und was er jetzt tut und was für ein Leben er führt und was sonst alles ein außergewöhnlicher und immer denkender Geist zu ergründen pflegt"[702]. Wenn man Philos Auffassung über das Primat des Sehvermögens kennt, ist es nicht verwunderlich, daß die Gegenseitigkeit des "Sehen-und-Gesehen-Werdens" von ihm als die Bestimmung der absoluten Situation betrachtet wird, "... denn wann ist es wahrscheinlich, daß eine Denkseele nicht mehr wie auf einer Waage schwankt und festzustehen vermag, als wann sie sich Gott gegenüber befindet, ihn sehend und von ihm gesehen?"[703].

Eine sogfältige Prüfung der Entfaltungsmöglichkeiten der Sinne des Menschen zeigt die Unfähigkeit des Sehvermögens auf, Gott zu sehen. Philos Konstante des göttlichen Hinausgehens über jede mögliche Menschenerfassung hat auch einen physiologischen Grund. In der Erkenntnistheorie Philos spielen die Sinne eine primäre Empfindungsrolle. Die Vernunft erfaßt die wahrnehmbare Welt in dem Maß, in dem sie ihr von den Sinnen aufgezeigt wird. "... Die aus Ideen bestehende geistige Welt ... kann nicht anders erkannt werden als durch Ausgehen von dieser sinnlich wahrnehmbaren und sichtbaren (Welt). Denn man kann sich nichts anderes Unkörperliches vorstellen, wenn man nicht von den Körpern ausgeht"[704]. Es ist vor allem das Auge dasjenige, das die Vernunft anspornt, wie wir schon gesehen haben[705]. Weil der unsichtbare Gott nicht durch das Auge wahrnehmbar ist[706], kann er vom Auge nicht gesehen werden und darüber hinaus kann auch die Vernunft sein Wesen nicht begreifen. Aber diese Erklärung benötigt eine Ergänzung. Das seelische Augenlicht hat noch ein breiteres und tieferes Sehvermögen als der körperliche Gesichtssinn. Nach Philos Überzeugung ist das seelische Augenlicht das eigentliche Werkzeug des Schauens Gottes, obwohl schließlich auch dieses Werkzeug unzureichend ist, um Gott zu sehen[707].

Philo stößt in der Auslegung der Schrift auf einige biblische Texte, in denen man anscheinend behauptet, daß Gott von einem bestimmten Menschen gesehen worden sei. Gen 12,7 stellt ein typisches Beispiel dar. Philo legt diese Stelle so aus: "... Es heißt nämlich sofort nach der Auswanderung des Weisen: 'Gott erschien dem Abraham' ... Hieraus geht hervor, daß er ihm vorher nicht sichtbar war, als er noch in chaldäischer Anschauung befangen auf die Bewegung der Gestirne achtete und außerhalb der Welt und der sinnlich wahrnehmbaren Natur durchaus kein harmonisches und geistiges Wesen erkannte. Nachdem er aber seinen Wohnsitz geändert hatte, mußte er erkennen, daß die Welt untertan und nicht selbständig ist, nicht herrschend, sondern von einem Urheber beherrscht, von einem, der sie geschaffen. Damals zuerst hat dies der Geist aufschauend wahrgenommen. Denn vorher hatten die sinnlich wahrnehmbaren Dinge eine dichte Finsternis über ihn ausgebreitet, und erst als er diese durch warme und flammende Lehren zerstreut hatte, vermochte er wie bei klarem Wetter eine Vorstellung von dem früher ihm Verhüllten und Unsichtbaren zu gewinnen; und dieser wies in seiner Menschenliebe die an ihn herankommende Seele nicht zurück, sondern kam ihr entgegen und offenbarte ihr sein Wesen, soweit der Schauende es zu sehen vermag. Darum heißt es nicht, daß der Weise Gott sah, sondern daß 'Gott' dem Weisen 'erschien'; war es doch einem Menschen unmöglich, von selbst das wahrhaft seiende Wesen zu begreifen, wenn dieses sich nicht selbst zeigte und offenbarte"[708].

Die Auslegung Philos benötigt einige Erklärungen. Es steht fest, daß Philo die unmittelbare, physische[709] und aktive "Schau" Gottes ausdrücklich ablehnt. Aber die eigentliche Schwierigkeit entsteht dann, wenn Philos biblische Vorlage, in diesem Fall die Septuaginta, berücksichtigt wird. Dort finden wir buchstäblich die folgende Aussage: ὤφθη κύριος τῷ Αβραμ. Das Verb ωφθη spielt in Philos Lösungsversuch eine wichtige Rolle. Ὤφθη ist ein passiver Aorist von ὁράω, der zwei Möglichkeiten der Übersetzung in unserem Kontext zuläßt: a) Gott wurde von Abraham gesehen (passive Bedeutung); b) und es machte sich sehen JHWH dem Abaraham (deponentiale Bedeutung). Die zweite Bedeutung drückt die Tat Gottes mit mehr Nachdruck aus, und es ist gerade diese Bedeutung, die Philo vorzieht. Ὤφθη wird als Tat Gottes angesehen, und seine Bedeutung wird nicht in einem unmittelbaren, physischen und aktiven Sinn von Philo verstanden, sondern vielmehr in einem metaphorischen. Die göttliche Erscheinung fällt hier mit der Anerkennung des vollkommenen Daseins Gottes zusammen, das über die Welt hinausgeht. In dem Maße, in dem Abraham dem wahrhaft Seienden Zustimmung gab, wurde seine Realität sichtbar[710].

Die Richtigkeit der Auslegung wird erhärtet, wenn man sich den unmittelbaren Kontext vor Augen hält. Philo beschreibt den Übergang von einer astrologischen Religion, in der die Sterne die höchsten Götter sind, zur wahren Religion, in der das unsichtbare Seiende über allem thront, als eine große Leistung der Frömmigkeit Abrahams. Die klare Idee, die Abraham von dem Seienden hat, ist im Grunde genommen Gott zuzuschreiben. Das Seiende läßt sich "sehen", d.h. es läßt seine Präsenz erkennen in der Erwählung Abrahams im "Sich-offenbaren-lassen" im Laufe des Lebens des Erzvaters.

Philo interpretiert also ὤφθη als Passivum divinum und gleichzeitig nicht in einem buchstäblichen, sondern in einem metaphorischen Sinn. Die Erscheinung Gottes zu "erfahren" bedeutet, die Existenz des Seienden zu erfassen und die Erhabenheit seiner Realität anzuerkennen.

Eine größere Schwierigkeit stellt Ex 24,11 b dar. Dazu kann der unmittelbare Kontext Ex 24,9-11 behilflich sein. Auf Befehl vom Herrn steigen Moses und Aaron, Nadab und Abihu und siebzig von den Ältesten Israels auf den Berg hinauf. Darauf sagt der biblische Text: "... Sie schauten den Gott Israels und unter seinen Füßen ein Gebilde wie aus Saphirplatten und glänzend wie der Himmel selbst in seiner Reinheit. Er streckte aber seine Hand nicht gegen die Edlen Israels aus, vielmehr durften sie Gott schauen. Und sie aßen und tranken"[711].

Philo widmet drei "Quaestiones" der Beantwortung dieser Stelle. Interessant für unsere Problematik sind Quaest in Ex II 37 und 39. Auf die Frage: "... What is the meaning of the words, 'They saw the place where the God of Isreal was standing' ..." antwortet Philo: "... All this is, in the first place, most suitable and the worthy of the theologian[712], ... for no one will boast of seeing the invisible God, (thus) yielding to arrogance ...[713]. And holy and divine is this same place alone in which He said to appear for He Himself does not go away or change His position but He sends the powers[714], which are indicative of His essence ..."[715]. Auf die Frage, "... What is the meaning of the words, 'They appeared to God in the place[716] ...'" antwortet Philo überraschenderweise: "... Having attained to the face of the Father, they do not remain in any mortal place at all ... but they send and make a migration to a holy and divine place, which is called by another name 'logos'. Being in this (place) through the steward they see the Master in a lofty and clear manner, envisioning God with the keensighted eyes of the mind ..."[717]. An dieser Stelle wird eindeutig die Meinung vertreten, daß Moses und seine Gefährten Gott durch den Logos mit dem scharfblickenden Auge der Seele sahen. Wie ist diese Aussage zu erklären? Ich wage zu behaupten, daß die armenische Übersetzung das griechische Original nicht richtig wiedergibt. Dafür gibt es meiner Meinung nach mehrere Anhaltspunkte: Es ist einfach unverständlich, daß Philo fast unmittelbar nach der kategorischen Behauptung, niemand könne sich rühmen, den unsichtbaren Gott zu sehen, die gegenteilige Meinung vertritt. MARCUS vermutet mit Recht, daß der armenische Übersetzer in der von uns jetzt behandelten Quaest in Ex 39 die Stelle der Septuaginta Ex 24,11a falsch wiedergibt. Es gibt gute Gründe, noch mehr Fehler des armenischen Übersetzers in der umstrittenen Quaestio anzunehmen.

Der Ausdruck "see the Master" kommt im griechischen Original nie vor. Wenn MARCUS ins Englische richtig übersetzt, würde das griechische Original vermutlich τὸν δεσπότην (oder τὸν κύριον) ἰδεῖν lauten. Solche Ausdrücke kennen die uns in Griechisch überlieferten Werke Philos nicht. Zweifellos hat die Vermutung keine sonderliche Beweiskraft, wie auch die verschiedenen Übersetzungen vermuten lassen. Wenn man aber andere Stellen der philonischen Werke berücksichtigt, an denen Ex 24,11 vorkommt, fällt sofort auf, daß Philo mit der umstrittenen Quaest in Ex nicht übereinstimmt[718]. Hier stellt die "visio Dei" mehr ein menschliches Verlangen als einen erfüllten Wunsch dar. Der sich gleichfalls auf Ex 24,11 beziehende Ausdruck von Conf Ling 56 τὸν Θεὸν ὁρῶντος Ισραήλ ist einfach eine Bezeichnung, die das Volk Israel[719] charakterisiert. Der Ausdruck ist vor allem auf den Erzvater Jakob gemünzt; damit ist nicht gesagt, daß Jakob Gott unmittelbar gesehen hat[720]. Ich glaube, daß die vorhergehenden Gründe schwerwiegend genug sind, um den Text von Quaest in Ex II 39[721] nicht ohne weiteres anzunehmen[722].

Ein noch nicht unmittelbar angeschnittenes Problem stellt das Verhältnis zwischen der Unmöglichkeit der Schau Gottes und dem Gedanken der göttlichen Unfaßbarkeit dar. Verlangt notwendigerweise die menschliche Unfähigkeit der göttlichen Schau die absolute Unmöglichkeit des Menschen, das Seiende zu begreifen? Die Frage ist zu bejahen. Philo selbst sieht eine enge Verbindung zwischen der Unfähigkeit zur Schau und der Unmöglichkeit des Erfassens Gottes: "... Denn jenes Wesen, das besser ist als das Gute, ehrwürdiger als die Einheit und reiner als die Eins, kann unmöglich von einem anderen geschaut werden, weil es nur von sich allein (vollkommen) begriffen werden darf"[723]. Als Grund der Unmöglichkeit des Schauens gibt Philo die Unfaßbarkeit des Seienden an. Im Text hat er nicht nur das erwähnte Verhältnis berücksichtigt, sondern auch vielleicht die extremste Aussage über die Unfaßbarkeit des Transzendenten geäußert. Nur Gott ist wie Gott und nur Gott kann vollkommen Gott erfassen. Essentia, existentia und intellectus sind bei dem Seienden ganz anders und nur in sich selbst definierbar. Definition und Faßbarkeit Gottes bergen sich in ihm selbst. Die Transzendenz des vollkommen Seienden bestimmt komplett seine Unfaßbarkeit und darüber hinaus die menschliche Unfähigkeit, das Wesen Gottes zu schauen.

Im Hinblick auf die Transzendenz Gottes ist die Lehre Philos über die menschliche Unfähigkeit der göttlichen Schau einer der wenigen Ansätze, den die christliche Überlieferung nicht übernommen hat. Die christliche Theologie spricht entschieden von einer "Schau Gottes" nach dem Tode im anderen Leben. Aber es hat immer allgemeine Gültigkeit, daß niemand Gott im Diesseits gesehen hat[724]. Trotz der radikalen Differenz, die sicher mit der Tatsache zusammenhängt, daß Philo der Eschatologie eine geringe Bedeutung beimißt, sind einige wichtige Übereinstimmungen hervorzuheben. Zum einen findet die intensive Beschäftigung der späteren Theologen mit der "Schau" Gottes in Philo ihren Vorläufer. Zweifellos ist dies ein dominierender Gedanke des theologischen Anliegens Philos, der kräftig nachgewirkt hat. In der Auffassung, daß Gott mit natürlichem Licht und darüber hinaus mit physischen Augen nicht gesehen werden kann, stimmen Philo und die spätere christliche Theologie überein. Die christlichen Theologen, - ich beziehe mich in der Hauptsache auf die katholischen -, sprechen vom sogenannten "lumen gloriae", einer Art "übernatürlichen" Werkzeugs, das die menschliche Fähigkeit erhöht und mit dessen Hilfe Gott "gesehen" werden kann. Der Nachdruck, mit dem Philo von der "Schau" Gottes redet, hat eine tiefe Spur in der Nachwelt hinterlassen. Die einseitige Betonung des Schauens ist völlig von der abendländischen Theologie übernommen worden. Bis heute spricht man fast ausschließlich in den theologischen Abhabdlungen zur Eschatologie vom "Schauen Gottes" zum Nachteil des stark biblischen Hörens. Zweifellos trägt Philo nicht die größte Schuld bei der Verlagerung des Hörens auf das Schauen. Die Hauptschuld liegt m.E. in der Privatisierung der griechischen Philosophie im abendländischen Denken. Aber die Übereinstimmung der philonischen Lehre und der späteren Theologie ist bezeichnend und nicht leicht vorstellbar ohne Philos mittelbare Beeinflussung der christlichen Theologie.

Die Lehre von der Unfaßbarkeit Gottes soll später in der Theologie der griechischen Kirchenväter, besonders bei Clemens von Alexandrien, Gregor von Nyssa und Johannes Chrysostomos, eine große Rolle spielen[725].

Philos angebliche Schwankungen über die Unmöglichkeit einer Schau Gottes könnten eine notwendige Konsequenz seiner Treue zur Heiligen Schrift sein. Viele anscheinende Widersprüche sind meiner Meinung nach nicht Widersprüche Philos, sondern biblische. Philo konnte sich nicht vorstellen, daß der Pentateuch nicht das Werk eines einzelnen Schriftstellers ist. Die erst im 19. und 20. Jahrhundert gewonnenen Erkenntnisse über die Bibel konnte Philo im ersten Jahrhundert nicht besitzen. Für ihn war selbstverständlich, daß Moses den Pentateuch im Ganzen verfaßt hat. Somit mußte Philos Auslegung der Bibel notwendigerweise auf Spannungen stoßen.

Die Idee der Transzendenz, die Philo der Bibel entnommen hat, stellt den roten Faden seiner ganzen Theologie dar. Sie nimmt einen so festen Platz ein, daß Philo die Philosophie seiner Zeit umbildet, immer wenn das Prinzip der Transzendenz es verlangt. In dieser Hinsicht modifiziert er fundamentale Aussagen der philosophischen Spekulation seiner Zeit. Pythagoras, Plato, Aristoteles und in gewissem Maße die Stoa werden um der Transzendenz willen umgeformt. Als rationaler Denker ist Philo von der absoluten Transzendenz des Seienden so fest überzeugt, daß er die Meinung vertritt, daß der Mensch im Kausalschluß höchstens die Existenz des Höchsten zu erfassen vermag. Philo spricht von einem Gott, dessen Transzendenz mit geschaffenen Kategorien gar nicht auszudrücken ist. Da dem Menschen angemessene Kategorien fehlen, um die erhabene Wirklichkeit des Urgrunds zu deuten, taucht bei Philo immer wieder diese innere Struktur in seiner Gotteslehre auf, die in seinem Denken fest verankert ist, nämlich die Unidentifizierbarkeit der göttlichen Realität und die Negativität ihrer Aussagbarkeit um der Vollkommenheit Gottes willen.

Das "Andersein" des Seienden ist ein markanter Zug des philonischen Transzendenzgedankens. Das ist die wichtigste Komponente, die alle anderen umfaßt. Man kann sagen, daß die anderen Komponenten nur Aspekte, Erläuterungen, Motive, Funktionen und Schlußfolgerungen des angedeuteten Gedankens sind. Von dem Ansatz der Transzendenz her entwickelt Philo zwei Wege in der Betrachtung Gottes: Die "via negationis" und die "via plenitudinis" oder "via perfectionis". Er hat dem Gottesbegriff nicht nur Negativität, sondern auch Positivität verliehen. In dieser Hinsicht kann man vorsichtig und mit Vorbehalt formulieren: Philo hat die inneren Strukturen der Gotteslehre der späteren Jahrhunderte wesentlich bestimmt und in gewissem Maße artikuliert. Eine wichtiger Frage war in unserer Untersuchung, was die eigentliche Quelle der philonischen Transzendenzlehre sei. Wir haben eine eindeutige Antwort gegeben: Die Idee als solche stammt aus der Bibel; die Schärfe der Formulierung aus der griechischen Philosophie. Auf diese Weise wirkt die Idee in der Terminologie; und umgekehrt bestimmt die Terminologie die Idee. Die geradlinige und logische Durchsetzung eines biblischen Gedankens, mit griechischen Kategorien ausgedrückt, stellt das größte Verdienst Philos dar.

Philo gelangt so, einem echten biblischen Gedanken folgend, dorthin, wohin der Hellenismus mit seiner gesamten Kultur nicht kommen konnte. Darin liegen die Bedeutung seines Ansatzes und der Rang seiner Hermeneutik. Philo führt also einen neuen Gedanken ein, der als philonisches Gut anzusehen ist, weil weder die Bibel noch die griechische Philosophie ihn in der Form und Weise Philos enthalten. Der eigentliche Sinn, den Philo der Transzendenz gibt, ist nämlich, daß Gott als der "totaliter alter" dem Übrigen gegenübersteht und daß Gott unidentifizierbar ist. Gott, der keine unmittelbare Relation und Analogie in der Schöpfung findet, geht in der Vollkommenheit seiner Perfektion nicht nur über die anderen Realitätten, sondern sogar über jede mögliche umfassende Formulierung hinaus. Er ist undefinierbar, weil er unerfahrbar und unerreichbar ist.

Die Deutlichkeit und der Nachdruck, mit denen Philo solche Gedanken vertritt, stellen sicherlich Verdienst genug dar, um ihm einen festen Platz in der Geschichte der biblischen Theologie und überhaupt in der Entwicklung der philosophischen Spekulation über Gott einzuräumen.

ZWEITER TEIL:
DIE IMMANENZ DES SEIENDEN

Einleitung

Der vertikalen folgt jetzt die horizontale Dimension, weil Gott für Philo außer transzendent auch immanent ist[726]. Gott ist nicht nur unendliche Distanz, unendliches Überragen und unendliches Hinausgehobensein über die Schöpfung, sondern auch unendliche Nähe, die ins Endliche eintritt, unendliche Präsenz, die das All bestimmt, unendliche Subsistenz, die das ganze Universum trägt. Das ganz andere Seiende geht als der Urgrund, das Gute, das Einzige, der Ewige, der Unveränderliche und der Vollkommene auf die eine oder andere Weise in die geschaffene Realität hinein. Von der Schöpfung ausgehend, hat es einen Sinn, vom transzendenten Gott zu reden. Durch die Tat der Schöpfung bekundet das Seiende seine wahre Existenz. In der Aufrechterhaltung des Geschaffenen bezeugt der Urgrund seine Tätigkeit.

Das Ziel dieser Ausführungen über die göttliche Immanenz besteht darin, den vielfältigen Berührungs- oder Schnittpunkten zwischen Gott und Schöpfung nachzugehen. Zuerst befassen wir uns mit grundsätzlichen Fragen, die sofort auftauchen. Wenn man die exakte Bedeutung der Transzendenz bei Philo berücksichtigt, muß man nicht notwendigerweise daraus schließen, daß jede Art der Immanenz bei ihm ausgeschlossen ist? Wie kann das Seiende in die Welt "hineinfallen", wenn vom Begriff aus die Idee, die Philo von der Transzendenz Gottes hat, bedeutet, von der Schöpfung total abgesondert zu sein? Mehr noch: Wie kann das Seiende in die Welt eintreten, wenn es alle möglichen geschaffenen Kategorien übersteigt? Wie kann das Seiende in Verbindung mit der Schöpfung gebracht werden, wenn es keinen unmittelbaren Zugang zuläßt? Die Beantwortung dieser Fragen ist besonders wichtig, um ein prinzipiell richtiges Verständnis des Immanenzbegriffs bei Philo zu erlangen. An anderen Stellen dieser Untersuchung wurde bereits eine Lösung vorausgeschickt, aber jetzt wollen wir uns aus anderen Perspektiven mit diesen Fragen auseinandersetzen.

Daß das Seiende das ganz Andere und von der Welt total abgesondert ist, bedeutet nicht, daß es in der Schöpfung nicht auf sehr verschiedene Weise wirken kann. In der Differenzierung dieser Auffassung schlägt Philo eine Brücke von der Transzendenz zur Immanenz. Für ihn bedeutet Immanenz nicht, daß das Seiende mit seinem eigenen Wesen in die Schöpfung eintritt, und noch weniger, daß es mit der Welt verschmilzt. Immanenz bedeutet für Philo, daß das abgesonderte Seiende nach seinem freien Vorsatz etwas von ihm total Verschiedenes geschaffen hat, und dieses Geschaffene bekundet auf sehr verschiedene Weise das schöpferische Wirken Gottes. Immanenz ist primär das Wirken Gottes in der Schöpfung, das sekundär die reflektierte Erkenntnis der göttlichen Wirkung durch den Menschen vervorruft.

Aber es sind noch weitere Differenzierungen hinsichtlich des Wirkens Gottes erforderlich. Auf direkte Weise wirkt Gott nur in seinem Logos und in seinen göttlichen Kräften. Philo erklärt in seinen Werken nie, wie dieses unmittelbare Wirken im ganzen zu verstehen und zu artikulieren ist. Auf die schwierige Frage nach dem Verhältnis zwischen dem Seienden und seinen Kräften werden wir später noch eingehen. Jetzt mag es genügen, die Tatsache der direkten Wirkung Gottes im Bereich des Göttlichen festzustellen.

Gott als Urgrund wirkt in der Schöpfung nicht unmittelbar, sondern mittelbar durch den Logos und die göttlichen Kräfte. Beide sind also als eine Art "Instrument" in den Händen Gottes zu betrachten. Dieses anthropomorphe Beispiel soll nicht verwirren, sondern es soll uns dabei helfen, die Immanenz Gottes in einen angemessenen Kontext einzuordnen. Das Modell, das Philo verwendet, um die Transzendenz zu vermitteln, ist einfach: Gott wirkt direkt im Logos und in den göttlichen Kräften und indirekt durch diese in der Schöpfung. Durch die Heranziehung dieses Unterschiedes bewahrt Philo die Transzendenz des Seienden und begründet zugleich seine Immanenz.

Das Seiende ist das ganz Andere und Unbekannte, das alle humanen Kategorien übersteigt. Dies bedeutet aber nicht, daß der Mensch keine Notiz von ihm nehmen kann. Der Mensch vermag die Existenz Gottes durch die Betrachtung der Welt zu erschließen, so, wie er auf das Vorhandensein eines Baumeisters bei der Betrachtung eines Gebäudes kommt. Damit beabsichtigt Philo unmittelbar keinen Gottesbeweis, aber er deutet den sogenannten "kosmologischen Beweis" häufig an. Das Bewußtsein der Tätigkeit Gottes in der Welt ist auch eine Form der Immanenz

Gottes in der Schöpfung, im Menschen. Die Erfahrung der Immanenz Gottes hat gerade in der menschlichen Möglichkeit der Erkennung der göttlichen Existenz ihren Ausgangspunkt.

Der Mensch besitzt die Fähigkeit, das Wort Gottes in der Bibel erkennen zu können. Sicher kommt dieses Wort nicht direkt vom Transzendenten zum Menschen, sondern durch die Vermittlung von verschiedenen, in Gottes Händen vorhandenen Werkzeugen. Aber von diesem Wort ausgehend kann der Mensch die Präsenz des Transzendenten in der Welt erkennen.

Die Immanenz des Seienden beginnt bei Philo dort, wo die Tätigkeit des Schaffens bei Gott anfängt. Es ist eine unabdingbare Lehre Philos, daß alles vom Seienden stammt und in ihm seine Subsistenz hat, obwohl das Seiende paradoxerweise unbeweglich und unbewegend ist. Ebenso ist das Seiende Ursprung aller ins Dasein gerufenen Wesen, obwohl es keinerlei direkte Beziehung mit der Schöpfung hat. Bei dem Versuch, diese Paradoxien zu entfalten und aufzulösen, ziehen wir die drei wichtigsten Elemente heran, die bei der Immanenzlehre Philos vorkommen: Logos - göttliche Kräfte, Kosmos und Mensch.

Die nach Gott erhabensten Wesen sind nach Philos Auffassung der Logos und die göttlichen Kräfte. Man könnte sagen, daß sie die ersten Einfälle des Seienden in einer von ihm verschiedenen Wirklichkeit sind. Streng genommen sind sie die Brücke, die zwischen dem unbeweglichen, unbewegenden Seienden, bzw. dem fernen, unzugänglichen Urgrund und der Schöpfung steht, im zwischen Immanenz und Transzendenz Gottes zu vermitteln. Die Immanenz des Transzendenten wird durch den Logos und die göttlichen Kräfte in der sichtbaren Welt erfahrbar. Damit gelangen wir an den Ort, an dem Gott immanent wird und an dem der Mensch die Immanenz Gottes erfährt, nämlich zu der wahrnehmbaren Schöpfung. Diese Welt kann auf sehr verschiedene und widersprüchliche Weise ausgelegt werden. Aber für Philo existiert nur eine relevante und gültige Interpretation, nämlich die Auslegung der Welt als Werk Gottes und darüber hinaus als Beweis und Stätte der göttlichen Wirksamkeit. Vielleicht ist die zentrale Rolle erkennbar geworden, die der Mensch in der Entdeckung der Immanenz spielt. Die Immanenz ist nicht nur eine humane Kategorie, sondern die Immanenz des Seienden im Universum erhält ihren Höhepunkt in der Betrachtung der menschlichen Wirklichkeit.

Es gibt kein Lebewesen, das perfekter die göttliche Realität in dieser Welt bekundet, als der Mensch. Nicht umsonst ist er "Abbild Gottes". In diesen kurzen Punkten haben wir versucht, einen knappen Überblick über die göttliche Immanenz nach Philos Lehre zu vermitteln. Betrachten wir nun zuerst den Logos und die göttlichen Kräfte, dann ganz allgemein die Schöpfung und zuletzt den Menschen.

1. Der Logos

Hier nun soll herausgearbeitet werden, welche Bedeutung und Funktion der Logos und die göttlichen Kräfte in der gesamten Konzeption der Immanenz und Transzendenz bei Philo einnehmen. Ohne die Heranziehung des Logos kann die göttliche Immanenz nicht verstanden werden. Der Logos ist in dem philonischen Lösungsversuch des theologischen Problems der Immanenz und Transzendenz der Schlüssel zum Verständnis. Philo überbrückt die unendliche, abgrundtiefe Distanz zwischen Gott und der Schöpfung vor allem durch einen Vermittler, den Logos[727].

Philo identifiziert niemals Gott mit dem Logos. Der Logos ist ein reales, vom höchsten Seienden verschiedenes Wesen. Unmißverständlich behauptet Philo den Unterschied und stellt die angemessene Rangfolge fest: "... In the first place (there is) He Who is elder than the one and the monad and the beginnig. Then (comes) the Logos of the Existent One"[728]. Tatsache ist, daß Philo den Logos umfangreicher beschreibt, als er über die eigentlichen Verhältnisse zwischen diesem und dem Seienden "theologisiert". Wenn er vom Logos spricht, konstatiert er bestimmte Prädikate, die die Wesenheit des Logos charakterisieren und erklären. "... Wenn jemand noch nicht würdig ist, Sohn Gottes zu heißen, so bestrebe er sich, sich zuzuordnen dem Logos, seinem Erstgeborenen, dem Ältesten unter den Engeln, da er Erzengel und vielnamig ist[729]. Er heißt nämlich: Anfang, Namen und Wort Gottes, der ebenbildliche Mensch und der Schauende, Israel ... Wenn wir auch noch nicht tüchtig (genug) sind, als Söhne Gottes erachtet zu werden, so doch (wenigstens) seines formlosen Abbildes, des hochheiligen Logos; der ehrwürdige Logos ist nämlich das Ebenbild Gottes"[730]. Der Text enthält eine gute Beschreibung der Attribute des Logos. Nach Philos

Meinung ist der Logos πρωτογονος θεος, ο αγγελων πρεσβυτατος, πολυωνιμος, αρχαγγελος, αρχη και ονομα θεου, ο κατ' εικονα ανθρωπος, ο ορων, Ισραηλ, αειδης εικων θεου, ιερωτατος. Andere Texte bekräftigen diese Auffassung und und erweitern sie: "... Die über diesen (den göttlichen Kräften) stehende göttliche Vernunft dagegen fügte sich nicht in eine sichtbare Gestalt, da sie keinem der sinnlich wahrnehmbaren Dinge gleicht, vielmehr ja ihrerseits ein Abbild Gottes darstellt und ein für allemal das älteste unter den geistigen Dingen ist, das in nächster Nähe Einzigen ohne einen trennenden Zwischenraum seine Stelle hat"[731]. Alle diese Texte beweisen den göttlichen Charakter des Logos, seine Erhabenheit und seine Nähe zu dem Seienden. Aber sie sagen sehr wenig über die Natur der Relation zwischen dem Höchsten und seinem Zweiten. Man kann dagegen einwenden, daß sowohl das Seiende als auch sein Logos unfaßbar sind: "... So untersuche auch nicht, ob das älteste unter dem Existierenden unaussprechlich ist, wo und auch sein Engel (Logos) nicht mit eigenem Namen aussprechbar ist. Und wenn es unaussprechlich ist, ist es auch unausdenklich und unerfaßlich"[732]. Aber meiner Meinung nach wurzelt der Grund tiefer: Das Fehlen einer Theologie über das Verhältnis zwischen Gott und Logos ist ein Zeichen der Schwierigkeit, auf die Philo stößt, um theologisch das Problem der im göttlichen Bezirk integrierten Immanenz und Transzendenz zu lösen. An einer Stelle versucht Philo, das Verhältnis zwischen Logos und Seiendem nahezubringen. Der Logos ist weder Unerschaffener wie Gott, noch Geschaffener wie das Geschöpf, sondern er ist in der Mitte zwischen beiden Extremen[733].

Meiner Meinung nach ist Philos Versuch mißlungen. Er kann nämlich den Charakter des Unterschiedes im Bereich des Göttlichen nicht erklären.

Die Frage nach der eigentlichen Wesenheit des Logos in Bezug auf das Seiende war schon immer ein schwieriges Problem in der philonischen Forschung[734]. Stellt für Philo der Logos eine selbständige Hypostase dar? Viele Forscher antworten darauf, daß der philonische Logos keine Person sein kann[735]. Aber diese Antwort bedarf einer Nuancierung. Philo hat sich mit der Frage der "Persönlichkeit" des Logos nicht auseinandergesetzt. Meiner Meinung nach existieren keine Zweifel daran, daß Philo dem Logos eine Existenz außerhalb des Seienden gegeben hat. Nur so können alle Töne der philonischen Transzendenz mitschwingen. Nur so kann der Logos zwischen Gott und Schöpfung vermitteln. Der Logos als Wort und Vernunft Gottes kann schwerlich vom Höchsten getrennt werden. Im Grunde ergibt sich die Unklarheit Philos bezüglich der "Persönlichkeit" des Logos aus der Schwierigkeit, das Problem der Immanenz und Transzendenz perfekt zu lösen.

Zwischen den vielen Aspekten, unter denen der Logos berücksichtigt werden kann, hat einer angesichts unserer Zielsetzung eine entscheidende Bedeutung: Der Logos ist Wort Gottes und seine Vernunft. In diesem Zusammenhang erhält er die schon erwähnten Prädikate 'Sohn Gottes'[736], 'Erstgeborener der Schöpfung'[737] und 'ältestes Ding der intelligiblen Welt'[738].

Als Wort Gottes geht der Logos unmißverständlich von dem Seienden aus. So ist Gott ἡ τοῦ πρεσβυτάτου λόγου πηγή[739]. An verschiedenen Stellen unterstreicht Philo die perfekte Übereinstimmung zwischen Wort und Tätigkeit bei Gott[740].

Eigentlich ist der Logos als Wort Gottes Ausdruck der Vernunft des Seienden. Der Logos als Wort Gottes ist also nicht von dem Logos als Vernunft Gottes verschieden. Das wird offenbar, wenn man die Funktionen untersucht, die der Logos im philonischen System innehat. Der folgende Text läßt die Übereinstimmung zwischen beiden eindeutig erschließen: Ἄνευ γὰρ τοῦ ὑποβολέως οὐ φθέγξεται ὁ λόγος, ὑποβολεὺς δὲ λόγου νοῦς, ὡς νοῦ θεός[741]. Der Bedeutungswandel des Logos von Wort zu Vernunft Gottes wird durch die Philosophie der Stoa begünstigt. Der gleiche Logos ist Ausdruck des Denkens und Ausdruck des Wortes, d.h. Ausdruck der Äußerung dieses Denkens[742]. Im Grunde ist der Logos als Wort und Vernunft Gottes Ausdruck der human-biblischen Bemühungen um die Erklärung der göttlichen Tätigkeit.

Es fällt auf, wie das Buch Genesis[743] in der Erzählung der Weltschöpfung keinen Unterschied zwischen Wort und Wirken Gottes in Gott macht. Gott will, und es ist gemacht. Die Wirksamkeit des göttlichen Wollens wird hier durch das Wort Gottes zum Ausdruck gebracht. Was die Genesis auf einfache Weise erzählt, spiegelt sich in reflektierten Aussagen in späteren Werken des Alten Testaments wieder. Der Psalmist singt: "... Vom Wort JHWH's sind die Himmel geschaffen"[744]. Einen weiteren Schritt stellen andere Texte der Schrift dar, in denen das Wort Gottes fast personifiziert gebraucht wird. In diesem Zusammenhang ist Jes 55,10-11 bekannt: "... Gleich wie Regen und Schnee vom Himmel fallen ..., so verhält es sich mit meinem Wort, das aus meinem Munde hervorgeht. Es kommt nicht leer zu mir zurück, ohne vollbracht zu haben, was ich wollte ..."[745]. Aus den Büchern der Weisheit geht noch stärker die Personifizierung des Wortes hervor, da sich hier Wort und Weisheit einander annähern: "... Gott der Väter und Herr des Erbarmens, der das All durch dein Wort geschaffen und durch deine Weisheit den Menschen gebildet hast ..."[746]. Es bedarf keiner langen Erklärungen, um zu verdeutlichen, daß diese Lehre des Alten Testaments sich bei Philo widerspiegelt. Einige Ausdrücke Philos über den Logos sind fast wörtliche Zitate aus der Schrift, wie ein Vergleich von Ps 33,9 und Sacr AC 65 zeigen könnte.

In der Bibel finden sich poetische Beschreibungen der Weisheit Gottes[747], die oft an eine göttliche "Personifikation" der Weisheit denken lassen, obwohl sie mehr als Metaphern[748] zu verstehen sind. Die Weisheit erscheint als etwas Verborgenes (Ijob 28,12 ff) und als etwas Nahes, als Führerin, Ratgeberin und Quelle des Lebens für den Menschen (Prov 8,22,31).

Die "nahe" Weisheit kann unter drei verschiedenen Gesichtspunkten betrachtet werden. Die "nahe" Weisheit ist aus Gott entstanden, sie ist das erste Werk Gottes[749]; sie geht hervor "aus dem Munde des Allerhöchsten"[750]; sie ist "ein Hauch der Kraft Gottes" und "sie ist ein Abglanz des ewigen Lichtes und ein makelloser Spiegel des Wirkens Gottes und ein Abbild seiner Güte"[751]; sie ist ein Geschöpf Gottes[752]. Die Weisheit "durchkreist" die Welt[753]; sie ordnet die Welt[754] und sie "erstreckt sich, kraftvoll wirkend, von einem Ende (der Welt) zum anderen und durchwaltet vortrefflich das All"[755]. Die Weisheit befindet sich zwischen den Menschen[756]. Sie ist Lehrerin[757], Wegführerin[758], Predigerin[759] usw.. Die "nahe" Weisheit bietet den Menschen das Leben[760], die Ruhe[761], die Erkenntnis[762] und das Heil[763] an.

Aus allen diesen Stellen kann man eindeutig schließen, daß die Weisheit, die einen sehr nahen Platz bei Gott einnimmt, eine Vermittlungsfunktion zwischen Gott und der Schöpfung und besonders zwischen Gott und den Menschen hat. Es ist unumstritten, daß diese biblische Reflektion bei Philo stark wirkt. Philo kennt die biblischen Bücher, die sich mit der Weisheit beschäftigen, und verbindet den Logos mit der Weisheit Gottes. Es ist eine auffallende Tatsache, auf die MACK hingewiesen hat, "... daß bei der Reflexionsstufe Philos die Funktionen, insbesondere die des Logos und der Sophia, weitgehend die gleichen sind. Als Mittelwesen zwischen Gott und Welt sind sie aus Gott entstanden, sind wiederum Vermittler der Schöpfung, verkörpern in sich die transzendente Welt und gelten als Quelle, Weg und Ziel des Heils"[764]. Bei Philo ist die tragende Gestalt der Vermittlung zwischen Gott und Schöpfung nicht mehr die Weisheit, sondern der Logos Gottes. Sicher ist diese Verlagerung nicht nur terminologisch. Aber vielleicht hat die Anwendung einer anderen Terminologie viel dazu beigetragen, daß die Verlagerung stattfinden konnte. Philo hat die Logos-Terminologie vom Hellenismus übernommen, denn in der Zeit Philos war die Logos-Lehre in den philosophischen Schulen besonders entwickelt.

Zusammenfassend können wir feststellen, daß das Buch Genesis und die Wort- und Weisheitsspekulationen der Bibel bei Philo die entscheidende Rolle zum Verständnis des Logos spielen. Unbestritten hat Philo auch verschiedene Motive aus seiner hellenistischen Umwelt, vor allem aus der stoischen Philosophie, übernommen. Die entscheidenden Momente aber, um eine Theorie der Immanenz Gottes zu gestalten, stammen eindeutig aus der heiligen Schrift.

Die primäre Funktion des Logos haben wir bereits erwähnt. Der Logos ist der Vermittler zwischen Gott und der geistigen Schöpfung und darüber hinaus der Schlüsselbegriff für die Immanenz und Transzendenz Gottes: "... Dem Erzengel aber, dem allererstem Logos, gab der Vater, der das Weltall geschaffen hat, ein auserlesenes Geschenk, daß er, auf der Grenzscheide stehend, das Geschöpf von dem Schöpfer absondere. Er ist einerseits der Fürsprecher des stets hilfsbedürftigen Sterblichenbei dem Unvergänglichen, andererseits der Abgesandte des Herrn an den Untertan ..."[765]. Ohne den Logos ist die Immanenz, die Tätigkeit, die Präsenz des Seienden im Universum unmöglich. Dafür gibt es die folgenden Gründe: Der Logos ist Abbild Gottes und Vorbild für den Menschen. Gott hat die intelligible Schöpfung durch den Logos geschaffen. Der Mensch kann nur durch die vom Logos inspirierte Tugend Gott wirklich kennen und ihm dienen.

Philo pflegt zu sagen, daß der Logos das Abbild Gottes ist.

Als Abbild ist er wie der "Schatten" Gottes: "... Denn wie Gott das Vorbild des Abbildes ist, das hier[766] Schatten heißt, so wird das Abbild zum Vorbild für andere ..."[767]. An dieser Stelle ist die Funktion des Logos als "similitudo Dei" und der Mensch als "similitudo" des Logos sichtbar. Der Logos als Abbild Gottes wird zugleich zum Vorbild für andere, besonders für den Menschen. Erst durch Vermittlung des Logos erhält der Mensch das göttliche Abbild. Auf ähnliche Weise kommt der Mensch zur Erkenntnis Gottes nicht unmittelbar, weil das Seiende ganz transzendent ist, sondern mittelbar durch den göttlichen Logos. Philo schwächt die Erhabenheit des Logos nicht ab: "... Die über diesen (göttlichen Kräften) stehende göttliche Vernunft (Logos) dagegen fügt sich nicht in eine sichtbare Gestalt, da sie keinem der sinnlich wahrnehmbaren Dinge gleicht, vielmehr ja ihrerseits ein Abbild Gottes darstellt ..."[768].

Die philonische Lehre kennt hinsichtlich des Logos als Werkzeug in der Weltschöpfung denselben als "causa instrumentalis" und "causa exemplaris". Bei der "causa instrumentalis" denkt Philo an die indirekte Tätigkeit des Seienden.

In welchem Sinne aber ist der Logos "causa exemplaris"? Philos Antwort lautet: "... Der Schatten Gottes ist seine Vernunft, die er gleichsam als Werkzeug bei der Weltschöpfung benutzt hat. Dieses Abbild und dieser Schatten, wie man es nennen kann, ist aber wiederum das Urbild anderer Dinge"[769]. An dieser Stelle verbindet Philo die Lehre der "causa instrumentalis" mit der Lehre der "causa exemplaris". Demnach besteht zwischen beiden kein Unterschied. Der Logos ist Werkzeug Gottes, insofern er Vorbild der Schöpfung ist. Eine ähnliche Meinung drückt Seneca in einem seiner Briefe aus: "... Exemplar quoque non est causa, sed instrumentum causae necessarium. Sic necessarium est exemplar artifici, quomodo scalprum, quomodo lima: Sine his procedere ars non potest"[770]. Das Bild, das Philo anwendet, um die Funktion des Logos zu charakterisieren, kann uns bei dem Verständnis des Gesagten helfen. Philo behauptet, daß der Logos ein "Spiegel Gottes"[771] ist.

Angesichts der Entdeckung der göttlichen Immanenz hat die Ausübung der Tugend[772] durch die Menschen in der philonischen Lehre eine entscheidende Bedeutung. In dem Maße, in dem die Menschen der Tugend folgen oder sie ablehnen, bezeichnet Philo sie als gute oder böse Menschen, als Freunde oder Feinde Gottes, als Träger der Nähe Gottes oder als von ihm Verlassene. Mittels des göttlichen Logos kann der Mensch die Tugend erfahren, die zu Gott führt. Der mensch nimmt an der Festigkeit und Unveränderlichkeit des Seienden teil, und durch seine Vermittlung kann der Mensch auch Festigkeit in der Tugend erlangen[773]. Auf diese Weise hat der tugendhafte Mensch auch eine Ähnlichkeit mit Gott. Auch er bleibt wandlungslos[774]. Man kann festlegen, daß nur die gute Seele Zugang zu dem Unveränderlichen hat[775].

Für die Vermittlungsrolle des Logos im Erringen der Tugend hat das Buch Som I eine zentrale Bedeutung. Philo spricht hier nicht nur vom Logos, sondern von anderen speziellen "logoi", d.h. Engeln, Boten, unsterblichen Wesen, die gleicherweise zwischen dem Menschen und der Tugend vermitteln[776].

Nach Philos Meinung kann die biblische Anspielung auf die Sonne in Gen 19,23-24 und 32,32 eine auf den Logos übertragene Bedeutung haben: "... Denn wenn Gottes Logos zu unserem irdischen Gebäude kommt, steht er denen bei, die mit der Tugend verwandt sind und sich ihr zuneigen, und er hilft ihnen, so daß er ihnen vollständige Zuflucht und Rettung verschafft, ihren Gegnern aber schickt er Vernichtung und heilloses Verderben"[777]. Einige biblische Bezeichnungen des Wortes "Ort"[778] können sich auch allegorisch auf den Logos beziehen: ".. Aussergewöhnlich schön aber ist es, daß er nicht sagt, er komme nach dem Orte, sondern er begegne einem Orte. Das Kommen ist ja etwas Freiwilliges, das Begegnen aber oft etwas Unfreiwilliges, und dies geschieht, damit der göttliche Logos plötzlich erscheine ..."[779].

Die soteriologische Vermittlung des Logos zwischen Gott und den Menschenkommt in Som I 68-69 voll zum Ausdruck. Gleichzeitig verbindet Philo seine Logoslehre mit der Doktrin der speziellen Logoi, von denen der Logos den ersten Platz einnimmt. Tugend und Logos gehören also aufs innigste zusammen, und wie die Tugend selbst in unterschiedliche Species zerfällt, entfaltet sich auch der Logos in die schon erwähnten einzelnen Logoi. Man könnte daher sagen, daß jeder Einzeltugend auch ein besonderer Logos entspricht. Der Logos bildet also die Grundlage allen ethischen Handelns.

Zusammenfassend läßt sich sagen, daß der Logos als Übergang

der Transzendenz des Seienden zur Immanenz vier verschiedene Funktionen hat: Eine ontologische, eine physisch-reale, eine phänomenologische und eine soteriologische Funktion.

Die ontologische Funktion des Logos wird in seiner "similitudo" mit dem Seienden und der geistlichen Schöpfung zum Ausdruck gebracht. Als Abbild Gottes ist der Logos zugleich Vorbild der Schöpfung und damit zugleich Vorbild des Menschen.

In der physisch-realen Funktion ist der Logos Vermittler zwischen dem Seienden und der ins Dasein gerufenen Nichtigkeit. Der Logos lenkt und steuert auch das All[780] und stellt zugleich das unzerreißbare Band des Universums dar.

Nur durch den Logos ist es möglich, die Existenz des Seienden zu erkennen, denn durch ihn wurde die Welt geschaffen. Das ist die phänomenologische Funktion. Ohne Logos existiert kein Wirken Gottes und auch keine Möglichkeit der Erkennbarkeit des Seienden.

In der soteriologischen Funktion ist der Logos Vermittler zwischen Gott und der Schöpfung in Bezug auf die Tugend. Er ist die Quelle der Tugend. Der Logos ermöglicht die menschliche Begegnung mit dem lebendigen Seienden[781].

2. Die göttlichen Kräfte

Philos Kräftelehre stellt ein dem Logos ähnliches Problem dar. Wie der Logos sind die Kräfte Gottes Mittelwesen, die zwischen dem Transzendenten und der sichtbaren Schöpfung vermitteln. Der Grund ist schon bekannt: Die göttlichen Kräfte nehmen diesen Vermittlungsplatz ein, weil das Seiende zu erhaben ist, um mit der Welt in direkte Berührung treten zu können. In Bezug auf den Rang sind sie dem Logos weit unterlegen[782]; aber angesichts der sachlichen Funktion nehmen sie einen dem Logos ähnlichen Platz ein. Im Grunde hätte Philo das Problem der Immanenz nur mit der Anwendung der Logoslehre lösen können, ohne auf die Kräfte zurückzugreifen. Aber er nimmt auch die Kräftelehre in Anspruch. Hier ist Philo der Umwelt verbunden. Die Aufteilung der im Bezirk des Göttlichen verweilenden Wesen in verschiedene Hierarchien war eine allgemeine Lehre der Antike, die auch in der Bibel vorkommt. Als dem Logos untergeordnete Realitäten führen die Kräfte Funktionen durch, die der Logos wegen seiner Würde und Nähe zum Nächsten nicht realisieren darf. Bei Philo ist spürbar, daß die göttlichen Kräfte die "nächstliegenden Kettenringe" sind, die die Materie mit dem Göttlichen verbinden. Der Logos ist ein Instrument bei der geistigen Schöpfung. Die Kräfte sind auch Instrumente, dies jedoch in der Schöpfung der empirisch erhebbaren Dinge. In der philonischen Konzeption besitzen die göttlichen Kräfte kein eigenes Leben; sie "leben" in dieser Konzeption nur, indem sie als "Übergangsgedanken" zwischen Transzendenz und Immanenz vermitteln. Wenn Philo auf Spannungen zwischen Transzendenz und Immanenz stößt, zieht er die Kräftelehre zur Hilfe heran. BOUSSET hat die göttlichen Kräfte daher auch als "Zwitterwesen"[783] charakterisiert.

Philo bekräftigt den fundamentalen Unterschied zwischen den Kräften und dem Seienden: "... Gott ist der Höchste, der sich über seine eigenen Kräfte emporgereckt hat"[784]. Oft zählt Philo die Kräfte Gottes auf, obwohl er merkwürdigerweise fast nie die gleiche Anzahl, Namen und Funktionen aufführt. Philo beschreibt die beiden wichtigsten Kräfte des Seienden: "... Es ist aber ... der Vater des Weltalls der mittlere, der in den heiligen Schriften mit seinem eigentlichen Namen 'der Seiende' genannt wird, auf beiden Seiten aber sind die höchsten und nächsten Kräfte des Seienden die schöpferische und die regierende (Kraft) ... die schöpferische heißt 'Gott', denn mit dieser hat er das All (ins Dasein) gesetzt und eingerichtet, die regierende 'Herr', denn es ist ja billig, daß der Schöpfer über das Geschöpf herrscht und regiert"[785].

Die zwei Namen, 'Gott' und 'Herr', sind die Bezeichnungen, mit denen die Septuaginta die Gottesnamen אלהים und יהוה der Bibel übersetzt. Aber für Philo sind sie die zwei höchsten Kräfte des Seienden. Die erste Kraft nennt Philo auch die schöpferische, wohltuende und gnädige; die zweite nennt er die königliche, leitende und strafende. Diese Attribute werden von ihm aus den griechischen Ausdrücken 'Gott' und 'Herr' abgeleitet. Die Besonderheit der griechischen Übersetzung stellt für Philo einen genügenden Anlaß dar, um in seiner Kräftetheorie neue Perspektiven unterzubringen. "... Von den Kräften aber, die es (das Seiende) in die Welt des Werdens spannte zum Heil des Geschaffenen, können einige sozusagen relativ heißen, die königliche, die wohltuende. Denn der König ist König von etwas und der Wohltäter Wohltäter von etwas ... Verwandt mit diesen ist auch die schöpferische Kraft namens 'Gott'. Denn mittels dieser Kraft ordnete alles der zeugende und werkende Vater, so daß die Worte 'Ich bin dein Gott' die Bedeutung haben von: Ich bin Schöpfer und Werkmeister"[786]. Eine größere Anzahl von göttlichen Kräften führt Philo an anderen Stellen an: "... Unter ihnen (den göttlichen Kräften) hat die schöpferische Kraft, mittels deren er bei der Schöpfung durch sein Wort die Welt bildete, den Vorrang; die zweite ist die königliche Kraft, durch welche der Schöpfer über das Gewordene herrscht; die dritte die gnädige, vermöge deren der Künstler sich seines eigenen Werkes mitleidig erbarmt;/ die vierte die gesetzgeberische, durch die Gott vorschreibt, was geschehen soll, die fünfte/[787] ein Teil der gesetzgeberischen, durch den er das, was nicht geschehen soll, verbietet"[788].

Mehr als an ihrer Beschreibung sind wir an den Funktionen der göttlichen Kräfte interessiert. Fast immer stehen sie als Vermittler zwischen Transzendenz und Immanenz unter einem konkreten Aspekt. Philo betont, daß Gott direkt unfaßbar ist und nur durch seine eigenen Kräfte erkannt werden kann. Die Kräfte sind nämlich die "Gehilfen Gottes" bei der Schöpfung. Da das Seiende die Materie auf Grund seiner Erhabenheit nicht berührt, wendet es die angemessenen Kräfte an, um die materiellen Dinge zu gestalten. Als "Werkzeuge des Höchsten" können sie nicht willkürlich verfahren, sondern ihr Schaffensvermögen ist beschränkt. Sie müssen sich nach Gottes Fügungen richten. Sogar wenn die Kräfte strafen, benötigen sie die Bewilligung des Seienden: "... Denn es gebührt sich, daß Gott wohl seine Gaben, seine Geschenke und Wohltaten selbst darreicht, da er von Natur gut ist und das Schenken sehr liebt, seine Strafen dagegen, zwar nicht ohne seinen Auftrag - da er ja König ist -, aber doch durch andere, die zu einem derartigen Dienst geeignet sind. ausführen läßt"[789]. An anderer Stelle präzisiert Philo einen wichtigen Sachverhalt. Selbständig schaffen die Kräfte nur den unvernünftigen Seelenteil des empirischen Menschen. Damit möchte Philo das Problem des Bösen in den angemessenen Rahmen einordnen, und so bannt er vom Seienden jede Art des Bösen[790]. Philo ist von der Gütigkeit des Seienden so überzeugt, daß er immer wieder behauptet, daß Gott in der Schöpfung nur auf das einwirkt, was der Vollkommenheit seiner Transzendenz entspricht. Alles andere überläßt er seinen Kräften. Während Gott die höchsten Güter verleiht, geben die Kräfte nur die sekundären aus, und vor allem sind sie die Vollstrecker der Strafen: "... Dieser war eben ... der wahrhaft Seiende, der es für angemessen hielt, das Gute in eigener Person zu gewähren, seinen Kräften dagegen aufzutragen, in seinem Dienst das Gegenteil zu vollbringen, damit er ausschließlich für den Urheber des Guten gehalten würde, nicht aber für den Urheber irgend eines Übels"[791]. Der Gedanke, daß Gott Untertanen, d.h. den Kräften, die Vollstreckung der Strafen zuweist, kommt bei Philo oft vor.

Durch seine Kräfte ist Gott in der Welt immer gegenwärtig. Die Worte von Dt 4,39 "Gott im Himmel droben und drunten auf Erden" legt Philo so aus: "... So wähne niemand, dies beziehe sich auf Gottes Sein, - denn der Seiende kann nur umfassen, aber nicht selbst umfaßt werden - sondern (es bezieht sich) auf die ihm eigene Macht, mit der er das All gesetzt, geordnet und ausgestattet hat"[792].

Die unmittelbare Wirkung der biblischen Sprache hinterläßt bei Philo viele Spuren. Nicht selten scheint Philo dem transzendenten Gott Funktionen zuzuschreiben, die eigentlich in seinem System nur als Funktionen der göttlichen Kräfte oder höchstens als die des Logos betrachtet werden müßten. Die Einführung der "communicatio nominum" vermag diese Schwierigkeit zu überwinden. Ich sehe in der Lehre Philos Widersprüche, die ich nicht um jeden Preis rechtfertigen möchte; vielmehr möchte ich von mir aus einen Begriff einführen, der hier weiterhelfen kann. Es handelt sich um den allerdings theologiegeschichtlich bisher ungewöhnlichen Begriff der Communicatio nominum. Was damit gekennzeichnet wird, enthält eine innere Struktur in der philonischen Gotteslehre, die wir nicht übersehen dürfen. Die Spannung zwischen Immanenz und Transzendenz läßt sich damit erklären. Unter "communicatio nominum" verstehe ich die sprachliche Übertragung von Taten auf den transzendenten Gott, die im eigentlichen Sinn den göttlichen Kräften zuzuschreiben wären.

Die Rechtfertigung dieses Verfahrens ergibt sich aus dem Integrationsprinzip. Das Integrationsprinzip ist die Einheit des Ursprungs im Urgrund, in Gott. Gott als erstes und transzendentes Wesen stellt das erste Prinzip jeder Tätigkeit dar; darüber hinaus kann man das

Wirken der im Bereich des Göttlichen verweilenden Kräfte auf ihn als Lenker und Halter des Alls zurückführen. Der Schlüssel zum richtigen Verständnis des Gemeinten liegt im Wort "Wirken". Dieses Wirken macht alle möglichen Handlungen aus, die den göttlichen Bereich in ein Verhältnis von Aktion und Relation mit dem Übrigen stellen. Nur das Böse, so Philo, läßt sich nicht auf Gott zurückführen. Wenn Philo Gott viele Tätigkeiten unmittelbar zuschreibt, widerspricht er sich nicht, sondern er wendet stillschweigend diese "communicatio nominum" an. Die Sprache des Predigers, des Mystikers, des Lehrers verlangt diese Unmittelbarkeit zwischen dem Unbedingten und dem Bedingten. Aber als sorgfältiger Theologe weiß Philo sehr gut, daß eine unmittelbare Beziehung zwischen den beiden genannten Extremen undenkbar ist. Außerdem besitzt der Mensch auf Grund seiner Vernunft die Fähigkeit der Unterscheidung zwischen dem Seienden einerseits und dem Seienden in Verbindung mit seinen Kräften andererseits, weil Gott "sowohl unabhängig von ihnen (den göttlichen Kräften) erblickt wird, als sich auch in ihnen offenbart"[793]. Die göttlichen Kräfte dürfen nicht als "Werkzeug" eines Schaffenden wie der Hammer eines Bildhauers im Verhältnis zum Marmorblock verstanden werden. Es geht hier um ein "geistiges Instrument", das eine unmittelbare Relation zu begründen vermag. Das kann uns einem besseren Verständnis der philonischen Lehre näherbringen. Für Philo ähnelt Gott einem absoluten Monarchen, dem die eigene Würde eine unmittelbare Berührung mit den Untertanen verbietet. Aber weil er ein guter und um das Wohl seiner Untergebenen bemühter König ist, sendet er Botschafter - die göttlichen Kräfte - aus, die zwischen Monarch und Untertanen vermitteln.

Wie es bei der Beschreibung der Kräfte zu erschließen war, offenbart sich das Seiende durch die Tätigkeit seiner Kräfte als "Herr" und "Gott". Wie die Handlungen eines Botschafters auf den König, den er vertritt, zurückzuführen sind, so ist die Tätigkeit des Logos und der göttlichen Kräfte in ihrem letzten Grund dem Seienden zuzusprechen. auf diese Weise ist das Seiende: Der Lenker des Alls[794], der Herr des Alls[795], der Vater des Alls[796], der Schöpfer des Alls[797], der Baumeister des Alls[798], der Werkmeister und Schöpfer[799], der Schöpfer der Welt[800], der Urheber der Welt[801], der Vater und König der Welt[802], der Baumeister und Verwalter der Dinge im Himmel und in der Welt[803], der Wundertäter[804], der einzige kunstvolle Verfertiger von allem[805], der größte Werkmeister[806], der Verursacher vom Verursachten[807], der Vater der Götter und Menschen[808], der Gott Abrahams, Isaaks und Jakobs[809] und der König[810].

Nicht alle Tätigkeiten der Kräfte kann man in der philonischen Konzeption dem Seienden bzw. dem Urgrund zuschreiben, sondern nur die Tätigkeiten, die Gott als Ursprung haben. In dieser Hinsicht ist Gott als Ursprung nur als Gutes und als Vollkommenes zu betrachten. Darüber hinaus kann man das Böse und das Unvollkommene in allen ihren Erscheinungen weder direkt noch indirekt Gott zuschreiben. Das Böse stammt von einer anderen Ursache her, die mit dem Seienden überhaupt keinen Berührungspunkt hat. Andererseits ist die "communicatio nominum" eine auf das Seiende allein bezogene Wirklichkeit. Was vom Seienden auf exklusive Weise prädiziert wird, kann von den göttlichen Kräften nicht behauptet werden. Die Vollkommenheit des Seienden ist nicht übertragbar.

Die "communicatio nominum" ermöglicht das Verständnis der Immanenz Gottes aus seiner Transzendenz heraus. Der über alles erhabene Gott tritt damit in eine direkte Beziehung zur Welt. Das eigentliche Thema der Bibel, nämlich das gegenseitige Verhältnis zwischen Gott und dem Menschen, behauptet sich auf diese Weise ohne Widerspruch und ohne Preisgabe der Transzendenz.

Die philonischen Werke sind nicht als einheitliche Schrift einer bestimmten Epoche zu betrachten, sondern sie sind die Arbeit eines langen Menschenlebens. Im Laufe der Zeit ist die Verschiebung der Perspektiven leicht möglich. Anhand eines Beispiels läßt sich dieses Phänomen erklären. In Op Mund 100 sagt Philo, daß der Lenker des Alls "... weder bewegt, noch bewegt wird". Gott als unbewegte Ursache ist hier ein selbstverständliches Faktum, das uns bekannt ist und uns vor allem an Aristoteles erinnert. An anderer Stelle[811] sagt Philo genau das Gegenteil, nämlich, daß Gott bewegt. Die Erklärung dazu ist, daß die Perspektiven verschieden und beide Sätze damit richtig sind. Gott als Urgrund bewegt die Kräfte, aber in sich selbst betrachtet - wie es hier der Fall ist -, ist Gott nicht nur unbeweglich, sondern er bewegt auch nicht. Die Bewegung, d.h. die Veränderung, entsteht da, wo es eine direkte Relation zwischen Ursache und Wirkung gibt. Daher erscheint es einsichtig, daß Gott nicht bewegt, weil er keine direkte Beziehung zur Welt hat. Aber weil Gott als Urgrund durch die Kräfte bewegt, und er immer als erste Ursache zu betrachten ist, kann man auch behaupten, daß er alles bewegt. Gott ist nicht die direkte Ursache, aber doch der letzte und ausschlaggebende Urgrund. In diesem zweiten Fall wird Gott im Verhältnis zu seinen eigenen Kräften gesehen.

Die zahlreichen Modifikationen hinsichtlich der Funktionen der göttlichen Kräfte und des Logos und des Verhältnisses zwischen beiden und dem Seienden deuten meiner Meinung nach auf die Schwierigkeit Philos hin, seine Lehren mit der Heiligen Schrift belegen zu können[812]. Der Rückgriff auf die biblischen Termini "Herr" und "Gott" und die Auslegung vieler Stellen der Tora sind aber gleichzeitig seines Ringens um die Bibel. Die Heilige Schrift bestimmt und bedingt Philos gesammte Theologie. Philo als Theologe und Ausleger des Alten Testaments hat eine Theorie entwickelt, in der aber doch deutliche Spuren seiner Umwelt erkennbar sind.

Das eigentliche Problem liegt in der Aufteilung, die Philo im göttlichen Bereich macht: Einerseits existiert das Seiende, und anderer bestehen der Logos und die Kräfte. Das Sprechen vom Wort und von der Weisheit Gottes in der Bibel als etwas von Gott selbst Verschiedenes ist das ausschlaggebende Faktum, das die philonische Vermittlungstheorie zwischen Transzendenz und Immanenz bestimmt und bedingt. Auffällig ist weiterhin, daß Philo im göttlichen Bereich eine Gegenüberstellung des göttlichen Logos und dessen Kräften vornimmt. Diese dualistische Entfaltung entsteht nun, nachdem Philo hier eine Teilung des Göttlichen eingeführt hat. Für ihn ist das Göttliche keine Einheit mehr, sondern es macht zwei klar definierte Wirklichkeiten aus. Auf der einen Seite ist das Seiende als das transzendente Wesen, und auf der anderen Seite sind der Logos und die Kräfte als die Vermittlungswesen.

Daß Philo nicht nur den Logos, sondern auch die Kräfte in seine Theorie eingefügt hat, hängt damit zusammen, daß er die Ideenlehre Platos in sich aufgenommen hat. So wirkt der Logos in der Ideenwelt, während die Kräfte in den empirischen Wirklichkeiten wirken. Die dualistische Lehre des Platonismus zwingt Philo dazu, eine zweifache Entfaltung in seiner Vermittlungslehre vorzunehmen.

Philo ordnet die Kräfte gemäß ihren Funktionen in ein hierarchisches System ein. Das hängt mit einem Motiv vieler Religionen zusammen, welches auch der Bibel nicht ganz fremd ist. In der religiösen Welt der Antike war die Aufteilung der im Göttlichen tätigen Wesen in verschiedene Ränge ein feststehendes Schema. Hier nun muß sich Philo nach zwei Seiten hin verteidigen. Einerseits will er die Transzendenz Gottes um jeden Preis aufrechterhalten, denn sein jüdischer Glauben zwingt ihn dazu. Andererseits kann Philo die Immanenz des biblischen Gottes nicht ausschließen. Das Problem beginnt dann, wenn er Transzendenz und Immanenz in Einklang miteinander bringen will. Die einzige Lösung, die Philo sieht, besteht in der Teilung des Göttlichen. Das Göttliche stellt dann keine Einheit und keine Einfachheit mehr dar, sondern es macht verschiedene Prinzipien aus, und in diesen Prinzipien sind verschiedene Namen, Ränge, Verhältnisse etc. vorhanden. Nur das im höchsten Rang stehende Seiende ist eigentlich der alleinige, einzige und "ein"fache Gott. Philo reduziert den immanenten Gott der Bibel auf die Immanenz des Göttlichen. Das Seiende bleibt immer in seiner Erhabenheit isoliert. Der Logos und die anderen im göttlichen Bezirk sich bewegenden Kräfte ermöglichen die Lösung der Immanenz, aber sie relativieren den Monotheismus der Bibel ein Stück weit. In diesem Zusammenhang begegnen wir einem Zwiespalt in der Lehre Philos. Einerseits ist er der exponierte Vertreter der Einheit, Einzigkeit und Einfachheit Gottes, doch auf der anderen Seite spaltet er mit der konsequenten Durchführung der Lehre über den Logos und die Kräfte den Begriff der Einheit in Bezug auf Gott. Die Folge daraus ist die Verunsicherung des Einheitsbewußtseins des biblischen Glaubens[813].

Der erste Lösungsversuch, den Philo unternimmt, um das Problem von Transzendenz und Immanenz angemessen zu sehen, erweist sich für das Judentum als gefährlich. Doch für das Christentum und die Entwicklung seiner Trinitätslehre stellt sich dieser Weg als sehr fruchtbar heraus[814].

3. Der Kosmos

Die Beschäftigung mit dem Logos und den Kräften hat gezeigt, wie das Seiende in der Schöpfung wirkt. Die göttliche Immanenz beginnt dort, wo Gott wirkt und wo seine Tätigkeit anerkannt wird. In der Anerkennung des göttlichen Tuns bringt das Seiende seine Präsenz zum Vorschein. Bei Philo schließlich besteht eine Korrelation zwischen dem Wirken und der Präsenz des Seienden. Darin bedeutet Präsenz nur die Anerkennung der göttlichen Wirklichkeit, der Existenz des Seienden durch die Tätigkeit des Logos und der göttlichen Kräfte. Das Wirken des Logos und der Kräfte zeigt die Präsenz bzw. die Wirklichkeit der Existenz des Urgrunds. Damit wird aber nicht gesagt, daß Gott mit seinem Wesen im Wirken präsent ist. Das Wesen des Seienden bleibt immer unerreichbar und unfaßbar. Gott ist präsent und tätig im Kosmos und im Menschen. In ihnen befinder sich der Ort der Immanenz des Seienden.

Im Blick auf die Vernunft kann der Kosmos auf verschiedene Weise ausgelegt werden, nämlich atheistisch, pantheistisch, polytheistisch und in Bezug auf den einzigen Gott. In den ersten drei Auslegungen ist die Deutung mißlungen, denn der Mensch verfehlt das wahre Sein des Kosmos. Nach der Meinung Philos kann der Kosmos nur richtig verstanden werden, wenn er als geschaffenes Wesen anerkannt wird. Die wahre Natur des Kosmus offenbart sich in der Bezugnahme auf das Seiende.

Wenn in der menschlichen Seele die "reinen Strahlen der Vernunft leuchten, durch die der Weise (tugendhafte Mensch) Gott und seine Kräfte schaut"[815], dann wird die Realität des Kosmos auf echte Weise sichtbar. Dann nämlich wird erkannt, daß das höchste und wahrhafte Heiligtum Gottes das ganze Weltall ist[816]. Philos scharfes Eintreten gegen Atheismus und Polytheismus wurzelt in der Tatsache, daß der Kosmos für ihn keine selbständige Größe ist. Der Kosmos hat den Grund seines Daseins nicht in sich selbst, sondern darin, daß er Gott seine Wirklichkeit verdankt. So verstanden entdeckt die Schöpfung zugleich das Dasein des Seienden, "... den Zweck, zu dem sie geschaffen wurde, nämlich damit sie ein Beweis für das 'Vorhandensein' Gottes ist"[817]. Die Erkenntnis Gottes wird von Philo als Möglichkeit des geschaffenen Seins selbst verstanden.

Der transzendente Seiende hat in einer bestimmten Konkretion seiner Phänomenologie den "Schnittpunkt", der zur Immanenz führt. Im Seienden findet die menschliche Vernunft den Zugang zu Gott. Nur wenn der Mensch die Existenz Gottes "begreift", kann das Bewußtsein über die wahre Wirklichkeit Gottes entstehen. Nur wo diese Existenz zum Vorschein kommt, beginnt die Rede über Gott. Nur weil die menschliche Vernunft die göttliche Existenz erfaßt, hat es einen Sinn, eine Lehre über Gott zu entwickeln. Aber der Mensch ergreift das göttliche Sein als etwas, das ihm "davonläuft"; etwas, das die menschliche Vernunft mit Klarheit erschließen kann, aber nicht erfahren darf. Bezüglich beider Aspekte ist der Mensch im Hinblick auf Gott "aufgeschlossen"; aber in dieser Aufgeschlossenheit nimmt er die unendliche Diastase zwischen sich selbst und dem Unbedingten wahr. Wenn der Mensch die wunderbaren Werke der Schöpfung betrachtet, kann er tatsächlich das Sein Gottes, das Sein des ersten Urgrunds, erschließen. In dieser Hinsicht stimmen die philonischen Behauptungen mit den Aussagen des biblischen Weisheitsbuches überein, obwohl die biblische Perspektive eine andere ist[818].

Für Philo ist es selbstverständlich, daß die göttliche Aussage in Dt 32,39a auf die eigene Existenz Gottes bezogen ist. Wenn das Seiende aussagt: "... Sehet, daß ich bin", möchte es darauf hinweisen: "... Sehet, daß ich existiere und diese meine Existenz kann mit Deutlichkeit durch die menschliche Vernunft erfaßt werden". Das ist der Schwerpunkt der ganzen philonischen Argumentation[819]. JHWH selbst bezeugt mit seinen eigenen Worten die absolute Wirklichkeit der natürlichen Offenbarung: "... Das wahrhafte Sein aber ist nicht nur durch Ohren, sondern durch die Geistesaugen aus den kosmischen Kräften und dem zusammenhängenden und ununterbrochenen Verlauf unzähliger Schöpfungswerke wahrzunehmen und zu erkennen möglich. Deshalb heißt es in dem größeren, Gott in den Mund gelegten Gesang: 'Sehet, sehet, ich bin' (Dt 32,39), da das wahrhafte Sein mehr mit Deutlichkeit erfaßt, als mit einem Beweise durch Worte bekannt gemacht wird ..."[820]. Das biblische Zitat von Dt 32,39a stellt den Mittelpunkt der ganzen Argumentation dar und spielt bei der Erläuterung des Textes eine Schlüsselrolle. Philo führt die Auslegung auf verschiedenen Ebenen durch. Die Tat der göttlichen Offenbarung ist primär, denn Gott will sich offenbaren. Der Mensch empfängt auf intuitive Weise diese Offenbarung Gottes. So erschließt er die Existenz des Einzigen. Die Offenbarung Gottes ist nur teilweise erfahrbar. Der Mensch kann nur erfassen, daß Gott existiert, nicht aber die Art und Weise.

Die philonische Schöpfungslehre steht ganz im Einklang mit der biblischen Lehre. Eines der wichtigsten Bücher Philos[821] hat als Thema die Erläuterung des biblischen Schöpfungsberichtes. So wie die Hagiographen des Pentateuchs die Schöpfung als einheitliches Werk Gottes darstellen, so betrachtet auch Philo die Schöpfung als eine perfekte Einheit, die aus Gott hervorgeht. Das bedeutet, daß alles Geschaffene von einem einzigen Urgrund entstammt. Philo wendet sich damit gegen die Epikuräer, "... die mehrere, ja sogar unendlich viele Welten annehmen, Leute, die in Wahrheit selbst unerfahren und in völliger Unkenntnis der Dinge sind, die zu wissen für sie gut wäre[822]. Die Polemik hat ihre Begründung nicht nur in der Verteidigung einer kosmologischen Wahrheit, sondern vor allem in der Rechtfertigung der Einzigkeit des Seienden. Die Annahme, daß das Weltall aus unendlich vielen begrenzten Einzelwelten besteht, - wie Demokrit und die Epikuräer es vertraten - war ein Grund für die Verneinung der Existenz eines einzigen Gottes und führte schlechthin zum Abfall in den Atheismus.

Die Frage, ob Philo die "creatio ex nihilo" kennt, ist mit Einschränkung zu bejahen. Diese Einschränkung ist gerechtfertigt, da im philonischen Lehrwerk eine Behauptung vorkommt, die eindeutig die "creatio ex nihilo" ablehnt. Zum Begriff "Vergehen" äußert sich Philo: "... 'Vergehen' heißt einerseits die Veränderung zum Schlechteren hin, andererseits die völlige Beseitigung aus dem Sein, und von dieser müssen wir sogar sagen, daß es sie nicht gibt. Wie nämlich aus Nichtseiendem nichts wird, so geht auch nichts so zugrunde, daß es ins Nichtseiende übergeht"[823]. Doch diese Behauptung Philos kommt in einem Buch vor, das mit guten Gründen als unecht, bestenfalls jedoch als Jugendwerk betrachtet werden kann[824]. Hält man sich die übrigen Werke Philos vor Augen, ist es nicht zu bestreiten, daß er die "creatio ex nihilo" gekannt hat. Die Existenz eines "Urstoffs" war eine allgemein anerkannte Lehre der griechischen Philosophie. Plato und Aristoteles haben eine Schöpfung aus dem Nichts nicht einmal geahnt. In diesen Kontext kann man den frühen Philo einordnen. Doch später erkannte er die "creatio ex nihilo" unter dem Einfluß der Bibel[825] und machte sie für die Theologie fruchtbar. Die "creatio ex nihilo" garantiert die wesentliche Jenseitigkeit des Seienden und zugleich seine wahre Bezogenheit auf die Schöpfung.

Philo behandelt auch das Thema der göttlichen Vorsehung. Ausführlich - fast monographisch - stellt er es in den zwei Büchern "De Providentia I et II" dar, besonders aber mit Schwergewicht im ersten Buch[826]. Der Grundgedanke von Prov I 23-33 ist, daß Gott Schöpfer und zugleich Fürsorger der Welt ist. In der philonischen Argumentation gibt es drei wichtige Punkte: Wenn die Schöpfung und einzelne ihrer Teile Weisheit und die Fähigkeit der Fürsorge aufzeigen, muß auch Gott sie haben. Philo zieht mehrere Beispiele des täglichen Lebens heran, um die göttliche Vorsehung überzeugend zu veranschaulichen. Der Fortfall der Vorsehung wäre auch der Wegfall der ganzen Kultur[827]. Die Ordnung, die in der Welt als Ganzes herrscht, stellt ohne die göttliche Fürsorge ein unerklärtes Faktum dar. Unter "Vorsehung" versteht Philo "die meiste Sorgfalt", die Gott auf alle Dinge der Schöpfung verwendet: "... Denjenigen also, der den gesamten Dingen die meiste Sorgfalt widmet, wollen wir 'vorsehend' nennen; es sorgt nämlich der Mensch für seine Kinder, der Rinderhirt für das Vieh, ... sogar die Biene ist weise und die Ameise vorsehend. Das aber sind Teile und Teilchen der Teile des Weltganzen[828] ... Es muß ja der Schöpfer voraussehende Fürsorge für die von ihm geschaffenen Dinge besitzen; denn es gibt nichts, was nicht von ihm gepflegt wird. Wieso wollen wir also die Vorsehung Gottes nicht wohlbegründet nennen, besonders da gerade das von ihm Geschaffene Vorsehung zeigt"[829]. Daraufhin greift Philo die Epikuräer, die die Vorsehung leugneten, an: "... Was ist das für ein törichter Neid, daß gerade diejenigen, die selbst beanspruchen, vorsehend zu sein, Gott die Vorsehung aberkennen!"[830].

Aus dem Vorgebrachten ergeben sich zwei wichtige Punkte. Philo bekräftigt die Existenz der universalen Fürsorge Gottes. Daneben versteht Philo die göttliche Vorsehung als eine Art von Ergänzung der Tätigkeit Gottes in der Schöpfung.

Die Vorsehung ist eine Tatsache der Immanenz Gottes, die die liebevolle Beziehung Gottes zur Schöpfung, besonders zum Menschen, zum Ausdruck bringt. Die Vorsehung ist eine "Schlußfolgerung" der Schöpfung; sie ist "creatio continuata", Ergänzung des Schöpfungswerkes. Die Güte des Schöpfers stellt die "Ergänzungslinie" dar. "... Bist du jedoch entschlossen, das Auge deiner Seele zu schärfen und nach Gottes Vorsehung Umschau zu halten, soweit es menschlichem Denken möglich ist, so wirst du eine deutlichere Vorstellung von dem bekommen, was wahrhaft gut ist, und die Dinge bei uns hienieden verlachen, die du bisher bewundert hast"[831].

Ein anderes Moment in der philonischen Entwicklung der göttlichen Immanenz ist die Offenbarung Gottes, die in den heiligen Schriften und den Propheten enthalten ist. Auf die Frage, ob Gott das Gesetz geschrieben hat, wie in Ex 24,12c geschrieben steht: "... Ich will dir die Steintafeln mit dem Gesetz und den Geboten geben, die ich zu ihrer Unterweisung aufgeschrieben habe", antwortet Philo: "... Since God is a legislator in the highest sense of the term, it is necessary that the best law, which is called the true Law, should be laid down by Him and be written in writing, not of hands, for He is not of human form, but at His command and nod"[832]. Darüberhinaus ist Gott Verfasser des Gesetzes, weil es auf seinen Befehl und Wink niedergelegt und aufgeschrieben worden ist. Aber trotz des göttlichen Einflusses auf das Menschliche gibt Philo seine stets verteidigte Lehre der Jenseitigkeit Gottes nicht preis. Die anthropomorphen Aussagen der Bibel werden von Philo durch den Rückgriff auf die bildhafte Sprache korrigiert. Die Abänderung der anthropomorphen Unmittelbarkeit alttestamentlicher Aussagen erreicht im folgenden Text einen Höhepunkt: "... Die 'zehn Worte' oder göttlichen Aussprüche, die wahrhafte Gesetze oder göttliche Satzungen sind, hat der Vater des Alls vor versammeltem Volke, vor Männern und Frauen zugleich, geoffenbart. Also hätte Gott eine Art Stimme gehabt, mit der er selbst sie ausgesprochen? Nicht doch! Solches darf uns gar nicht in den Sinn kommen ... Vielmehr scheint er mir in jener Zeit etwas Hehres und Wunderbares geschaffen zu haben, indem er befahl, daß ein unsichtbarer Schall in der Luft sich bilde, wunderbarer als alle Instrumente der Welt, ausgestattet mit vollkommenen Harmonien, nicht ohne Seele, aber auch nicht wie ein aus Leib und Seele bestehendes Lebewesen, sondern bloß eine vernunftbegabte Seele voll Klarheit und Deutlichkeit; diese Seele ... ließ wie ein Lufthauch ... eine Stimme mit so artikulierten Lauten ertönen, daß die ganz entfernt Stehenden in gleicher Weise wie die Nächsten sie zu hören glaubten"[833].

Auf ähnliche Weise ist der "buchstäbliche Sinn" der Worte "... Den Augen der Israeliten stellt sich die Herrlichkeit JHWH's dar wie ein verzehrendes Feuer auf dem Gipfel des Berges"[834] richtig auszulegen. Es ist nicht Gott - das Wesen Gottes - welches erscheint, sondern seine Macht und Herrlichkeit: "... The form of this power is like a flame or rather, it is not but appears (to be so) to the spectators, for God showed not that which pertained to His essence but what He wished to seem to be to the amazement of the spectators"[835].

Nach Philos Auffassung stellen die inspirierten Worte der Propheten auf jeden Fall Worte Gottes dar. Philo hält Moses für den größten der Propheten[836]. Anhand des Beispiels von Moses kann die philonische Auffassung von der Prophetie in das rechte Licht gesetzt werden. Die Bedeutung des Wortes "Dolmetscher" deutet an, wie Gott in die prophetische Inspiration eingeht: "... Ein Dolmetscher ist der Prophet, dem Gott durch eine innere Stimme eingibt, was er aussagen soll"[837]. Diese Definition wird noch ergänzt: "... Ein Prophet kündet ja nichts Eigenes, sondern nur Fremdes, da ein ganz anderer in ihm spricht"[838]. Moses als der beste Gesetzgeber[839] und als Prophet[840] verdient große Anerkennung, obwohl Philos Bewunderung auch nicht ungeteilt ist. Der Alexandriner gibt zu, daß alles, was in der Schrift aufgezeichnet ist, dem Moses mitgeteilte göttliche Offenbarungen[841] sind. Daraufhin entwickelt Philo anhand des Beispiels von Moses die drei verschiedenen Arten prophetischer Mitteilungen: "... Die Gottesworte wurden teils von Gott selbst durch Vermittlung des göttlichen Propheten verkündet, teils in Form von Frage und Antwort als Gottes Wille offenbart, teils von Moses selbst im Zustande innerer Begeisterung und Verzückung ausgesprochen"[842]. Man kommt dem Verständnis der Prophetie näher, wenn das prophetische Phänomen in Beziehung zum Logos gebracht wird. Die Prophetie benötigt die Vermittlung des Logos. Nach Meinung Philos ist der Prophet nicht selbständig, sondern er ist ein Instrument. Der Logos hingegen ist das Gerät, mittels dessen Gott die "Saiten" anreißt[843]. Die Mittelbarkeit zwischen Gott und Prophet wird auf andere Weise bestätigt. Es ist nicht Gott selbst, der in das Innere des Propheten einzieht, sondern der göttliche Geist, der das Wunder der Offenbarung unmittelbar vollzieht[844].

Die richtige Auffassung vom "Wort Gottes" stellt ein weiteres

Problem dar. Gewiß gehört die Stimme, die dieses Wort ausspricht, nicht zum Wesen des Seienden, denn sie ist ein geschaffenes Instrument, ein "... Organ des reinen und unvermischten Logos"[845]. Diese Stimme besitzt bestimmte Eigenschaften, die die Verständigung zwischen Gott und Mensch vermittelt[846].

4. Der Mensch

Das Tun und die Präsenz Gottes im sichtbaren Kosmos erfahren ihren Höhepunkt in der Betrachtung des Menschen. Der Mensch ist nicht nur ein "Mikrokosmos", sondern auch die geschaffene Realität dieser Welt, die Gott am nächsten steht: ἀγχίσπορος ὢν Θεοῦ[847]. Jedes Geschöpf ist die Offenbarung des jenseitigen Seienden, die im Menschen ihren erhabensten Ausdruck findet, nämlich "... Die tiefste Aussage alttestamentlicher Anthropologie"[848]. Der Mensch ist als Ab- und Ebenbild Gottes geschaffen[849] und damit zugleich das Fundament, auf das Philo seine theologische Anthropologie baut.

An diesem Punkt der Untersuchung steht das Verhältnis Gott-Mensch im Vordergrund. Die göttliche Wirklichkeit "wirkt" auf besondere Weise im Menschlichen. Darüber hinaus ist das Bewußtsein der göttlichen Immanenz nur dem Menschen gegeben, was für Philo eine wesentliche Rolle spielt.

Philos Anthropologie fußt auf den beiden biblischen Texten, die von der Erschaffung des Menschen berichten. So unterscheidet das philonische Werk zwischen diesen beiden Berichten, die er in verschiedenen Schriften auslegt[850]. In "De Opificio Mundi" behandelt Philo Gen 1,26-27 und 2,7 ff: "... Nach allen anderen Geschöpfen also ist .. der Mensch geschaffen worden, und zwar, wie es heißt, 'nach dem Bilde Gottes und nach seiner Ähnlichkeit' ... Sehr richtig, denn kein erdgeborenes Wesen ist Gott so ähnlich wie der Mensch. Diese Ähnlichkeit darf man aber nicht in der Eigentümlichkeit des Körpers vermuten; denn weder hat Gott menschliche Gestalt, noch ist der menschliche Körper gottähnlich. Jene Ebenbildlichkeit bezieht sich nur auf den Führer der Seele, den Geist; denn nach dem einzigen führenden Geist des Weltalls als Urbild wurde der Geist in jeden einzelnen Menschen gebildet, der also gewissermaßen der Gott des Körpers ist, der ihn als göttliches

Bild in sich trägt. Denn was der große Lenker im Weltall ist, das ist wohl der menschliche Geist im Menschen"[851].

Auf der Grundlage eines Satzes aus dem zweiten Schöpfungsbericht, "... dann bildete JHWH Gott den Menschen aus Staub vom Erdboden"[852], unterscheidet Philo zwischen dem ideellen und dem materiellen Menschen: "... Hierauf sagte er (Moses): 'Gott bildete den Menschen, indem er Staub von der Erde nahm und blies ihm ins Angesicht den Hauch des Lebens' ... Hiermit zeigt er ganz klar, daß ein sehr großer Unterschied besteht zwischen dem Menschen, der jetzt gebildet wurde, und dem, der früher nach dem Ebenbild Gottes geschaffen war; denn der jetzt gebildete Mensch war sinnlich wahrnehmbar, hatte schon eine bestimmte Beschaffenheit, bestand aus Körper und Seele, war Mann oder Weib und von Natur sterblich; dagegen war der nach dem Ebenbild Gottes geschaffene eine Idee oder ein Gattungsbegriff oder ein Siegel, nur gedacht, unkörperlich, weder männlich noch weiblich, von Natur unvergänglich"[853]. Die vorhergehende Lehre wird in Quaest in Gen I 4 ergänzt und zusammengefaßt.

Wir werden Philos theologische Anthropologie besser verstehen, wenn wir ein drittes seiner Bücher heranziehen. Im ersten Teil der "Legum Allegoriae" schreibt Philo: "... Zwei Arten von Menschen gibt es: Der eine ist der himmlische, der andere der irdische. Der himmlische ist im Ebenbild Gottes geschaffen und deshalb ohne Anteil an allem Vergänglichen und Erdhaften überhaupt; der irdische ist aus einem auseinandergestreuten Stoffe, den die Schrift Staub nennt, gestaltet worden. Deswegen heißt es von dem himmlischen nicht, daß er gebildet, sondern daß er nach dem Ebenbild Gottes geprägt worden sei, während der irdische ein Gebilde, nicht eine Schöpfung des Künstlers sei"[854].

Diese Texte erscheinen nicht in allen Aussagen harmonisch. Das erste, das in den Texten auffällt, ist die Tatsache, daß Philo ganz scharf zwischen zwei Arten von Menschen unterscheidet: Der "als eine Idee oder ein Gattungsbegriff oder ein Siegel, nur gedacht, weder männlich noch weiblich, von Natur unvergänglich", "nach dem Ebenbild Gottes geprägt(e)" Mensch und "der irdische", sinnlich wahrnehmbare, "aus Körper und Seele" bestehende, "Mann oder Weib", "von Natur sterblich(e)" Mensch[855]. Den ersten betrachtet Philo als eine ideelle Einheit. Der zweite ist ein dualistisches Wesen, das aus Körper und Seele besteht. Der ideelle Mensch ist Ebenbild Gottes, der empirische nur in Bezug auf seinen spirituellen Teil, nämlich angesichts des Geistes. Es ist leicht einzusehen, wie stark die platonische Konzeption der Ideenwelt in diesen Gedanken wirkt. Philo macht Unterschiede, die dem Buch Genesis fremd sind und die ihren Ursprung in der griechischen Philosophie haben. Aber diese Unterscheidung bedeutet wenig für den eigentlichen Kern der theologischen Anthropologie Philos. Das Integrationsprinzip seiner Anthropologie wurzelt in der Gottebenbildlichkeit des Menschen, wie sie die Bibel lehrt. Daß ein ideeller Mensch existiert, der das perfekte Abbild Gottes ist, ist eine Spekulation, die dem empirischen Menschen die eigene Gottebenbildlichkeit nicht raubt.

Es scheint Philos Ansicht[856] zu sein, daß einzig der ideelle Mensch Ebenbild Gottes ist. Doch besteht nach Philos Meinung kein Zweifel daran, daß der empirische Mensch in Bezug auf den Geist auch Abbild Gottes ist.

Der Gedanke, daß der Mensch Abbild Gottes ist, beinhaltet eine außerordentliche Kraft in der Entfaltung der philonischen Anthropologie. Das Übergewicht, das die Transzendenz des Seienden bei Philo hat, zwingt ihn, eine wichtige Präzisierung vorzunehmen. Eigentlich kommt der Geist des Menschen nicht mit dem Seienden selbst, sondern nur mit seinem Logos in Verwandtschaft und Gemeinschaft. Die Lehre, daß der Geist des Menschen zum Ebenbild des Logos geschaffen sei, zieht sich durch die verschiedenen Ebenen der Theologie und Anthropologie Philos.

"... Denn zu ihrer (der Seele) Bildung benützte Gott als Vorbild nicht eins von den in der Schöpfung vorhandenen Dingen, sondern, wie gesagt, einzig und allein seine eigene Vernunft; deren Abbild und Nachahmung, sagt er also, sei der Mensch geworden"[857]. Aus diesem Text ergibt sich eindeutig, daß nicht Gott selbst - wie im Buch Genesis - sondern der Logos das Urbild des Menschen ist. Der Geist des Menschen ist göttlich, weil er πρὸς ἀρχέτυπον ἰδέαν, τὸν ἀνωτάτω λόγον[858] geschaffen ist. Daher hat er auch vielfache Berührungspunkte mit dem Logos[859]. Philo betrachtet den spirituellen Teil des Menschen nicht als eine untrennbare Einheit, sondern die Seele des Menschen hat wie der Körper auch verschiedene Teile. Der νοῦς des Menschen ist der Teil der Seele, in dem Philo die Logosebenbildlichkeit des Menschen sieht. Obwohl der νοῦς für Philo normalerweise ein Teil der Seele ist, verwendet er auch andere Begriffe, um die Ebenbildlichkeit zum Logos auszudrücken: ἡ διάνοια, ὁ λόγος, ἡ λογική und ὁ λογισμός:

Διάνοια: "... Jeder Mensch ist hinsichtlich seines Geistes der göttlichen Vernunft verwandt"[860]. Für die Griechen bedeutet dies Verstand, Denkkraft und Einsicht.

Λόγος: "... Der Mensch aber nimmt offenbar den hervorragendsten Rang unter den lebenden Wesen ein, da er 'Gott nahe verwandt' ist wegen seines Anteils an der Vernunft, die ihm, wiewohl er sterblich zu sein scheint, Unsterblichkeit verleiht"[861]. "Logos" ist die Vernunft und ihr Ausdruck, das Wort.

Λογική: "... Daß Gott den Menschen durch die Gewährung der Vernunft, die die beste Gabe war, mit sich selbst verwandt machte"[862].

Λογισμός: "... Geist ist zwar ein kurzes Wort, aber eine ganz vollkommene und göttliche Sache, ein Teilchen der Allseele oder, was dem nach Moses Philosophierenden zu sagen frommer ist, der ähnliche Abdruck des göttlichen Bildes"[863]. "Logismos" ist hier die Tätigkeit der Vernunft, die Überlegung, das Nachdenken[864].

Der Begriff νοῦς ('nous') zerfällt bei Philo in zwei Teile: Der irdische 'nous' und der himmlische 'nous'. Nur der himmlische 'nous' ist zum Ebenbild des Logos geschaffen: "... Denn unter den gewordenen Dingen ist 'heilig' der Himmel in der Welt, an dem die unvergänglichen und seligen Wesen wandeln, und im Menschen der Geist, ein von Gott abgesplitterter Teil"[865]. In Leg All I 32 vertritt Philo diese Meinung noch eindeutiger.

Die verschiedenen Worte, mit denen Philo den Ort, in den die Ebenbildlichkeit im Menschen einfällt, ausdrückt, gehen ineinander über. Man kann den Begriff "himmlischer 'nous'" als Bezugswort bei Philo betrachten, das die anderen Begriffe mit einbezieht. Diese Worte sind nur Ausdruck der konkreten Aspekte der bestimmten Tätigkeiten, durch die der himmlische 'nous' funktioniert. Als 'dianoia' bringt der 'nous' Einsicht und Denkkraft; als 'logos' und 'logicae' ist er mit der Vernunft und dem Menschenwort eng verbunden; als 'logismos' ist er in der Überlegung tätig. Als 'dianoia' ist der 'nous' des Menschen mit dem göttlichen Logos verwandt[866], er nimmt an der Unsterblichkeit des Logos teil[867] und gewährt dem Menschen eine besondere Auszeichnung.

Die philonische Deutung der Gottebenbildlichkeit des Menschen im menschlichen 'nous' hat einige Berührungspunkte mit dem Platonismus, aber auch eine entscheidende Abweichung davon. Unter dem Einfluß Platos legt Philo die Ebenbildlichkeit in den spirituellen und vollkommeneren Teil des Menschen. Die Herabsetzung der Materie ist typisch platonisch. Nach Philos Meinung kann man die Gottebenbildlichkeit auf keinen Fall in den materiellen Teil des Menschen verlegen. Der Dualismus zwischen Körper und Geist im Menschen ist in der griechischen Philosophie zu Hause. Er ist nicht hebräisch, aber doch biblisch. Hier dürfte sich der griechische Einfluß auf die späteren Schriften der Bibel, z.B. Weisheit 3,1 ff, bemerkbar machen.

Doch Philo weicht in einem entscheidenden Punkt von der griechischen Philosophie ab. Hier war das 'eikon' etwas, was zur materiellen Welt gehörte. Das Bild ist Ausdruck der sinnlichen, ganzheitlich-gestalthaften Konfiguration von Wirklichem, das in unmittelbarer Anschauung oder als Erinnertes gegenwärtig ist und zwar als Bedeutungsträger mit Verweisungsfunktion. Für Philo ist die Logosebenbildlichkeit des Menschen nicht im materiellen Teil, sondern im spirituellen anzusetzen. Indem Philo das 'eikon' als etwas Spirituelles, nicht als etwas Materielles betrachtet, wendet er sich von der griechischen Philosophie, insbesondere vom Platonismus, entschieden ab. Die Revolution der philonischen Deutung wird verständlich, wenn man den Gottesbegriff Philos in Betracht zieht. Der transzendente Gott Philos bestimmt die Deutung und gibt den Schlüssel zur Umdeutung. Für Philo besteht der fundamentale Unterschied[868] nicht in der spirituellen und der materiellen Welt, sondern in der unendlichen Diastase zwischen Gott und dem Anderen. GIBLET hat mit Nachdruck hervorgehoben: "Alors que, pour toute la pensée grecque, 'image' se tient du côté du monde sensible et visible, une révolution s'opère soudain. L'image de Dieu dont parle Moïse, devient l'expression, par excellence, de la valeur invisible ..."[869].

In einem primären Sinn bedeutet 'eikon' das Bild, welches einem Gegenstand gleicht. Daher existiert nicht das Bild ohne Vorlage, und es deutet immer auf ein Vor- oder Urbild. Zwischen beiden bestehen Übereinstimmungen oder mindestens Verwandtschaften, die die Verweisungsfunktion des einen zum anderen ermöglichen und begründen. Drei machen also die Welt des Bildes aus: Das Bild selbst (εἰκών), das Original (ἀρχέτυπος) und die Übereinstimmung oder Gemeinschaft, die zwischen beiden besteht. Nur wenn diese drei Elemente vorhanden sind, ist die Verweisungsfunktion gegeben. Das Bild ist der himmlische 'nous' des Menschen, das Original der Logos des Seienden. Philo reflektiert auch über die Gemeinschaft zwischen beiden[870]. Beide sind zu Gott hin aufgeschlossen; beide sind unsichtbar und unsterblich und mit Freiheit versehen.

Wie der Logos ist auch der Mensch auf Gott hin ausgerichtet. Der 'nous' ermöglicht den Menschen die Erkenntnis der Immanenz des Seienden. Nur der mit dem 'nous' versehene Mensch kann unter den Lebewesen das Dasein des Seienden erkennen, das nur durch den Logos zum Vorschein treten kann. Durch den 'nous' kommt der Mensch in Verbindung mit dem Seienden, wenn der Logos schon vermittelt hat. Der menschliche 'nous' nimmt am göttlichen Logos teil. Philo spricht in diesem Zusammenhang von der Würde des Körpers des Menschen als Ort, in dem der 'nous' wohnt[871]. Vor allem ist das menschliche Auge Ausdruck der Erhabenheit des Körpers, denn der unsichtbare Geist des Menschen ergreift die Existenz Gottes nach Meinung Philos mit Hilfe des physischen Auges: "... Da nun die Seele nach dem Urbild des göttlichen Logos gebildet wurde, so mußte auch der Körper auf gerichtet zum reinsten Teil des Alls, dem Himmel, den Blick haben, um mit Hilfe des Sichtbaren das Unsichtbare deutlich zu erfassen ... So hat (Gott) als sichtbares Abbild des unsichtbaren Auges die körperlichen Augen geschaffen, die sich zum Äther hinwenden können. Denn wenn die aus sterblichem Stoff gestalteten Augen so weit emporschweifen können, daß sie sich vom Erdbezirk zu dem so weit entfernten Himmel aufschwingen und dann seine Grenzen berühren dürfen, wie weit mag sich dann der allseitige Lauf des seelischen Augenlichtes erstrecken, daß in seinem starken Sehnen nach deutlicher Schau des Seienden sich beschwingt ausweitet bis zum äußersten Äther ..."[872]. Das Aufgeschlossensein des Menschen für Gott, das auch im humanen Körper seinen Ausdruck findet, setzt den 'nous' des Menschen nicht nur in Gemeinschaft mit dem Logos, sondern auch in enge Verbindung mit dem Pneuma Gottes.

Nach Philos Meinung geschah die Übergabe der göttlichen Ebenbildlichkeit beispielhaft in dem Augenblick, in dem Gott - so, wie es das Buch Genesis berichtet - dem Menschen den Lebensodem einhauchte: JHWH "... blies in seine (des geschaffenen Menschen) Nase einen Lebenshauch"[873]. Der Hauch ist Ausdruck der Verleihung des göttlichen Pneumas: "... Denn was er (Gott) einblies, war nichts anderes als ein göttlicher Hauch, der von jenem glückseligen Wesen zum Heile unseres Geschlechtes herniederkam ..."[874]. Im Vorgang des Einhauchens ist nach Philos Meinung zu berücksichtigen, wer der Einhauchende und wer der Empfänger des Einhauchens und was das Eingehauchte ist[875].

Die Verbindung der verschiedenen Teile des Logos und des Pneumas am Vorgang der Übergabe der Ebenbildlichkeit an den Menschen kommt bei Philo unter verschiedenen Aspekten an mehreren Stellen zum Ausdruck[876]. Die Unsterblichkeit und die Unsichtbarkeit, die der 'nous' des Menschen auf Grund seiner Logosebenbildlichkeit besitzt, sind zugleich Eigenschaften, die das göttliche Pneuma dem 'nous' verleiht. In diesem Zusammenhang gehen die Funktionen des Logos und des Pneumas ineinander über. Im Augenblick des Einhauchens des göttlichen Pneumas bekommt der Mensch Anteil an der Unsichtbarkeit und Unsterblichkeit des Göttlichen. Auf diese Weise besitzt der Mensch "... wenigstens in seinem unsichtbaren Teile die Unsterblichkeit"[877]. So schreibt Philo: "... Wie ist es nun möglich, daß der so beschränkte menschliche Geist, eingeschlossen in die engen Dimensionen des Gehirns oder Herzens die gewaltige Größe des Himmels und der Welt in sich aufnimmt, wenn er nicht ein unabtrennbares Stück der göttlichen, seligen Seele wäre?"[878]

Eine andere Verwandtschaft zwischen dem Logos und dem 'nous' des Menschen wurzelt in der Unsichtbarkeit beider[879]. Die unsichtbaren Züge, die das Pneuma verleiht, befähigt den 'nous', eine Auffassung des unsichtbaren Seienden zu erlangen: "... Wir nun als Schüler des Moses wollen nicht mehr im Zweifel darüber sein, wie der Mensch eine Vorstellung von der unsichtbaren Gottheit erhielt. Denn er teilte uns den Grund mit, den er selbst durch eine Offenbarung erfahren hatte ... Der Schöpfer ... hauchte ihm (dem Menschen) von seiner eigenen Göttlichkeit ein. Diese aber prägte unsichtbar der unsichtbaren Seele die Züge ihres eigenen Wesens auf, damit auch die irdische Stätte des Bildes Gottes nicht entbehre. Das Urbild aber war nämlich so unsichtbar, daß auch das Abbild nicht sichtbar war, vielmehr geprägt nach dem Vorbilde keine sterblichen Vorstellungen mehr, sondern unsterbliche aufnahm"[880]. Philo vertritt die Meinung, daß die volle Erkenntnis Gottes nicht auf Grund des teleologischen Schlusses, sondern nur infolge des verwandtschaftlichen Zusammenhangs zwischen dem Geist des Menschen und Gott möglich ist.

Der 'nous' steht nicht nur auf Grund seiner Unsichtbarkeit, sondern auch auf Grund seiner Unsterblichkeit in enger Verbindung mit dem Pneuma und dem Logos. In Bezug auf seinen Körper ist der Mensch sterblich, hinsichtlich seines Geistes aber unsterblich[881]: "... Darum kann man eigentlich sagen, daß der Mensch auf der Grenze steht zwischen der sterblichen und der unsterblichen Natur, da er an beiden soviel, wie nötig ist, teilhat, und daß er zugleich sterblich und unsterblich ist, sterblich in Bezug auf seinen Körper, unsterblich hinsichtlich seines Geistes"[882]. In Übereinstimmung mit den Stoikern vertritt Philo die Meinung, daß die menschliche Seele sieben Teile hat, nämlich die fünf Sinne, das Sprachwerkzeug und Zeugungsvermögen[883]. Diese sieben Teile haben eine Lebenskraft, die auch die anderen Lebewesen haben. Aber der Mensch besitzt noch ein göttliches Pneuma, das von Gott im Akt der Schöpfung mit dem 'nous' verliegen wurde[884]. Pneuma und 'nous' sind von den sieben Teilen der menschlichen Seele und von der Lebenskraft scharf zu unterscheiden. Die Logosebenbildlichkeit des Menschen ist auf den 'nous', der am göttlichen Pneuma teilhat, beschränkt. Die Substanz, die die sieben Teile der menschlichen Seele belebt, ist das Blut[885]. Die Substanz der denkenden und vernünftigen Seele, d.h. des 'nous', ist nicht etwas Materielles, sondern der unsichtbare Hauch Gottes: "... Aber während die anderen unseren Geist als Teil des Äthers bezeichnet und den Menschen mit dem Äther verbunden haben, hat der große Moses mit keinem Gewordenen die Art der denkenden Seele gleichgesetzt, sondern sie als echtes Prägebild jenes göttlichen, unsichtbaren Pneumas bezeichnet, welches Merkmal und Prägung erhielt durch das Siegel Gottes, dessen Gepräge der ewige Logos ist"[886].

Mit "den anderen" der vorhergehenden Aussage Philos sind die Stoiker gemeint, die eine materialistische Pneumalehre[887] entwickelt hatten. Das Pneuma, das Gott den Menschen einhauchte, hat nichts mit dem Äther zu tun. Philos Lehre über das Pneuma, das der 'nous' des Menschen besitzt, steht in einem anderen Zusammenhang als die Lehre der Stoiker. Philo wendet sich von ihnen in zwei entscheidenden Punkten ab. Das Pneuma der menschlichen Seele ist nicht etwas Materielles oder Körperliches wie der bewegende Hauch, sondern etwas Unsichtbares und Geistiges, das von Gott stammt und das der Logos einprägt. Philo bemüht sich, jeglichen stoischen Materialismus aus seiner Lehre über das göttliche Pneuma fernzuhalten und verbindet sie unmißverständlich mit biblischen Aussagen[888]. Auf diese Weise bekommt das Pneuma, das Gott dem 'nous' des Menschen verleiht, seinen Inhalt aus der Bibel. Darüber hinaus ist für die Stoiker das göttliche Pneuma im ganzen Universum verteilt[889]. Sie betrachten es als eine lebendige Kraft, die alle Dinge zusammenhält. Für Philo ist das göttliche Pneuma jedoch nur im 'nous' des Menschen vorhanden. Dieses göttliche Pneuma verleiht ihm die Unsterblichkeit[890].

Eine Hauptdifferenz in der sichtbaren Schöpfung - vor allem zwischen den Tieren und den Menschen - besteht gerade in der Tatsache, daß der Mensch als einziges Lebewesen mit der Freiheit ausgestattet ist. Die Möglichkeit des freien Entschlusses gewährt dem Menschen eine neue Dimension in Bezug auf Gott. Mit seinen Handlungen kann er sich für oder gegen Gott entscheiden. Die freie Entscheidung für Gott bildet die anthropologische Basis, die die Annahme der göttlichen Offenbarung ermöglicht. Der Mensch erkennt und akzeptiert Gott in Freiheit. Aus der Freiheit heraus kann er Gott Gehorsam schenken und ihn annehmen oder verwerfen. Philo sieht die Freiheit des Menschen im 'nous' verankert, der Abbild des Logos ist. In dieser Hinsicht macht die Freiheit den Menschen Gott ähnlich: "... Wir ... wollen betrachten, worin der Mensch sich vor den Tieren auszeichnet. Er erhielt ja als besondere Gabe die Vernunft, die das Wesen aller Körper und Handlungen begreift ... Deshalb meint man mit Recht, daß von unseren Kräften allein die Vernunft unvergänglich sei. Denn sie allein würdigte der schaffende Vater der Freiheit, löste sie von den Fesseln der Notwendigkeit und ließ sie frei, indem er sie beschenkte mit dem ihm am besten anstehenden und zu ihm passenden Besitz, dem freien Willen[891] ... Des Menschen Seele allein erhielt von Gott die freiwillige Regung, und darin vor allem wurde sie ihm ähnlich ..."[892]. Gerade in der Tatsache, daß die im menschlichen Geist innewohnende Freiheit über jede Notwendigkeit hinausgeht, wurzelt das ethische Moment der Logosebenbildlichkeit des Menschen. Da der Mensch die Ebenbildlichkeit, d.h. die Freiheit hat, muß er freiwillig der Tugend folgen, die zu Gott führt.

Als Ergebnis können wir festhalten, daß sich Philo stoischer Begriffe bedient, um die Gottebenbildlichkeit des Menschen auszudrükken. Aber den Inhalt dieser Terminologie bezieht Philo aus der theologischen Anthropologie der biblischen Schriften. Das Pneuma ist bei Philo weder eine materielle, lebende Kraft, die die Lebewesen belebt, noch eine kosmologische Kraft, die alles durchdringt, sondern das Pneuma ist hier eine göttliche Wirklichkeit, die von Gott ausgeht, und an der der himmlische 'nous' des Menschen durch seine Verwandtschaft mit dem Logos teilhat. Der Logos ist das Urbild des 'nous'. Das Pneuma verleiht dem Menschen die Logosebenbildlichkeit. Philo geht aber auf das eigentliche Verhältnis zwischen Logos und Pneuma in Bezug auf die Übergabe der Ebenbildlichkeit an den Menschen nicht ein. Er findet das Pneuma in der Heiligen Schrift ausgedrückt und setzt es in eine Verbindung mit dem Logos.

Philo entwickelt eine spezielle Lehre über den Menschen. Es ist auffallend, daß Philo die Aufteilung der Menschen in verschiedene Gruppen nicht auf Grund human-wissenschaftlicher Kriterien, sondern auf Grund von Theologie und Ethik vornimmt. Das Interesse an der Verschiedenheit der Menschen geht bei Philo nicht von der Vielfalt der Kulturen, Begabungen usw. aus, sondern Philo richtet sein Interesse an dem Menschen je nach dem Platz, den er in Bezug auf Gott einnimmt, aus. Auf Grund seiner Freiheit ist der Mensch in der Nähe oder in der Entfernung Gottes.

Für Philo ist der biblische Adam vor seinem Fall der vollkommenste Mensch, den es je gegeben hat. Er gelangt "bis hart an das Endziel menschlicher Glückseligkeit"[893]. Der Grund ist klar: Adam ist "... ganz nahe verwandt mit dem Weltenlenker, da doch der göttliche Hauch voll in ihn geflossen war, bestrebte er sich alles nur zum Wohlgefallen des Vaters und Königs zu reden und zu tun ..."[894]. Einen hohen Rang nehmen auch die drei biblischen Erzväter ein[895]. Unter diesen ragt Isaak hervor, denn "... Isaak hat der Herr erzeugt; er ist der Vater der vollkommenen Wesenart, der in den Seelen die Glückseligkeit sät und erzeugt"[896]. Isaak ist gelungen "... über alles Körperliche und alles Unkörperliche hinwegzuschauen und hinwegzuschreiten und seine feste Stütze allein in Gott zu finden mit starker Einsicht und unerschütterlichem, felsenfestem Vertrauen"[897]. Auf diese Weise ist er "... in Wahrheit glücklich und selig zu preisen"[898]. Jakob als der Typus des edelsten Geschlechts darf "... das Edelste, das wahrhafte Seiende schauen"[899]. Abraham, als Typus des Begleiters Gottes, "schreitet den Pfad des ganzen Lebens, sich des wahrhaft königlichen Weges[900] des einzigen Königs und Allbeherrschers bedienend, ohne irgendwohin abzuweichen und auszubiegen"[901]. Die drei Erzväter repräsentieren somit den Glauben (Abraham), die Freude (Isaak) und das Sehen Gottes (Jakob) und stellen die notwendige Verbindung vom Menschlichen zum Göttlichen her[902]. Einen nahen Platz zu Gott nehmen auch andere biblische Persönlichkeiten ein: Abel, "... der alles auf Gott bezieht", da er "... eine gottliebende Ansicht"[903] habe; Henoch[904], der Typus des Menschen, "... der in Gott seine Hoffnung sucht"[905], da Gott "... der Urheber seines Entstehens ist und allein die Macht besitzt, ihn vor Schaden und Verderben zu bewahren"[906]; Sem, der Gott preist[907], "... weil es dem Menschen, welcher Gott zum Anteil hat, ziemt, ihn zu preisen und zu loben"[908]; Moses, der die "... göttliche Offenbarung" erhalten hat [909]; die Propheten "... als Männer Gottes und als Schauende"[910]; die Juden, "... die Gotterfüllten, die die Betrachtung der Dinge, die ihnen eigen war, richtig und zutreffend bezeichneten"[911]. Philo betrachtet den Hohen Priester als denjenigen unter seinen Zeitgenossen, der größere Würde trägt, "... denn das Gesetz will, daß er über Menschennatur hinausgehoben werde, daß er der göttlichen sich nähere und recht eigentlich eine Mittelstellung zwischen beiden einnehme ..."[912]. Eine ganz besondere Ehre wurde dem jüdischen Volk verliehen, da " das gesamte Volk von Anfang an zu den göttlichen Dingen offenbar in ganz enger Verwandtschaft stehe, einer viel echteren als es die Blutsverwandtschaft ist ..."[913]. Auf diese Weise ist das Volk der Juden das auserwählte Volk Gottes, das er besonders liebhat, und das stets auf Grund der Tugenden seiner Vorfahren auf die göttliche Hilfe rechnen kann[914]. Die Bewunderung Philos für die "Therapeuten" stützt sich also auf die Tatsache, daß diese tüchtigen Menschen "... in echter Weise auf die Seite des Vaters und Schöpfers des Alls"[915] gestellt worden sind.

Die Lehre Philos sprengt den jüdischen Partikularismus. Jeder

Mensch, der an den einzigen Gott glaubt und der Tugend folgt, kann auch die Nähe und die Gunst Gottes erreichen. Zahlreich sind die Stellen, in denen Philo diese Lehre mit Nachdruck vertritt.

Philo unterscheidet eine dreifache Lebensweise: "... die göttliche, die irdische und die dazwischenliegende"[916]. Er beschreibt die göttliche Lebensweise als ein Hinaufsteigen zu Gott und als ein Loswerden der Bande des Körpers[917]. Die verschiedenen Lebensweisen bestimmen den Unterschied zwischen den verschiedenen Arten von Menschen. Die erste ist nach Meinung Philos dem Weisen, "... dem Ersten des Menschengeschlechts"[918], eigen. Sie ist die göttliche und macht den Menschen glücklich; sie führt zu Gott, und in Gott bekommt der Weise Ruhe, Standhaftigkeit und Glückseligkeit.

Das Streben nach der Vollkommenheit, das mit dem Sehnen nach Gott oft zusammenfällt, ist die einzige Bemühung des Menschen, die ihn nach Philos Meinung zum Glück hinführen kann. Philo beschreibt dieses Streben als Ausdruck eines schwierigen Weges, den der Mensch im Laufe seines Lebens zurückzulegen hat[919]. Das Gehen dieses Weges verlangt einerseits das sich Freimachen von den Fesseln, die den Menschen an den Körper binden, und andererseits das Aufsteigen zu Gott ohne materiellen Ballast. Σοφία[920], μάθησις, ἄσκησις[921] und ἀρετή (besonders πίστις)[922] sind das einzige Gepäck, das der Mensch benötigt[923], um zu Gott zu gelangen[924].

Philo beschreibt die Ekstase als ein religiöses Erlebnis, in dem das Frömmigkeitsstreben des Menschen zu seinem Höhepunkt und sogar zu seiner Vollendung gelangt. Die Ekstase[925] ist nicht das glückliche Schauen des Wesens Gottes, sondern die volle Entfaltung des Wirkens des Seienden, das in der Seele des Menschen durch das göttliche Pneuma tätig ist. Die Ekstase kommt nur unter einer Bedingung zustande und beinhaltet zwei Stufen. Nach Philos Meinung kann die Ekstase nur erreicht werden, wenn der 'nous' des Menschen von den körperlichen und fleischlichen Verhältnissen freikommt. Der Mensch kann das Göttliche nur erfahren, wenn er vom Weltlichen loskommt[926].

Die erste Stufe, die zur Ekstase führt, könnte man mit dem menschlichen Erlebnis der Vollkommenheit gleichsetzen: "... Es streben aber auch alle Gottgeliebten danach, dem Sturm der Vielgeschäftigkeit zu entrinnen ... Denn was ist es wahrscheinlich, daß eine Denkseele

nicht mehr wie auf einer Waage schwankt und festzustehen vermag, als
wann sie sich Gott gegenüber befindet, ihn sehend und von ihm gesehen?
Denn von zwei Seiten aus erlangt sie die Stabilität: Vom Anblick des
Unvergänglichen und (der Erkenntnis), daß er von dem ihm unähnlichen
Dinge nicht abgelenkt wird, und von dem Angeblicktwerden (und der Erkenntnis), daß er sie (die Denkseele), die der Lenker für würdig be-
fand, zu seinem Anblick zu kommen, dem allein Besten, nämlich sich
selbst, zuerteilt hat"[927]. Philo beschreibt diese erste Stufe, die zur
Ekstase führt, nicht als eine Vereinigung mit dem Seienden, sondern
als ein Erlebnis, in dem das göttliche Wirken zur vollen Entfaltung
kommt und in dem die Präsenz des Höchsten auf Grund der Glückseligkeit, die auf der Ruhe und Festigkeit des 'nous' beruht, zum Vorschein
kommt. Daraus ergeben sich folgende Elemente: Die Erfahrung der Nähe
Gottes, das Erlebnis der beglückenden Ruhe und Festigkeit, die ein sicheres Zeichen der Präsenz des unveränderlichen Seienden ist, die Bewunderung dieser Ruhe und Festigkeit des Geistes, die Anerkennung, daß
die Erreichung des beschriebenen Erlebnisses die sterbliche Natur des
Menschen übersteigt. Das Erlebnis hat seinen festen Platz im ge-
sättigten 'nous' des Menschen, der folgende Tätigkeiten vollzieht: Den
Ausruf eines Wunsches, der Glückseligkeit ausdrückt und der im Willen
verankert ist, die Erkenntnis der beglückenden Lage, die in der Vernunft wurzelt, das Sich-Wundern über das Erlebnis, das den 'nous' mit
dem Gefühl verbindet. Hier sind also Wille, Vernunft und Gefühl auf
einmal eingeschaltet.

Die eigentliche Ekstase geht einen Schritt weiter. Im Kontext
von Gen 15,12, "... Als die Sonne unterging, kam über Abram ein Tief-
schlaf", gibt Philo ein Beispiel zur Ekstase: "... Treffend weist ...
die Schrift auf den Gottbegeisterten hin, ... indem sie unseren Geist
symbolisch 'Sonne' nennt. Denn was in uns die Vernunft ist, das ist in
der Welt die Sonne; beide sind Lichtträger, diese sendet in das All
ein wahrnehmbares Licht hinaus, und jene gibt uns selbst geistige
Lichtstrahlen durch die begriffliche Erfassung. Solange noch unser
Geist nach allen Seiten hin leuchtet und eindringt, gleichsam Mittags-
helle in unsere ganze Seele ergießt, sind wir in uns und nicht (von
einem anderen) eingenommen; sobald er aber 'untergeht', überfällt uns
natürlich eine Ekstase (Außersichsein), ein gottbegeistertes Eingenom-

mensein und eine Verzückung[928]. Die Ekstase, die Philo hier darstellt, kann weder mit einer Vergöttlichung des Menschen, noch mit einer Vereinigung, noch mit einer Verschmelzung der Seele mit dem höchsten Wesen gleichgesetzt werden. Aus der Aufhebung jeder menschlichen Tätigkeit des 'nous' und aus dem Einziehen des göttlichen Pneumas ergibt sich nicht die Vergöttlichung oder die Verschmelzung des Menschen mit Gott. Was Philo hier beschreibt, ist der Höhepunkt der Immanenz Gottes in einem bestimmten Ort des Kosmos.

Nicht das Seiende selbst, sondern nur ein Vermittler, nämlich das göttliche Pneuma, verursacht die Ekstase in dem Augenblick, in dem es in den Menschen eingeht. Wenn die volle Entfaltung des Wirkens und der Präsenz Gottes durch das göttliche Pneuma in den 'nous' des Menschen hereinbricht, treten Vernunft, Wille und Gefühl zurück. In der Ekstase kommt die Immanenz Gottes zu ihrem höchsten Ausdruck. Nirgendwo im Kosmos wird das Wirken und die Präsenz des Seienden so aktuell wie im menschlichen Erlebnis der Ekstase. Was nun im Vorgang der Ekstase in die menschliche Seele eingeht, ist nicht das Wesen des Seienden oder gar Gott selbst, sondern das göttliche Pneuma, eine Kraft des Seienden. Zwischen dem Pneuma und dem Seienden muß eine scharfe Trennung vollzogen werden. Die philonische Ekstase ist also nicht die reale "... Vereinigung mit dem höchsten göttlichen Wesen", wie WINDISCH sagt[929], oder die durch das Pneuma vermittelte "... Teilnahme an der göttlichen Natur", wie PASCHER will[930], auch nicht die "unio mystica" der Seele und der Gottheit, wie LEISEGANG eine Form der Ekstase beschreibt[931], sondern die philonische Ekstase ist der höchste Ausdruck der Immanenz des Seienden, das durch sein Pneuma in der Menschenseele wirkt[932].

Das Erlebnis der Ekstase setzt nicht nur die Ausschaltung der Sinne, sondern auch die Annullierung des 'nous' voraus. In dieser Hinsicht ist die folgende Aussage Philos zu verstehen: "... Denn dies ist das Erbe der Seele, die gottbegeistert nicht mehr in sich ist, sondern von himmlischer Liebe getrieben und entflammt, von dem wahrhaft Seienden geführt und zu ihm emporgetragen wird"[933]. Nur wenn der 'nous' unterdrückt ist, kann das göttliche Pneuma die Seele in Besitz nehmen, weil nach Philos Meinung Göttliches und Menschliches nie nebeneinander bestehen dürfen. Auf diese Weise ist es nicht der Mensch selbst, der in sich beim Vorgang der Ekstase lebt, sondern das göttliche Pneuma. Im Akt der Schöpfung schließt sich das vom Schöpfer eingehauchte Pneuma an den 'nous' des Menschen an, und von jetzt an wird der 'nous' nicht nur etwas Göttliches, sondern auch etwas Menschliches, weil er mit der Materie, mit dem Körper, verbunden ist. Nur das göttliche Pneuma, das vom Seienden ausgeht, kann die Ekstase hervorbringen, wenn der Mensch von allem Materiellen ausgeschlossen ist. Trotzdem überzeugt mich diese Lehre nicht vollständig, und man kann hier meines Erachtens eine Inkonsequenz feststellen.

Die Verbindungslinien zwischen den verschiedenen Funktionen des Pneumas und des Logos[934] in Bezug auf das Phänomen der Ekstase werden von Philo nicht eindeutig gesehen. Der Logos als göttliches Prinzip, das dem Menschen die Ebenbildlichkeit verleiht und die praktizierte Tugend ermöglicht, ist im Grunde der Urheber des "Königsweges" und der Ekstase, obwohl das göttliche Pneuma die göttliche Wirklichkeit ist, die in die Seele des Menschen eingeht[935]. Aber Philo geht auf die verschiedenen Funktionen des Logos und des Pneumas im erwähnten Zusammenhang nicht ein.

Zusammenfassend läßt sich feststellen, daß Philo nirgendwo die Ekstase als eine Vereinigung, Vergöttlichung oder Verschmelzung des Menschen mit dem höchsten Wesen beschreibt. Zweifellos sind einige der Ausdrücke Philos mehrdeutig. Eine mögliche Erklärung dafür kann sein, daß Philos Erklärungen notwendigerweise von den Texten der Heiligen Schrift bestimmt sind. Andererseits spielt auch das mystische Selbsterlebnis bei Philo eine große Rolle. Er ist nicht nur der Theologe, der von Gott schreibt, sondern auch der Mystiker, der Gott erfährt. Daher weiß er ganz genau, daß die volle Erfaßbarkeit Gottes unmöglich ist. Die Paradoxie ist die Ausdrucksweise Philos in der Beschreibung des Wunsches, Gott zu schauen. Philo ist kein Gnostiker, der glaubt, daß eine Verschmelzung zwischen der Gottheit und der menschlichen Seele möglich ist. Er stellt die Lehre der Transzendenz Gottes nie in Frage, und er entwertet sie nicht, auch wenn mystische Erlebnisse bei ihm auftreten. Für Philo bedarf der Weg zum Seienden immer der Vermittlung des Göttlichen.

Sowohl im Phänomen der Ekstase als auch in der Übergabe der Ebenbildlichkeit kann man eindeutig die große Schwierigkeit wahrnehmen, auf die Philo stößt, wenn er die verschiedenen Realitäten, die im göttlichen Bereich die Immanenz vermitteln, in Einklang bringen und die einschlägigen Funktionen beschreiben muß. Philo weiß um das Problem, die Spannung zwischen der Transzendenz und der Immanenz Gottes lösen zu wollen. Sein Lösungsversuch besteht in der Teilung des Göttlichen. Das erweist sich meines Erachtens aber als nicht durchführbar, weil Philo das gegenseitige Verhältnis des Seienden mit den anderen Wirklichkeiten des göttlichen Bereichs einerseits und die Zusammenhänge von Logos, Pneuma, Sophia und den göttlichen Kräften andererseits nicht genügend und überzeugend beschreibt.

Die Beschreibung der im göttlichen Bereich bestehenden Wirklichkeiten, die Philo vornimmt, erscheint mir ungeordnet, oberflächlich und verwirrend. Sein Lösungsversuch der Spannung zwischen Transzendenz und Immanenz ist für mich unannehmbar. Ich halte seine Lösung für "naiv". Man könnte Philo ernst fragen: Wenn das Seiende keine Relation zur Schöpfung hat, - wie ist dann seine Beziehung zu den göttlichen Wirklichkeiten, die die Relation zur Schöpfung wirken, zu bestimmen? Wenn das Seiende keine Ähnlichkeit mit der Schöpfung hat, - wie ist dann seine Ähnlichkeit mit dem göttlichen Bereich festzustellen? Wenn das Seiende unbeweglich und sogar in Bezug auf die Schöpfung unbewegend ist, - wie "bewegt" es die im göttlichen Bereich waltenden Realitäten, die das All in Gang gebracht haben? Was für eine vom Seienden verschiedene Wirklichkeit haben der Logos, die Sophia, das Pneuma und die göttlichen Kräfte und wie verhalten sich diese miteinander? Worin liegt die Differenz zwischen diesen im göttlichen Bereich bestehenden Wirklichkeiten?

Auf alle diese Fragen gibt Philo keine gültige Antwort. Da Philo den göttlichen Bereich nicht genügend untersucht hat, kann seine Lösung des Problems 'Immanenz-Transzendenz' nicht überzeugen und mit Recht als gescheitert angesehen werden. Damit sollen aber seine Verdienste um die Entwicklung der Gotteslehre nicht geschmälert werden. Philos Werke enthalten keine zwei verschiedenen Gottesvorstellungen, die nur auf widersprüchliche Weise in Einklang gebracht werden können. Dennoch ist Philos Verständnis von Gott als dem "Ersten Wesen" geradlinig.

5. Zusammenfassung und Ergebnis

Für Philo ist Gott nicht nur transzendent, sondern auch immanent. Im Kosmos und besonders im Menschen ist er nicht mit seinem Wesen präsent, sondern mit dem Wirken seiner göttlichen Kräfte. Philo ist von der Gegenwart und Tätigkeit Gottes in der Schöpfung - wie die Bibel lehrt - so überzeugt, daß er eine Korrektur in der Gottesvorstellung der Heiligen Schrift vornimmt, um die Immanenz Gottes ohne Preisgabe seiner Transzendenz zu erklären. Philo unterscheidet zwischen Gott als dem höchsten Wesen und dem Göttlichen. Dieses glückliche, einzige, wahre, ewige, gute und vollkommene Wesen, das Philo das Seiende nennt, ist die transzendente Wirklichkeit. Das "andere" Göttliche ist die "andere" Realität Gottes, die mit der Schöpfung in Berührung kommt. Die Lösung Philos zum Problem der Transzendenz und der Immanenz ist sehr einfach: Transzendent ist das erste Wesen, das Seiende. Immanent sind die verschiedenen göttlichen Kräfte, die das Seiende im göttlichen Bereich umgeben. Durch sie wirkt das Seiende im Kosmos, und seine Präsenz kann so vom Menschen erkannt werden.

Weil Philo in dieser radikalen Trennung zwischen dem Seienden und dem "anderen" Göttlichen keine gültige Vorlage in der Bibel findet, schwankt er immer wieder, wenn er die Beziehungen zwischen dem Seienden und dem "anderen" Göttlichen zu beschreiben hat. Gerade hier scheitert der Lösungsversuch, den er zwischen Transzendenz und Immanenz anstrebt.

Eine reflektierte Lehre über die Immanenz Gottes hat Philo nicht entwickelt. Seine Theologie enthält jedoch sichere Anhaltspunkte, um sie zu erschließen, wie in dieser Untersuchung gezeigt wurde. In seiner Beschäftigung mit der Lehre des Wirkens Gottes in der Schöpfung und besonders im Menschen zieht Philo Termini der griechischen Philosophie heran, die er in den Dienst seiner biblischen Auslegung der Transzendenz stellt. Diese Termini erfahren jedoch in diesem Zusammenhang einen neuen Bedeutungsinhalt. Philo läßt sich vom philosophischen Inhalt solcher Ausdrücke nicht bestimmen, wenn eine bedeutsame Wahrheit der Bibel gefährdet ist. Somit bekommen die Begriffe Logos, Pneuma, Abbild usw. ihren spezifischen Inhalt aus der Bibel. Philo deutet Grundprinzipien der griechischen Philosophie immer dann um, wenn die Heilige Schrift es verlangt. Der Frömmigkeit Philos kann man entnehmen, daß die Ekstase die höchste Form der Immanenz Gottes darstellt. Darin erfährt der tugendhafte Mensch den vollkommensten Ausdruck der Gegenwart Gottes, der durch das göttliche Pneuma in der Menschenseele voll wirksam ist. Aber Philo gibt damit die Transzendenz des Seienden nicht preis. Sogar im Augenblick der Ekstase, wenn die Schranken zwischen dem Göttlichen und dem Menschlichen verschwimmen, steht das Prinzip unerschütterlich fest: Gott bleibt Gott und der Mensch Mensch.

DRITTER TEIL:
PHILO HEUTE

Einleitung

Ganz am Ende seines Philo-Buches, das den rätselhaften Titel "Wie man über Gott nicht denken soll" trägt, entziffert H. BRAUN das mit dem Titel Gemeinte und legt sein "eigentliches Anliegen" dar: "... Ich wollte ... aufzeigen: Gerade die unbedingte jenseitige Übergewichtigkeit der Gottheit verhindert keinswegs die Anerkennung menschlichen Lohnstrebens; sie entwertet freilich die Weltlichkeit der Welt und die Menschlichkeit des Menschen. In dieser Weise, meine ich, sollten wir Gott nicht denken und auslegen"[936]. Die harte Beurteilung BRAUN's, der sich andereseits als Bewunderer Philos betrachtet[937], kann man sofort begreifen, wenn man seinen Verständnishorizont kennt[938]. Aber kann man einer solchen Meinung zustimmen?

Ich verzichte hier auf eine direkte Beantwortung dieser Frage, obwohl H. BRAUN in den folgenden Ausführungen indirekt abgelehnt wird. Philo ist nicht nur ein großer Hermeneut, sondern er hat auch eine Lehre über Gott entwickelt, die, objektiv gesehen, aktuell, bedeutsam und fruchtbar in unserer Zeit sein kann.

1. Philo - Hermeneut des biblischen Gottes

Philo hat nicht nur "... die 'lex religiosa', die religiösen Grundprinzipien der israelitischen Religion (Ex 20, 2-7) durchaus festgehalten"[939], sondern er hat auch ein Gottesbild entworfen, das im Bereich der biblischen Theologie höchste Relevanz besitzt. Darüber hinaus ist die Bedeutung Philos als erster Hermeneut[940] der Bibel mit Nachdruck zu betonen. Mit seinem Versuch, Glaube und Vernunft miteinander in Beziehung zu bringen und sogar nach Übereinstimmungen zwischen Bibel und Philosophie zu suchen[941], steht Philo ganz am Anfang und an einem bedeutsamen Platz der Theologie. Er versucht mit seiner Auslegung der Heiligen Schrift nicht nur die Vortrefflichkeit der jüdischen Religion zu beweisen, sondern auch eine Vermittlung zwischen dem biblischen Gott und dem hellenistischen Menschen, zwischen dem

Wort Gottes und seinem adäquaten Verständnis anzubieten.

Für Philo ist die Bibel das Wort Gottes. Aus diesem Grunde besitzt sie für seine Theologie fundamentale Bedeutung. Philo sieht die Auslegung der Bibel als seine wichtigste Aufgabe an. Schwer verständlich erscheint der recht freizügige Umgang mit allegorischen Erklärungen, die Philo zur Auslegung der Bibel heranzieht.

Philos ganzes Leben war von der Suche nach der "Erkenntnis des wahrhaft Seienden"[942] geprägt, "... denn welches Wissen ist schöner als das von dem wahrhaft seienden Gott?"[943] In diesen prägnanten Worten sind das innerste Anliegen der philonischen Theologie und das Zentrum seines Interesses ans Licht gekommen. Philo kennt die Schranken des Wissens über das Seiende: "... Es sind ... vor allem zwei Fragen, die der Verstand des ernsthaft Forschenden hierbei untersucht: Zum ersten, ob es eine Gottheit gibt ... und zum zweiten, wie sie ihrem Wesen nach beschaffen ist. Die erste Frage ist ohne viel Mühe zu entscheiden, die zweite aber ist nicht nur schwierig, sondern vielleicht unlösbar"[944]. "... Trotzdem muß man es zu erforschen suchen, soweit es möglich ist"[945], sagt Philo entschieden. Der philonische Horizont bewegt sich in diesem Bereich. Sollen und Wollen, Wollen und Nicht-Können, Wissen und Nicht-Wissen charakterisieren die inneren Spannungen seiner Theologie.

Zweifellos hat Philo mit seinen knappen und doch prägnanten Formeln wesentlich zur Gewinnung einer adäquaten Sprache über Gott beigetragen. Er bemüht sich um eine zeitgenössische Formulierung Gottes und versucht eine neue Sprache, den Ausdruck einer neuen Gottesrede zu schaffen, um das Divinum zu artikulieren. Die Neuerung der Sprache könnte man als das angemessene Werkzeug seiner Hermeneutik definieren. Ohne diese Renovation der Sprache hätte Philo nicht erreichen können, was er erreicht hat. Das bessere Verständnis des Menschen und des Kosmos, das in der griechischen Philosophie zum Ausdruck kommt, öffnet Philo einen breiteren Horizont der Theologie. Das Unternehmen Philos erweist sich trotz der Beschränkungen als beispielhaft. In einer zwischen zwei Epochen stehenden Zeit, in der die Gesellschaft besonders schnell wechselt, in der ein neues Gesamtverständnis hervorbricht, braucht die Theologie eine neue Kreativität. Mit Philo beginnt die Abstraktion des Gottesbegriffs. Was Philo in seiner Zeit unternahm, erwies sich als notwendig, um dem Abendland Zugang zum biblischen JHWH zu eröffnen. Aber nicht nur die Methode und die Sprache, sondern auch der Inhalt der philonischen Theologie im Hinblick auf die Transzendenz und Immanenz weisen die Bedeutung Philos auf.

2. Die Bedeutung des philonischen Transzendenzgedankens

Die Transzendenz Gottes stellt den Grundgedanken der philonischen Gotteslehre dar. Philo hat diesen bedeutsamen Gedanken in die abendländische Theologie eingeführt. Die Fruchtbarkeit der Theologie von K. BARTH in der religiösen Welt dieses Jahrhunderts kann die Wichtigkeit des theologischen Ansatzes Philo aufzeigen, denn der Verfasser des Römerbriefkommentars wurzelt bewußt oder unbewußt im philonischen Gedankengut. In zeitgemäßen Worten läßt sich die Lehre Philos so ausdrücken: Gott ist kein Ding unter den anderen Dingen, auch kein Objekt unter den vielen Objekten. Gott ist auch nicht etwas, was wir begrifflich erfassen können, und noch weniger ist er ein intellektueller Gegenstand, über den der Mensch verfügen kann. Gott ist unbegreiflich, unverfügbar und unerreichbar[946].

Wir beginnen den Sinn des Wortes "Gott" zu verstehen, wenn wir den Gedanken des "Ganz-anders-seins" Gottes ernst nehmen. Was Gott bedeutet, werden wir nie endgültig verstehen und noch weniger begrifflich ausschöpfen. Nichts trifft mit tieferer Wahrheit die göttliche Wirklichkeit als die Tatsache, daß Gott alle möglichen menschlichen Kategorien überschreitet. Im Grunde baut die echte Religiösität auf der Anbetung des wahren Gottes und auf der Verneinung und Ablehnung der falschen Götter auf. Bei diesem Anliegen hilft die Theologie als "kritische Reflexion" über Gott. Die philonische Lehre der Transzendenz hat dazu Wesentliches beigetragen.

Der Transzendenzgedanke Philos stellt ein grundsätzliches Moment der kritischen Theologie dar und warnt also vor falscher Frömmigkeit. Zweifellos vermögen wir nicht das absolute Seiende zu bestimmen und noch weniger zu erfassen. Aber in ihm ist die Wahrheit und die Wirklichkeit enthalten.

3. Die Bedeutung des philonischen Immanenzgedankens

Philos Gott ist keine bloße Idee, das Produkt einer Abstraktion, sondern er ist der lebendige und immanente Gott der Bibel, zu dem Philo eine rege Beziehung pflegt. Die Immanenz Gottes im Menschlichen schützt den Gott Philos vor der Abstraktion, so wie die Transzendenz seine Irrelevanz verhindert. Anders als bei den Griechen stellt in der philonischen Lehre das Seiende, nicht der Mensch den Maßstab aller Dinge dar[947]. In einer säkularisierten Welt, in der Gott verdrängt wird und in der der Mensch der Mittelpunkt zu sein versucht, weist Philo darauf hin, daß es nur einen wahren Humanismus gibt, nämlich den, in dem der Mensch sich für Gott aufschließt und ihn als Zentrum des Alls anerkennt. Nur in der Anerkennung der Souveränität Gottes gewinnt der Mensch nach Philos Meinung das richtige Verständnis seines wahren Menschseins. Philo versucht nicht, die Weltlichkeit der Welt und die Menschlichkeit des Menschen zu entwerten. Die Welt hat keine absolute Selbständigkeit und um so weniger besitzt der Mensch eine volle und einseitige Freiheit, sondern Kosmos und Mensch sind in Bezug auf Gott und in Abhängigkeit von ihm geschaffen.

Die ganze Geschichte der Menschheit ist die Geschichte der Suche nach dem Glück. Entweder sucht der Mensch sein Glück in Gott und in ihm wird er es finden, oder er sucht das Glück in "dem Anderen", und er wird es nie finden. Wer so spricht, ist niemand, der die Welt nicht kennt, der als Einsiedler fern von seinen Mitmenschen lebt, sondern der wohlhabende Theosoph von Alexandrien, der Politik und Weltlichkeit sehr wohl kennt. Aber gerade deshalb hat er erfahren, daß nur ein auf Gott bezogenes Leben Glück gewähren kann.

ANHANG
Anmerkungen

1) Leg All II 83
2) Quaest in Gen II 54
3) Leg All II 83
4) Congr 115; Op Mund 69; Mut Nom 54; Leg All I 36
5) Poster C 7
6) Leg All I 36; Congr 115; Mut Nom 54
7) Congr 115; Decal 32
8) Plant 35
9) Decal 134; 160
10) Aet Mund 65
11) Decal 134
12) cf. WOLFSON, Philo I, Cambridge 1948², S. 203; BORMANN, Die Ideen- und Logoslehre Philos von Alexandrien, Köln 1955, S. 10 f
13) Leg Gaj 5
14) Op Mund 8; Praem Poen 40; Vit Cont 2; Quaest in Ex II 68
15) Leg Gaj 5
16) Leg Gaj 6; cf. E.M. Smallwood, Philonis Alexandrini Legatio ad Caium, Leiden 1961, S. 27-31
17) Quaest in Ex II 68
18) Quaest in Ex II 68
19) Quaest in Ex II 68
20) Quaest in Ex II 68; hier findet die englische Übersetzung des Armenischen Verwendung: R. MARCUS, Philo Supplement, I, Questions and Answers on Genesis, Cambridge (Mass.) 1961²
21) Spec Leg I 293
22) Fug 198
23) Mut Nom 22
24) Vit Mos I 157; cf. auch Sacr AC 97
25) Vit Mos I 174
26) Som II 253; cf. auch Vit Mos I 83; 174; 283; Migr Abr 42; 49; 91; Abr 202; Poster C 23; 28; Spec Leg I 293; II 34; 166; III 52; Prov I 35; 54; Congr 152; Fug 61; 157; 160; Mut Nom 22; 54; 55; 57; 184; Som I 249; II 130; 176; 193 f; 230; 253; Plant 53; Ebr 120
27) Congr 115; cf. auch Conf Ling 135
28) Leg All I 36
29) Decal 32; cf. auch Deus Imm 53; Migr Abr 113; Som I 237; Vit Mos I 283
30) Deus Imm 62
31) Num 23,19 (LXX)
32) Leg All II 1
33) Gig 42
34) Leg All II 1
35) Leg Gaj 5
36) Op Mund 8
37) Vit Cont 2; cf. auch Praem Poen 40
38) Quaest in Ex II 68
39) Vit Cont 2; cf. auch Praem Poen 40
40) Leg Gaj 5
41) cf. E. BREHIER, Les Idées philosophiques et religieuses de Philon d' Alexandrie, Paris 1950³, S. 73; I. DANIELOU, Philon

d'Alexandrie, Paris 1958, S. 143; J.M. TRIVINO, Obras completas de Filón de Alejandría I, Buenos Aires 1975, S. 43; F. COPLESTON, A History of Philosophy I, Greece & Rome, II, N.Y. 1962, S. 203; J. DRUMMOND, Philo Judeaus III, Amsterdam 1963, S. 11; Y. AMIR, Philo Judaeus, in: Encyclopaedia Judaica, Bd. 13, Jerusalem 1971, Sp. 412; F.C. BAUR, Die christliche Lehre von der Dreieinigkeit ..., Tübingen 1841, S. 59; H. BRAUN, Wie man über Gott nicht denken soll, Tübingen 1971, S. 6; J. GUTTMANN, Die Philosophie des Judentums 3, München 1933, S. 34; J. HIRSCHBERGER, Geschichte der Philosophie I, Freiburg 1962, 6. Aufl., S. 298;

42) cf. VÖLKER, aaO, S. 54 ff
43) C. SIEGFRIED, Philo von Alexandria, Jena 1875, Neudr. Aalen 1970, S. 199 f
44) P. KRÜGER, Philo und Josephus ..., Leipzig 1906, Neudr. Amsterdam 1973, S. 24 f
45) H. THYEN, Die Probleme der neueren Philo-Forschung, in: ThR 23, Tübingen 1955, S. 242
46) cf. M. SIMON, Eléments gnostiques chez Philon, in: Le Origini dello Gnosticismo, Leiden 1967, S. 359
47) H. Jonas, Gnostik und spätantiker Geist, Teil 2,1, Göttingen 1966^2, S. 98
48) W. BOUSSET, Kyrios Christos, Göttingen 1935, 4. Aufl., S. 131
49) W. BOUSSET, Die Religion des Judentums ..., Berlin 1926^3, S. 441 R. REITZENSTEIN, Poimandres, Leipzig 1904, S. 42 u. 188
50) F. COPLESTON, aaO, S. 203; E. BREHIER, aaO, S. 72 f; J. DANIELOU, aaO, S. 144; ARNALDEZ, Supplement ... VII, S 1331; C.H. DODD, The Interpretation ..., Cambridge 1970, S. 60; J. GUTTMANN, aaO, S. 33; H.J. GAMM, Judentumskunde, München 1966, S. 145; H. BRAUN, aaO, S. 30; K. BAUS, Von der Urgemeinde ..., I, Freiburg 1962, S. 82
51) Op Mund 8
52) Die Bezeichnung Gottes als "Glücklicher" ist bei den Griechen üblich
53) Sacr AC 94.95.96
54) Deus Imm 53.54; cf. auch Quaest in Gen I 55
55) Som I 237
56) cf. Vit Mos I 263 ff
57) Migr Abra 113
58) Quaest in Gen I 55
59) Deus Imm 62; cf. auch SIEGFRIED, aaO, S. 162
60) Deus Imm 62
61) So Philo über Caligula (Leg Gaj 118)
62) Deus Imm 62
63) Quaest in Gen II 54
64) cf. E.R. GOODENOUGH, An Introduction ..., Oxford 1962^2, S. 97
65) cf. S. 197
66) cf. S. 100
67) J. HIRSCHBERGER, aaO, S. 222
68) J. HIRSCHBERGER, aaO, S. 225
69) Aristoteles verwendet diesen Terminus nicht
70) W.K. GUTHRIE, Die griechischen Philosophen, Göttingen oJ., S. 107
71) Siehe dazu: Stoa und Stoiker ..., übers. von M. POHLENZ, Zürich

1964², S. 340 f; R. REINHARDT, Kosmos ..., München 1926, S. 129
72) Andere Hauptströmungen der griech. Philosophie, so die pythagoräische, wurden bewußt ferngehalten; cf. W. NESTLE, Die Vorsokratiker, Düsseldorf 1956, 4. Aufl., S. 153 u. 240; U. VON WILAMOWITZ-MOELLENDORF, Plato, II, Leipzig 1919, S. 93, 86-94; E. ZELLER, Die Philosophie ..., I, Leipzig 1920², S. 440 f
73) cf. O. PROCKSCH, Die Herrlichkeit Gottes, in: ThAT, Gütersloh 1950, S. 424-431; W. EICHRODT, Der Kabod JHWH's, in: ThAT II, 1964, 5. Aufl. S. 11-15; G. VON RAD, "kabod" im AT, in: ThWNT II, S. 240-245; G. KITTEL, "doxa" in LXX ..., in: ThWNT II, S. 245-250; C. WESTERMANN, "kbd" in: ThAT I, S. 794-812
74) cf. "Bilderdienst", in: Calwer Bibel-Lexikon, Stuttgart 1959, 5. Aufl., S. 158 f
75) G. VON RAD, Theologie des AT, I, S. 231
76) cf. "Bilderdienst" aaO, S. 159
77) "Bilderdienst" aaO, S. 158
78) Leg All III 36
79) Leg All I 51
80) cf. C.J. LABUSCHAGNE, The Incomparability ..., Leiden 1966; G. JOHANNES, Unvergleichlichkeitsformulierungen ..., Mainz 1968, S. 82-127
81) vgl. C.J. LABUSCHAGNE, aaO, S. 15
82) vgl. C.J. LABUSCHAGNE, aaO, S. 66-89 und S. 89-114
83) cf. C.J. LABUSCHAGNE, aaO, S. 31-63
84) cf. L. KÖHLER, Theologie des AT, Tübingen 1966, 4. Aufl., S. 21
85) cf. T.J. MEEK, Primitive Monotheism ..., in: Review of Religion, 1940, S. 38; J. LINDBLOM, Isreals Religion, in: Gammaltestamentlig Tid 1953, S. 212; cf. W.F. ALBRIGHT, From the Stone Age ..., 1957², S. 327; M. SMITH, Common Theology ..., in: Journal of Bibl. Literature, Vol. LXXI, 1952
86) cf. C. WESTERMANN, Das Buch Jesaja, S. 46 f; Chr.R. NORTH, The Second Isaiah, S. 81-88; K. ELLIGER, Jesaja II, S. 59-92
87) vgl. C. NORTH, aaO, S. 85
88) cf. K. ELLIGER, aaO, S. 72
89) K. ELLIGER, aaO, S. 71; cf. auch P. TRUDINGER, A Note ..., in: VT 1967, S. 220-225
90) cf. K. Elliger, aaO, S. 87
91) cf. "kadosch" in: ThAT II, S. 589-609
92) cf. H.D. PREUSS, Deuterojesaja, S. 55
93) cf. K. ELLIGER, aaO, S. 87
94) vgl. P. VOLZ, Jesaja II, S. 10 f
95) cf. E.J. YOUNG, The Book of Isaiah, S. 223
96) cf. C. NORTH, aaO, S. 28
97) Philo betrachtet das Jesaja-Buch als eine Einheit
98) cf. W. EICHRODT, aaO, S. 162 ff
99) H.H. STÖRIG, Kl. Weltgeschichte ..., S. 203
100) C. NORTH, aaO, S. 83
101) cf. Y. AMIR, Die Begegnung ..., in: Evangelische Theologie 1978, S. 4
102) cf. E. Schürer, Geschichte, Bd. III, S. 705; ich halte es dagegen nicht für angebracht, von "Dualismus von Gott und Welt" bei Philo zu sprechen; Schürers Formulierung ist ungenau und irreführend;
103) cf. G. WIDENGREN, Gnosis ..., S. 684; F.C. BAUR, aaO, S. 3;

H. JONAS, A Handbook ..., S. 144 f
104) cf. Op Mund 7
105) cf. Op Mund 10
106) Deus Imm 108
107) Gen 1,12.18.31
108) cf. M. SIMON, Eléments gnostiques..., S. 363
109) Leg All II 83
110) Som I 234
111) cf. Sacr AC 94
112) Deus Imm 55-56
113) Deus Imm 63 ff
114) Deus Imm 61-62
115) Deus Imm 69
116) cf. Som I 234; cf. COHN, VI, S. 220,5
117) cf. Y. AMIR, Die Begegnung ..., S. 13
118) cf. Y. AMIR, aaO, S. 236
119) Congr 115
120) cf. Op Mund 17-20; cf. M. POHLENZ, Die Stoa, S. 273
121) Conf Ling 98
122) K. BARTH, Das Wort Gottes ..., S. 156 ff; cf. E. PETERSON, Was ist Theologie?, S. 11
123) Sacr. AC 95
124) Summa Theologica 1 q. 13 art. 5
125) Leg All III 206
126) Leg All III 206
127) Leg All III 206
128) Vit Mos II 188
129) cf. Vit Mos I 263 ff
130) Es erscheint unnötig, an dieser Stelle Philos Konzeption der Transzendenz weiter auszubreiten
131) cf. M. POHLENZ, aaO, S 369
132) cf. E.R. GOODENOUGH, aaO, S. 91 f
133) cf. WOLFSON, aaO, S. 98
134) BOUSSET unterscheidet bei Philo zwei unterschiedliche apologetische Strömungen, cf. W. BOUSSET, Jüd.-Christl. Schulbetrieb ..., S. 8-154
135) cf. E. SCHÜRER, aaO, S. 700
136) cf. W. VÖLKER, aaO, S. 193
137) cf. L. COHN, aaO, Supplement 7
138) cf. H. LEISEGANG, Index I, S. 128
139) cf. S. 15
140) cf. S. 5 f
141) Spec Leg IV 14
142) cf. Spec Leg IV 188
143) Som I 73
144) cf. Gen 1,27; 9,6; cf. Som I 74 f
145) cf. Decal 32 f; Quaest in Ex II 42,47
146) cf. Cher 86; Spec Leg IV 48; Spec Leg IV 123
147) Leg All III 7
148) Deus Imm 54; an dieser Stelle wird der englischen Übersetzung der Vorzug gegeben
149) Som II 28
150) Sacr AC 92; Leg All II 86
151) Fug 51

152) Plant 132
153) Op Mund 12
154) Diese Ausdrücke kann man auch im aristotelischen Sinn verstehen
155) Decal 104
156) Fug 162
157) Spec Leg II 225
158) Spec Leg I 269
159) cf. S. 197
160) K. BARTH, Der Römerbrief, S. 315
161) cf. J. HIRSCHBERGER, aaO, I, S. 298
162) Ich verwende hier das Wort "Person" im Sinne Hegels;
    cf. P. SCHOONENBERG, Gott als Person, S. 172-179
163) Vit Mos II 100
164) Cher 77
165) Leg All II 1
166) Congr 171
167) Deus Imm 32
168) Mut Nom 87
169) C.H. DODD, aaO, S. 61
170) cf. J. LEISEGANG, Philonis Alexandrini, S. 226 ff
171) Ich bin mit der Wertschätzung von C.H. DODD, aaO, S. 61, nicht
    einverstanden
172) cf. W. KELBER, Die Logoslehre ..., S. 103
173) Spec Leg I, 32; cf. Plato, Timaios 28 C
174) cf. W. VÖLKER, aaO, S. 52
175) cf. M. POHLENZ, aaO, S. 369; cf. W. THEILER, Die Vorbereitung ..,
    S. 3 ff
176) cf. G. KUHLMANN, Theologia naturalis ..., S. 15
177) cf. dazu Biblische Konkordanz, Stichworte "wahr", "wahrsein",
    "Gott" und "Schöpfung"
178) cf. P. HOFFMANN, Die Anfänge ..., S. 144 f; cf. F.J. SCHIERSE,
    Jesus von Nazaret, S. 137
179) cf. AALL, Der Logos, I, S. 189; cf. W. VÖLKER, aaO, S. 54,4
180) AALL, aaO, S. 191
181) Abr 270
182) Spec Leg I 176
183) Spec Leg I 332
184) Spec Leg III 127; cf. Spec Leg III 125; IV 177; 192; Fug 89
185) cf. A.G. WHRIGHT, Wisdom (34), S. 556
186) Weisheit 13,1
187) cf. C. LARCHER, Etudes ..., S. 151-178
188) G. KUHLMANN, aaO, S. 16
189) ThWNT II, S. 396 f; V S. 263 ff
190) Abr 121
191) Für die Juden ist der Name eine Wirklichkeit, die den Menschen
    als Person ergreift; cf. G. VON RAD, Theologie ..., I, S. 195
192) Mut Nom 11
193) Som I 231
194) Leg All III 206
195) cf. S. 183
196) Vit Mos I 75
197) Mut Nom 11
198) Mut Nom 14
199) Mut Nom 14

200) cf. L. COHN, VI, S. 110,3
201) Mut Nom 12
202) cf. Abr 121
203) cf. L. COHN, VI, S. 111,1
204) Mut Nom 12.13
205) Mut Nom 14
206) cf. Spec Leg I 32 ff
207) Det Pot Ins 160
208) Vit Mos I 75
209) Vit Mos I 75
210) T. VON AQUIN, Summa Theologica 1 q. 3a.5³
211) Vit Mos I 76; cf. H. LIETZMANN, Geschichte ..., S. 89
212) T.C. VRIEZEN, "eheje ascher eheje", S. 498 in: Feschrift für A. BERTHOLET; cf. G. VON RAD, Theologie, I, S. 193 f
213) M. NOTH, Exodus, S. 31
214) M. LUTHER, Weimarer Ausgabe, Bd. 16, S. 49; cf. A. HAMMAN, Die Kirchenväter, S. 134 f; cf. S. AMSLER, in: ThAT I, S. 484
215) L. KÖHLER, Theologie, S. 235
216) W. EICHRODT, Theologie ..., I, S. 118
217) M. NOTH, aaO, S. 31
218) G. VON RAD, aaO, S. 194
219) S. AMSLER, aaO, S. 484
220) S. AMSLER, aaO, S. 488-512
221) S. AMSLER, aaO, S. 508
222) S. AMSLER, aaO
223) S. AMSLER, aaO
224) S. AMSLER, aaO, S. 510; cf. G. VON RAD, aaO, S. 194
225) cf. M. NOTH, aaO, S. 31
226) Die Absichten Philos werden in der Auslegung der Formel Ex 3,14 offenbar
227) cf. G. VON RAD, aaO, S. 194
228) cf. H.A. WOLFSON, Philo, I, S. 87-163
229) cf. P. KRÜGER, Philo und Josephus ..., S. 24
230) Mut Nom 27
231) Mut Nom 27
232) Gen 17,1; cf. Mut Nom 1.18
233) Gen 35,11; cf. Mut Nom 23
234) Dtn 4,1; cf. Mut Nom 23
235) Ps 16,5
236) Mut Nom 27; cf. Gen 35,11
237) Mut Nom 26; ich bevorzuge hier die englische Übersetzung
238) cf. Spec Leg I 311; Cher 107; Som I 228
239) cf. S. 175
240) Mut Nom 28
241) cf. J. DRUMMOND, aaO, S. 48 f
242) cf. Metaphysik I, 1003a 21
243) cf. Mut Nom 27
244) Metaphysik 2, 1003a 33
245) J. HIRSCHBERGER, aaO, S. 186
246) Op Mund 171.172
247) cf. Abr 125
248) cf. Leg All I 44
249) cf. Leg All II 1
250) cf. Leg All II 2

251) cf. Spec Leg IV 187
252) cf. Soec Leg II 225
253) cf. Rer Div Her 36
254) Op Mund 171.172
255) Som I 76
256) cf. Det Pot Ins 161
257) cf. J.S. BOUGHTON, The Idea ..., S. 219
258) cf. Det Pot Ins 160
259) cf. Mut Nom 27
260) cf. Poster C 7
261) Das Wort "Transzendenz" (transcendere- hinübersteigen) geht von der Vorstellung aus, daß Gott die gewordenen Grenzen übersteigt
262) cf. Gen 28, 16-17; cf. Som I 185
263) Leg All III 51
264) Som I 185
265) Leg All III 51
266) Som II 221
267) Leg All III 4.5.6
268) Det Pot Ins 153; cf. Det Pot Ins 154-155
269) Quaest in Ex II 40
270) Quaest in Ex II 40
271) Som I 157; cf. Rer Div 229
272) cf. Quaest in Gen IV 140; cf. Poster C 20
273) Poster C 6; cf. Sacr AC 67, Deus Imm 57, Poster C 14, Det Pot Ins 153
274) Quaest in Gen I 69
275) Nach Meinung der Epikuräer hielten sich die Götter in den "Intermundien" auf.(Belege bei L. Cohn,VI, S. 210,1)
276) Som I 184
277) Poster C 20
278) cf. auch die Auslegung von Dtn. 5,31 in Gig 49; Deus Imm 23; Sacr AC 8; Conf Ling 31; Som II 227
279) Poster C 28
280) Deus Imm 4
281) Som II 223
282) Poster C 28
283) Som II 221
284) Mut Nom 87
285) Poster C 23
286) Deus Imm 4
287) Poster C 23
288) Quaest in Gen III 55
289) Deus Imm 32
290) cf. S. 184 f
291) Leg All I 18; Leg All I 6
292) Congr 96
293) Fragm II, 654; cf. C. SIEGFRIED, Philo von Alexandria ..., S. 204
294) Abr 76
295) cf. Abr 121.146; Mut Nom 232; Vit Mos II 99
296) Deus Imm 108
297) Ebr 43
298) Som II 227
299) Spec Leg IV 177

300) cf. Mut Nom 184
301) cf. Poster C 168
302) cf. Poster C 167-168; cf. auch Virt 64-65
303) cf. Rer Div Her 289
304) Poster C 29
305) Cher 77
306) cf. G. KUHLMANN, aaO, S. 14
307) cf. LEISEGANG's Index I 69-71
308) Sacr AC 54
309) Virt 216.221
310) Conf Ling 123
311) Mut Nom 221
312) Spec Leg I 31; cf. auch Ebr 75
313) Plant 64
314) Virt 34; cf. auch Virt 65
315) Fug 8
316) Omn Prob Lib 84
317) Poster C 168; cf. auch Spec Leg II 5; III 178
318) Op Mund 8
319) Ebr 73
320) Poster C 38
321) Spec Leg II 5
322) cf. Spec Leg III 178
323) cf. H.A. WOLFSON, Philo II, S. 133
324) cf. Gen 4,1; cf. dazu auch: Quaest in Gen I 58
325) Die Lehre von den vier Elementen war seit Empedokles in der griech. Philosphie ein fester Bestandteil des Denkens
326) cf. L. COHN, V, S. 91.3
327) Rer Div Her 301
328) Op Mund 8-9
329) cf. Cher 125
330) cf. Op Mund 100
331) cf. Fug 12
332) Hier polemisiert Philo gegen Aristoteles über die Anfangslosigkeit und strikte Ewigkeit des Universums
333) Op Mund 7.8
334) Virt 65
335) Decal 155
336) cf. Poster C 168
337) cf. Weisheit 13,3
338) W. VÖLKER, aaO, S. 52
339) Cher 77
340) cf. auch Op Mund 8-9
341) Gig 42
342) cf. Gig 42
343) Die Aussage, Gott schafft immer und ist niemals untätig, ist ein beliebter Gedanke Philos; cf. Leg All I 5.6.18; Cher 87; Prov I 6
344) Leg All I 5
345) Leg All I 18; cf. L. COHN, III, S. 22.1
346) Gen 2,2
347) cf. Leg All I 2-17
348) Leg All I 6
349) cf. Ebr 73
350) Mut Nom 221

351) cf. Conf Ling 98
352) Conf Ling 98; cf. auch Spec Ling I 14
353) Poster C 38
354) Plant 64; Spec Leg II 5; Virt 34.65.216
355) Ebr 75
356) Virt 34
357) W.K.C. GUTHRIE, Die griechischen Philosophen, S. 33
358) Das ist eine Behauptung des Philolaos, cf. Die Vorsokratiker, ausgew. von W. Nestle, S. 151
359) cf. J. HIRSCHBERGER, aaO, S. 24 f
360) Philolaos, cf. Die Vorsokratiker, aaO, S. 153
361) E. HOFFMANN, Griechische Philosophie ..., S. 42 f
362) Clemens von Alexandrien, Stromata, I 15, 72; II 19, 100
363) W. BOUSSET, Kyrios Christos, S 131
364) Bei L. COHN, VII, S 390 f und bei COLSON, X S. 469, 473 kann man diese Zitate finden
365) cf. Spec Leg II 176
366) cf. Rer Div Her 187; cf. auch Spec Leg III 180
367) cf. Quaest in Ex II 68
368) cf. LEISEGANG's Index I, S. 229 f; II, S. 538 f
369) Deus Imm 11
370) Leg All II 1
371) Leg All II 2
372) Praem Poen 40
373) Rer Div Her 183
374) Rer Div Her 216
375) Gig 64
376) Leg All II 1
377) cf. Gen 35,4 und 28,20 f
378) Ich stimme hier mit I. Heinemann in: L. COHN, III, 53,1 nicht überein
379) Leg All II 1-3
380) cf. COLSON, I, S. 225
381) Leg All II 1-3
382) cf. Praem Poen 40; Vit Cont 2
383) Leg All II 1-3
384) N. LOHFINK, Unsere großen Wörter, S. 138
385) N. LOHFINK, aaO
386) Trotzdem ist der LOHFINK'sche Aufsatz ein origineller Versuch, sich der Sprache der Bibel ernsthaft anzunehmen
387) N. LOHFINK, aaO, S. 138
388) cf. die Beobachtung von L. COHN, I, S. 36,2
389) Nach SCHÜRER's Meinung ist die philonische Gotteslehre nur "insofern jüdisch, als sie den Monotheismus und die bildlose Verehrung Gottes betont" (E. SCHÜRER, aaO, S. 703 f
390) cf. Op Mund 171; auch Op Mund 172
391) Decal 65-81
392) Decal 65
393) cf. Leg All I 51
394) Spec Leg I 22
395) cf. Spec Leg I 30
396) Gen 2,18
397) Leg All II 1

398) cf. Decal 155
399) cf. A.J. SOGGIN, "mäläch" in: THAT, S. 914.4
400) cf. Abr 98; Spec Leg II 163; 166-167; Vit Mos I 149; cf. HEINE-MANN, Philos griechische und jüdische Bildung; E. PETERSON, Theologische Traktate. Der Monotheismus als politisches Problem, S. 27.58.110; cf. Virt 179; 219-220
401) Homer, Ilias II 204.205, cf. L. COHN, V, S. 145.1
402) Conf Ling 170
403) Rer Div Her 121
404) Migr 40
405) Som I 250
406) Congr 134
407) Leg All II 89
408) cf. Conf Ling 171
409) Rer Div Her 234
410) cf. E. PETERSON, aaO, S. 54
411) cf. E. PETERSON, aaO, S 60 und I. HEINEMANN, aaO, S. 55
412) cf. E. PETERSON, aaO, S. 56 f
413) Das Bestreben, einen Staat theologisch zu rechtfertigen oder zu verurteilen, fand im Laufe der Geschichte viele Beispiele
414) E. BRUNNER, Wahrheit als Begegnung, S. 88
415) Plato, Phaidon 79 D, cf. Platon, Sämtl. Werke, I, S. 761
416) Plato, Phaidon, 78 D, cf. Platon, aaO, S. 760
417) cf. J. HIRSCHBERGER, aaO, S. 97 f
418) E. HOFFMANN, aaO, S. 167
419) cf. J. HIRSCHBERGER, aaO, S. 148; cf. dazu auch WOLFSON, Philo I, S. 201; cf. Plato, Der Staat II 379 B.C in: Platon, aaO, II, S 75
420) cf. E.R. GOOGENOUGH, aaO, S. 98 zu Praem Poen 40 und Vit Cont 2
421) Op Mund 8; Vit Cont 2; Leg Gaj 5; Praem Poen 40
422) cf. J. DRUMMOND, aaO, III, Ch. 4, S. 30; cf. H.A. WOLFSON, aaO, S. 203
423) cf. Spec Leg II 53; I, 277
424) Ein besonders spekulatives Problem ist, ob Philo Plato tatsächlich philosophisch überwunden hat
425) Deus Imm 108
426) Plant 64
427) Gig 45; cf. Virt 187; Post C 162; Som II 296
428) Leg Gaj 5
429) Conf Ling 180
430) Spec Leg II 53
431) Leg Gaj 5; Vit Cont II; Praem Poen 40
432) Spec Leg I 227
433) Deus Imm 108
434) Leg All III 105
435) Cher 29
436) Leg All III 73
437) Agric 129
438) Cher 27; 28, 29
439) Cher 27
440) Vit Mos II 132
441) Decal 91
442) Plant 64
443) Fug 141

444) Spec Leg II 11; cf. Spec Leg II 53
445) Conf Ling 180
446) Conf Ling 161
447) Ex 21,15
448) Spec Leg I 224
449) Fug 84
450) Leg Gaj 5
451) Agric 129
452) Fug 66
453) Spec Leg II53
454) Poster C 30
455) Quaest in Gen I 6; cf. auch Cher 27 f; Sacr Ac
456) Congr 171
457) Fug 99
458) Rer Div Her 31; Leg All I 34; cf. Leg All III 40; 166; Plant 37; Abr 254; Cher 29; Post C 26; Ebr 82; Migr Abr 30 f; Praem Poen 126; Fug 62; 66; Mut Nom 46; Spec Leg I 221; Leg All III 106; Agric 173; Plant 91; cf. W. VÖLKER, aaO, S. 51
459) Mut Nom 221
460) Mut Nom 221; cf. H. T. BILLINGS, The Platonism..., S. 83; cf. W. VÖLKER, aaO, S. 51
461) Es ist merkwürdig, daß zwei große Mystikerinnen der kath. Kirche, Theresia von Avila und Theresia von Lisieux, mit Philo in dem Gedanken "alles ist Gnade Gottes" übereinstimmen
462) Deus Imm 106-108
463) Ps 101,1
464) Deus Imm 74 f
465) cf. Sacr AC 42; cf. Gen 33, 11
466) Mut Nom 141
467) Spec Leg IV 187
468) Thomas von Aquin, De veritate, q. 22, a. 6
469) Sacr AC 59
470) Deus Imm 108
471) Sacr AC59
472) Mut Nom 46; cf. auch Deus Imm 108
473) Op Mund 21
474) Timaios 29 E; Plato, Sämtl. Werke, Bd. 3, S. 109
475) cf. L. Cohn, I, S. 34, 1
476) Mut Nom 46
477) cf. E.R. GOODENOUGH, aaO, S. 99
478) Fug 62
479) Prov II 102
480) Fug 79
481) cf. die Ablehnung der Epikuräer in Prov I 37-48
482) Prov I 46
483) Anspielung auf Jos 10, 11
484) cf. auch ProvI 38
485) cf. Ex 10, 12
486) Prov I 47
487) Prov II 2-11
488) Prov II 12-33
489) Prov II 16-18
490) Prov II 19-23
491) Prov II 25-31

492) Prov II 33
493) cf. S. 154 und dort auch Anm. 698
494) cf. Fug 79
495) Fug 79-80
496) cf. S. 188 f
497) Gen 1,26
498) Op Mund 72-75; cf. auch L. COHN, I, S. 53.1
499) cf. L. COHN, VI, S. 115.2
500) Gen 1,26
501) Mut Nom 29-31
502) Mut Nom 32
503) cf. L. COHN, VI, S. 71.3
504) Fug 69-71
505) Op Mund 21
506) cf. Op Mund 75
507) cf. Fug 69
508) Fug 62
509) cf. S. 196
510) W. STROLZ, Ein Denkweg zum göttlichern Gott, S. 165
511) cf. G. KUHLMANN, aaO, S. 43
512) cf. LEISEGANG's Index I, S. 70
513) cf. LEISEGANG's Index I, S. 61 f
514) cf. LEISEGANG's Index I, S. 70 und 61 f
515) Wir lassen hier das Buch "De aeternitate mundi" außer Betracht
516) cf. LXX
517) Fug 57
518) Deus Imm 32
519) Deus Imm 32
520) Deus Imm 32; cf. auch Mut Nom 267; Rer Div Her 165
521) cf. L. COHN, VII, S. 79.2; COLSON, III, S. 484 § 32; ThWNT I, S. 198
522) cf. Plato, Timaios 37 D, aaO, S. 116
523) Op Mund 26
524) Op Mund 26
525) Op Mund 27
526) cf. L. COHN, IV, S. 78 f; in unserem Zusammenhang ist das Zitat von Plutarch wichtig
527) cf. L. COHN, IV, S. 79
528) cf. Vit Mos II 134; Spec Leg I 96; Ebr 30
529) Sacr AC 77
530) cf. L. COHN, III, S. 245
531) LEISEGANG, aaO, S. 245 f
532) Deus Imm 32
533) Sacr AC 76
534) Virt 204
535) Jos 265; Decal 41
536) Plant 89; diese Gedanken sind echt biblisch
537) E. JENNI, "olam" in: THAT II, S. 229
538) E. JENNI, aaO, S. 230
539) cf. E. JENNI, aaO, S. 230
540) E. JENNI, aaO, S. 230
541) H. SASSE, cf. ThWNT I, S. 198
542) E. JENNI, aaO, S. 243
543) Som II 221; cf. Poster C 28

544) Mut Nom 87
545) Deus Imm 22; Mut Nom 175
546) Cher 19
547) cf. LEISEGANG's Index I, 129 f
548) Cher 19
549) Leg All II 89
550) Som I 249
551) Som II 227
552) Migr 41; cf. auch Spec Leg I 242
553) Mut Nom 87
554) Poster C 28
555) Cher 52
556) Cher 90
557) Sacr AC 101
558) Conf Ling 96
559) Deus Imm 57
560) cf. Post C 19
561) Dig 49; cf. Quaest in Gen I 42
562) Som I 158
563) Poster C 29
564) Metaphysik 6, 1071b 4
565) Leg All I 5 f
566) Gen 11,5
567) Conf Ling 134-140
568) Cher 90
569) Det Pot Ins 148
570) cf. Poster C 23
571) cf. Det Pot Ins 148
572) Das Buch " Quod Deus sit Immutabilis" machte mit dem Buch "De Gigantibus" ursprünglich ein einziges Buch aus
573) Gen 6,5-7
574) Deus Imm 22
575) Deus Imm 28
576) Deus Imm 21 f
577) cf. Deus Imm 33
578) Deus Imm 52
579) Deus Imm 68
580) Deus Imm 72; cf. L. COHN, IV, S. 88,4
581) Deus Imm 71
582) cf. Deus Imm 71; cf. auch L COHN IV, S. 88,3
583) cf. S. 144 ff
584) Zu dem Begriff des "göttlichen Zornes" siehe "aph" in: THAT I, S. 220-224 und "äbra" in: THAT II, S. 205 ff; "orge" in: ThWNT V, S. 382 ff
585) ThWNT V, S. 410
586) ThWNT V, S. 410
587) Ich gebe zu, daß "bei ihm (Philo) das stoisch-alexandrinische Denken beherrschend" in Bezug auf die Lehre der Affekte ist (ThWNT V, S. 418)
588) Mut Nom 87
589) Som I 250
590) Leg All II 89
591) Mut Nom 176
592) Quaest in Gen III 55

593) Mut Nom 87
594) cf. S. 200 f
595) Leg All I 51
596) Cher 52
597) Rer Div Her 14; cf. Vit Mos II 171; Cher 86
598) Sacr AC 9
599) cf. S. 21 ff
600) Ps 119,89-91
601) Jes 40,8
602) Sacr AC 101; cf. L. TREITEL, Gesamte Theologie ..., S. 19
603) cf. Quaest in Gen II 54
604) cf. Sacr AC 9; Spec Leg IV 191; Plant 49
605) P. KRÜGER, aaO, S. 24
606) E. BREHIER, aaO, S. 72
607) J. DRUMMOND, aaO, S. 24
608) J. DRUMMOND, aaO, S. 24
609) J. DRUMMOND, aaO, S. 24
610) DRUMMOND unterscheidet zwischen "properties" und "qualities" (J. DRUMMOND, aaO, S. 25)
611) H.A. WOLFSON, Philo II, S. 101
612) Abr 163
613) cf. Poster C 168; Leg All III 206; cf. WOLFSON, aaO, S. 106 f
614) Poster C 169
615) Poster C 168
616) Poster C 169
617) Poster C 169
618) cf. S. 73
619) Deus Imm 55
620) Diese Beobachtung wird in Cher 67 erhärtet; cf. Leg All I 51
621) Spec Leg I 277
622) Spec Leg I 277
623) cf. Spec Leg I 277
624) Poster C 4
625) Num 28,2
626) Deus Imm 7
627) Spec Leg I 152; cf. L. COHN, II, S. 53,1
628) C. SIEGFRIED, aaO, S. 199
629) C. SIEGFRIED, aaO, S. 200
630) O. KAISER, Einleitung ..., S. 91
631) Gen 3,8
632) Gen 2,7
633) cf. E.H. MALLY, Introduction ..., Vol I, S. 3
634) cf. Leg All I 36
635) Det Pot Ins 54; cf. LEISEGANG's Index II, S. 657 f
636) Rer Div Her 187
637) Det Pot Ins 54
638) Sacr AC 9
639) Plant 49; LEISEGANG's Index II, S. 766 ff
640) Aet Mund 1
641) Aet Mund 43
642) Ich verwende hier das Wort "Perfektion" für die Vollkommenheit Gottes, um eine klare Unterscheidung zwischen den Eigenschaften des Menschen und der Vollkommenheit Gottes zu machen
643) Rer Div Her 121; cf. Rer Div Her 187

644) Quaest in Gen I 6
645) Spec Leg II 53
646) Conf Ling 180
647) Sacr AC 9
648) Deus Imm 29; cf. Det Pot Ins 57
649) cf. J. BURCKHARDT, Griechische Kulturgeschichte IV, S. 570-604
650) Det Pot Ins 57
651) Gen 3,9 ff; 4,9 ff; Ps 139,1
652) Deus Imm 9; cf. Migr Abr 115
653) Abr 206; cf. den biblischen Zusammenhang des Textes
654) Spec Leg II 53 f
655) cf. Cher 84 f; cf. L. COHN III, S. 193,1
656) Cher 86
657) Diese These wird am Anfang der Schrift "De aeternitate mundi" vertreten
658) Vit Mos II 267
659) Aet Mund 43
660) Vit Mos II 238
661) Leg All III 4
662) Poster C 14
663) Poster C 30
664) cf. W. EICHRODT, Theologie ..., I, S. 147-150
665) W. EICHRODT, aaO, S. 150-155
666) W. EICHRODT, aaO, S. 155-162
667) W. EICHRODT, aaO, S. 162-176
668) W. EICHRODT, aaO, S. 176-185
669) cf. G. SAUER, "kol" in: THAT I, S. 828-830
670) Ps 18,31; cf. II Sam 22,31
671) Ps 19,8
672) Ijob 11,7
673) cf. Ex 20,21
674) Mut Nom 7-8; cf. Poster C 14 ff; Spec Leg I 41 ff; Praem Poen 44
675) Praem Poen 40
676) cf. H. THYEN, Die Probleme ..., S. 244 f
677) H. LEISEGANG, Der Heilige Geist, I, S. 163-231
678) W. VÖLKER, aaO, S. 279-288
679) W. VÖLKER, aaO, S. 263
680) J. PASCHER, Der Königsweg ..., Paderborn 1931
681) H. JONAS, Gnosis ..., Teil 2,1, S. 98
682) H. JONAS, aaO, S. 77
683) Som II 226.227
684) Fug 165
685) cf. Poster C 15; cf. Det Pot Ins 89; Mut Nom 10.15
686) Hier liegt ein Wortspiel mit "Dornbusch" und "unzugänglich" vor
687) Fug 161-165
688) Ex 33,18-23
689) Spec Leg I 41-44
690) Spec Leg I 41-44; cf. 45-50
691) M. NOTH, aaO, S. 212
692) HEINISCH, Die Heilige Schrift des AT, I,2, S. 240
693) B. BAENTSCH, Handkommentar zum AT, I, S. 279
694) G. BEER, Handbuch ..., S. 26 f
695) H. SCHULT, "schema" in: THAT II, S. 981; cf. H.J. KRAUS, Hören

und Sehen ..., S. 97 ff
696) G. KITTEL, ακουω in: ThWNT I, S. 219
697) Num 7,89; cf. Ex 33,11
698) G. Kittel, aaO, S. 219
699) Fug 208
700) cf. Migr Abr 46
701) Diese Sinne sind der Geschmacks-, Geruchs- und Tastsinn
702) Abr 156-163
703) Som II 226; cf. Gen 18,22
704) Som I 186 f
705) Abr 162
706) Mut Nom 7
707) Plant 22; cf. Mut Nom 7
708) Abr 77-80
709) cf. Abr 76
710) U. FRÜCHTEL, Die kosmologischen Vorstellungen ..., S. 166
711) Ex 24,10 f
712) Das ist Moses
713) cf. MARCUS, II, S. 78h
714) die Kräfte
715) cf. MARCUS, II, S. 79b
716) cf. MARCUS, II, S. 81g,h
717) Quaest in Ex II 39
718) Conf Ling 97
719) Praem Poen 44
720) cf. Congr 51; Sacr AC 120; Migr Abr 18; Abr 57; Som II 173; Ebr 82 f
721) Leider kann ich nicht Armenisch, um meine Hypothese prüfen zu können; aber ich bestehe auf der Meinung, es wäre nicht undenkbar, daß der Übersetzer christliche Gedanken hineingetragen hat;
722) cf. J. PASCHER, aaO, S. 186
723) Praem Poen 40
724) Joh 1,18; Joh 6,46; 1 Tim 6,16; 1 Joh 4,12
725) cf. J. DANIELOU, aaO, S. 146
726) Das Wort "Immanenz" ist zunächst in seiner theol. Grundbedeutung zu verstehen, d.h. als "Wirken Gottes in der Natur" (WAHRIG, Deutsches Wörterbuch, S. 1861)
727) cf. zur Theorie des Logos J. BUCHER, Philonische Studien, S. VII; M. HEINZE, Die Lehre vom Logos ..., S. 204-297; H. LEISEGANG, Der Heilige Geist, I; H. SOULIER, La doctrine ...; E. BREHIER, aaO, S. 83-111; H.A. WOLFSON, aaO, S. 200 ff; K. BORMANN, Die Ideen- und Logoslehre ...;
728) Quaest in Ex II 68
729) cf. L. COHN, III, S. 30,1
730) Conf Ling 146 f
731) Fug 101; cf. Quaest in Ex II 122
732) Mut Nom 15
733) Rer Div Her 206
734) cf. J. BUCHER, aaO, S. 1
735) K. BORMANN, aaO, S. 106
736) Agr 51
737) Migr Abr 6
738) Fug 101
739) Det Pot Ins 82

740) cf. Vit Mos I 283; Sacr AC 65
741) Migr Abr 81
742) Für ein besseres Verständnis der Logoslehre bei den Stoikern cf. vor allem BREHIER, aaO, S. 84-86
743) Gen 1,3.6.9.14 f.20.24.26 f
744) Ps 33,6; cf. Ps 148,4-5; Sir 42,15; 48,3; Hos 6,5; Ez 37,4-5
745) cf. Ps 107,20; 147,15; Jes 9,7; Weisheit 18,15
746) Weisheit 9,1.2; Sir 1,5
747) cf. H. CONZELMANN, Die Mutter der Weisheit, S. 234
748) cf. Ijob 15,7.8; Bar 3,9-4,4; Sir 1,1-27; 15,1-10; 42,21 ff; Weisheit 6,12-7,21; 8-9
749) Spr 8,22
750) Sir 24,3
751) Weisheit 7,25.26
752) Sir 1,9; 24,9
753) Sir 24,3-6
754) Spr 8,22 ff
755) Weisheit 8,1
756) Sir 24,6 f; Spr 8,31; Bar 3,38
757) Spr 8,1 ff; 8,32 ff; Sir 24,32 f; 51,16; Weisheit 7,21; 8,9
758) Prov 3,17; 4,11; 8,20.32; Sir 4,17; 6,26; Weisheit 7,12; 9,11.18
759) Spr 1,20 ff; 8,1 ff
760) Spr. 3,2.16; Sir 1,18
761) Spr 1,33; Sir 8,28; Weisheit 8,16
762) Spr 2,5; 8,14; Sir 4,18; 6,33
763) Spr 1,32 f; Weisheit 9,19; 10,4.5.6.9.13.15
764) B.L. MACK, aaO, S. 13
765) Rer Div Her 205-206
766) cf. Leg All III 95 f; cf. L. COHN, III, S 116,2
767) Leg All III 96
768) Fug 101
769) Leg All III 96
770) Seneca, Ad Luc. ep. 65,13; cf. BORMANN, aaO, S 84
771) Plant 18; cf. Migr Abr 102 f; Som II 45
772) W. VÖLKER, aaO, S. 209 f
773) cf. Migr Abr 128
774) Mut Nom 24
775) Poster C 27; cf. Som II 228.263
776) cf. Som I 148; Fug 5; die Logoi sind eigentl. geistige Wesen, die in der Bibel "Engel" genannt werden
777) Som I 85 f
778) cf. vor allem Gen 18, 33; 22,3 f; 28,11
779) Som I 71
780) cf. Cher 36
781) cf. Poster C 127
782) cf. die Abbildung GOODENOUGH's in: An Introduction, S. 105
783) W. BOUSSET, aaO, S. 342
784) Sacr AC 60; cf. Quaest in Ex II 68
785) Abr 121; cf. Cher 28
786) Mut Nom 28 f
787) Im Original gibt es eine Lücke; ich folge hier WENDLAND
788) Fug 95
789) Fug 66
790) cf. Op Mund 72 ff; Fug 68 ff; Conf Ling 168 ff

791) Abr 143
792) Migr Abr 182
793) Sacr AC 60
794) Plant II; Op Mund 100
795) Mut Nom 13
796) Fug 109; Abr 121
797) Decal 41
798) Spec Leg II 165
799) Som I 76
800) Op Mund 171; Quaest in Gen I 58
801) Abr 78
802) Leg Gaj 3
803) Deus Imm 30
804) Plant 3
805) Plant 31
806) Plant 6
807) Plant 33
808) Spec Leg II 165
809) Vit Mos I 76
810) Fug 66
811) Poster C 28
812) cf. E.R. GOODENOUGH, By Light, S. 37-47
813) cf. Y. Amir, aaO, S. 14
814) cf. C.H. DODD, aaO, S. 73; A. SCHLATTER, Geschichte Israels ..., S. 301-303; H.A. WOLFSON, aaO, S. 197 ff; F.C. BAUR, aaO, S. 59 ff
815) Deus Imm 3
816) Spec Leg I 66
817) Prov I 23
818) cf. Weisheit 13
819) cf. Dtn 32,39a
820) Poster C 167 f
821) cf. Op Mund
822) Op Mund 171; Plato und die Stoiker hatten auch die Einheit der Welt vertreten
823) Aet Mund 5
824) cf. COLSON, IX, S. 172
825) cf. II Makk 7,28
826) Wir folgen der deutschen Übersetzung, der der lateinische Text AUCHER's zugrunde liegt; ein ausführliches Studium der Lehre der Bücher kann man bei M. HADAS-LEBEL (S. 58 ff) finden
827) Prov I 32
828) Prov I 25
829) Prov I 26
830) Prov I 27
831) Prov II 17
832) Quaest in Ex II 42
833) Decal 32 f
834) Ex 24,17
835) Quaest in Ex II 47
836) cf. Vit Mos II 3; cf. Poster C 13-21; Spec Leg I 41-50
837) Praem Poen 55; Spec Leg I 65
838) Rer Div Her 259
839) Vit Mos II 8-11

840) Vit Mos II 187-191
841) Vit Mos II 188
842) Vit Mos II 188
843) cf. Quaest in Gen IV 196
848) cf. Spec Leg IV 49
845) Migr Abr 52
846) cf. Decal 52
847) Spec Leg IV 14
848) K. HAACKER, Wie redet die Bibel vom Menschen?, S. 250
849) Gen 1,27
850) cf. H. WILLMS, "eikon" ..., Münster 1935
851) Op Mund 69
852) Gen 2,7a
853) Op Mund 134
854) Leg All I 31
855) cf. W. BOUSSET, Hauptprobleme der Gnosis, S. 195
856) cf. Op Mund 134; Leg All I 31; Quaest in Gen I 8
857) Op Mund 139
858) Spec Leg III 207
859) Op Mund 146
860) Op Mund 146
861) Spec Leg IV 14
862) Op Mund 77
863) Mut Nom 223; cf. L. COHN, VI, S. 154,1
864) cf. H. STEPHANUS, Thesaurus ..., S. 354 ff
865) Som I 34
866) Op Mund 146
867) Op Mund 135
868) cf. S. 14
869) J. GIBLET, L'homme image, S. 99; cf. J. DANIELOU, aaO, S 175
870) Op Mund 146
871) cf. R. STRIEDER, Die Bewertung der Leiblichkeit, S. 105-118
872) Plant 20-23
873) Gen 2,7
874) Op Mund 135
875) cf. Leg All I 37
876) Plant 18 f
877) Op Mund 135
878) Det Pot Ins 89.90
879) cf. W. VÖLKER, aaO, S. 159 f
880) Det Pot Ins 86.87
881) Op Mund 135
882) Op Mund 135
883) Leg All I 11
884) Agr 30; Det Pot Ins 168; Rer Div Her 232
885) cf. Spec Leg IV 123
886) Plant 18
887) cf. H. LEISEGANG, aaO, S. 66
888) cf. Gen 1,2; Gig 22; Ex 31,2 f; Gig 23; Lev 11,17; Gig 24.27
889) cf. Leg All II 22; Op Mund 131
890) cf. Abr 258; Op Mund 135
891) cf. L. COHN IV, S. 83,2
892) Deus Imm 44-49 und 50
893) Op Mund 150

894) Op Mund 144
895) cf. Abr 52
896) Leg All III 219
897) Praem Poen 30
898) Praem Poen 30
899) Congr 51
900) cf. Num 20,17; cf. Deus Imm 159
901) Gig 64
902) cf. W. THEILER, aaO, S. 149 ff
903) Det Pot Ins 32
904) cf. Gen 5,24; Abr 17 ff
905) Praem Poen 13
906) Praem Poen 13; cf. 14
907) Gen 9,26; cf. L COHN V, S. 95,2
908) Sobr 58
909) Op Mund 8
910) I Sam 9,9
911) Deus Imm 139; cf. Migr Abr 38; Rer Div Her 78
912) Spec Leg I 116; cf. Som II 188
913) Virt 79
914) cf. Philos Buch "In Flaccum"
915) Vit Cont 90
916) Rer Div Her 45
917) Rer Div Her 45; cf. Som I 151
918) Abr 272; cf. Som II 230
919) cf. Deus Imm 158-162
920) cf. B.L. MACK, aaO
921) cf. W. VÖLKER, aaO, S. 158-239
922) cf. WOLFSON, Philo II, S. 208-218
923) cf. Sacr AC 53 ff
924) cf. in Bezug auf die Frömmigkeit Philos WINDISCH, BOUSSET, BRE-
     HIER, LEISEGANG, PASCHER u.a.
925) cf. W. VÖLKER, aaO, S. 298
926) cf. Rer Div Her 69
927) Som II 225-228
928) Rer Div Her 263-265
929) H. WINDISCH, Die Frömmigkeit Philos ..., S. 62
930) J. PASCHER, aaO, S.260
931) H. LEISEGANG, aaO, S. 231 ff
932) cf. Ebr 147
933) Rer Div Her 70
934) cf. LEISEGANG, aaO, S. 208
935) cf. Quaest in Gen II 39
936) H. BRAUN, aaO, S. 119
937) H. BRAUN, aaO, S. 5
938) cf. H. GOLLWITZER, Die Existenz Gottes ..., S. 6 und S. 63-76
939) E. KÖNIG, Geschichte ..., S. 636 f
940) cf. BOUSSET, Kyrios Christos, S. 145; M. POHLENZ, Die Stoa,
     S. 369
941) W. BOUSSET, Die Religion ..., S. 439
942) Decal 81
943) Spec Leg I 332
944) Spec Leg I 32
945) Spec Leg I 36

946) cf. V. CASAS, Hermenéutica ..., S. 293-298
947) cf. Som II 193; cf. auch Rer Div Her 246

Abkürzungen

Die Abkürzungen der Schriften Philos sind aus dem Abkürzungsverzeichnis des Theologischen Wörterbuches zum Neuen Testament, Vol I, S. 16f, mit sehr wenigen Änderungen übernommen.

Abr	De Abrahamo
Aet Mund	De Aeternitate Mundi
Agric	De Agricultura
Cher	De Cherubim
Conf Ling	De Confusione Linguarum
Congr	De Congressu Eruditionis Gratia
Decal	De Decalogo
Det Pot Ins	Quod Deterius Potiori insidiari soleat
Deus Imm	Quod Deus sit Immutabilis
Ebr	De Ebrietate
Flacc	In Flaccum
Fug	De Fuga et Inventione
Gig	De Gigantibus
Jos	De Josepho
Leg All	Legum Allegoriae
Leg Gaj	Legatio ad Gajum
Migr Abr	De Migratione Arahami
Mut Nom	De Mutatione Nominum
Omn Prob Lib	Quod omnis Probus Liber sit
Op Mund	De Opificio Mundi
Plant	De Plantatione
Poster C	De Posteritate Caini
Praem Poen	De Praemiis et Poenis
Prov	De Providentia
Quaest in Ex	Quaestiones in Exodum
Quaest in Gen	Quaestiones in Genesim
Rer Div Her	Quis Rerum Divinarum Heres sit
Sacr AC	De Sacrificiis Abelis et Caini
Sobr	De Sobrietate
Som	De Somniis
Spec Leg	De Specialibus Legibus
Virt	De Virtutibus
Vit Cont	De Vita Contemplativa
Vit Mos	De Vita Mosis

Quellen- und Literaturverzeichnis

1. Quellen

Philonis Alexandrini opera quae supersunt, ed. L. COHN/P. WENDLAND, 6 Vol., Editio maior, Berlin 1962 (Neudruck)

Philonis Alexandrini opera quae supersunt, recognovit L. COHN/P. WENDLAND, 6 Vol., Editio minor, Berlin 1896 ff

Philo with an English translation by F.H. COLSON and G.H. WHITAKER, 10 Vol., Loeb Classical Library, London/N.Y. 1929 ff

Les Oeuvres de Philon d'Alexandrie, publiées sous le patronage de l'Université de Lyon par R. ARNALDEZ/J. POUILLOUX/C. MONTDESERT, 33 Vol., Paris 1961 ff

Philo Supplement. Questions and Answers on Genesis and Exodus. Translated from the Ancient Armenian Version of the Original Greek by R. MARCUS, 2 Vol., Loeb Classical Library, Cambridge/Mass./London 1961^2

Philonis Judaei Paralipomena. Ed. J.B. AUCHER, Venedig 1826

Die Werke Philos von Alexandria in deutscher Übersetzung, hrsg. von L. COHN/I. HEINEMANN/M. ADLER/W. THEILER, 6 Bde., Breslau 1909 ff; vervollständigter Neudruck, 7 Bde., Berlin 1962

Obras Completas de Filón de Alejandría, traducción directa del griego, introducción y notas de J.M. TRIVINO, 5 Vol., Buenos Aires 1976/76

Philonis Alexandrini opera quae supersunt. Indices ad Philonis Alexandrini opera, composuit J. LEISEGANG, 2 Vol., Editio maior, Berlin 1963

Index philoneus von G. MAYER, Berlin 1974

2. Literatur

Die bis zum Jahre 1936 umfangreichste Bibliographie ist die " A General Bibliography of Philo Judaeus" von H. GOODHARD und E.R. GOODENOUGH in "The Politics of Philo Judaeus", Hildesheim 1967, Nachdruck der Ausgabe von New Haven 1938, S. 127-321.
L.H. FELDMAN hat diese Bibliographie von 1937 bis 1962 ergänzt in "Studies in Judaica, Scholarship on Philo and Josephus, New York Yeshiva University 1963.
E. HILGERT setzt diese Bibliographie fort in den "Studia Philonica", Vol. I ff, Chicago 1972 ff.

Y. AMIR, Die Begegnung des biblischen und des philosophischen Monotheismus als Grundthema des jüdischen Hellenismus in: Evangelische Theologie 1, 1978, S. 2-19

M. APELT, De rationibus quibusdam quae Philoni Alexandrino cum Posidonio intercedunt, Commentationes Philologae Jenenses VIII 1. Lipsiae 1907, S. 91-141

R. ARNALDEZ, Introduction générale, in: R. ARNALDEZ/J. POUILLOUX/C. MONDESERT, Les oeuvres de Philon d'Alexandrie, I, Paris 1961, S. 17112

ders./A. FEUILLET/J.E. MENARD/C. MONDESERT, Philon d'Alexandrie ou Philon le Juif, Dictionnaire de la Bible, Supplement VII, Paris 1966, S. 1288-1351

T.H. BILLINGS, The Platonism of Philo Judaeus, Chicago 1919

K. BORMANN, Die Ideen- und Logoslehre Philons von Alexandrien. Eine Auseinandersetzung mit H.A. WOLFSON, Diss. Köln 1955

J.S. BOUGHTON, The Idea of Progress in Philo Judaeus, Diss. New York 1932

W. BOUSSET, Hauptprobleme der Gnosis, FRLANT 10, Göttingen 1907

ders., Jüdisch-christlicher Schulbetrieb in Alexandria und Rom, FRLANT 6, Göttingen 1915

ders., Kyrios Christos, FRLANT 4, Göttingen 1935^4

ders., Die Religion des Judentums im neutestamentlichen Zeitalter, Berlin 1906^2, Tübingen 1926^3

H. BRAUN, Wie man über Gott nicht denken soll, Tübingen 1971

E. BREHIER, Les Idées philosophiques et religieuses de Philon d'Alexandrie, Etudes de philosophie médiévale, Paris 1950^3

L. COHN, Einleitung und Chronologie der Schriften Philos, Philologus, Supplementband 7, Leipzig/Berlin 1899, S. 387-435

C. COLPE, Artikel "Philo" in: RGG Bd. V, 1961^3, Sp. 343 ff

J. DANIELOU, Philon d'Alexandrie, Paris 1958

C.H. DODD, The Interpretation of the Fourth Gospel, Cambridge/London 1970^9

J. DRUMMOND, Philo Judaeus, London 1888, Amsterdam 1969 (Neudruck)

U. FRÜCHTEL, Die kosmologischen Vorstellungen bei Philo von Alexandrien, ALGHJ II, Leiden 1968

E.R. GOODENOUGH, An Introduction to Philo Judaeus, Oxford 1962^2

ders., By Light, Light. The Mystic Gospel of Hellenistic Judaism, New Haven 1935

H. HEGERMANN, Die Vorstellung vom Schöpfungsmittler im hellenistischen Judentum und Urchristentum, TU 82, Berlin 1961

I. HEINEMANN, Philons griechische und jüdische Bildung, Breslau 1932, Darmstadt 1962 (Neudruck)

M. HEINZE, Die Lehre vom Logos in der griechischen Philosophie, Oldenburg 1872

H. JONAS, Gnosis und spätantiker Geist II,1, FRLANT 63, Göttingen 1966²

W. KELBER, Die Logoslehre von Heraklit bis Origines, Stuttgart 1958

P. KRÜGER, Philo und Josephus als Apologeten des Judentums, Leipzig 1906, Amsterdam 1973 (Neudruck)

M.J. LAGRANGE, Le Judaisme avant Jésu-Christ, Etudes bibliques, Paris 1931²

H. LEISEGANG, Der Heilige Geist. Das Wesen und Werden der mystisch-intuitiven Erkenntnis in der Philosophie und Religion der Griechen I 1, Leipzig/Berlin 1919, Darmstadt 1967 (Neudruck)

ders., Pneuma Hagion. Der Ursprung des Geistesbegriffes der synoptischen Evangelien aus der griechischen Mystik, Leipzig 1922

H. LESETRE, Philon in: Dictionnaire de la Bible V, Paris 1912, S. 300-321

H. LEWY, Sobria Ebrietas. Untersuchungen zur Geschichte der antiken Mystik, Beiheft zur ZNW 9, Berlin 1929

B.L. MACK, Logos und Sophia, Untersuchungen zur Weisheitstheologie im hellenistischen Judentum, Göttingen 1973

J. MAIER, Geschichte der jüdischen Religion, Berlin 1972

J. MARTIN, Philon, Paris 1907

L. MASSEBIEAU/E. BREHIER, Essai sur la chronologie de la vie et des oeuvres de Philon, Paris 1906

C. MONDESERT, Philon von Alexandrien, Lexikon für Theologie und Kirche 8, Freiburg/Br. 1963, Sp. 470 f

V. NIKIPROWETZKY, Le commentaire de l'Ecriture chez Philon d'Alexandrie, Leiden 1977

K. OTTE, Das Sprachverständnis bei Philo von Alexandrien, Tübingen 1968

J. PASCHER, Der Königsweg zur Wiedergeburt und Vergottung bei Philon von Alexandreia, Paderborn 1931

E. PETERSON, Der Monotheismus als politisches Problem, Leipzig 1935, München 1951 (Neudruck)

M. POHLENZ, Die Stoa, Geschichte einer geistigen Bewegung, Göttingen 1959²

R. REITZENSTEIN, Die hellenistischen Mysterienreligionen, Leipzig/Berlin 1927³, Darmstadt 1956 (Neudruck)

ders., Poimandres, Studien zur griechisch-ägyptischen und frühchristlichen Literatur, Leipzig 1904, Darmstadt 1966 (Neudruck)

E. RENAN, Histoire du peuple d'Israël V, Paris 1893

A. SCHLATTER, Geschichte Israels von Alexander dem Grossen bis Hadrian, Stuttgart 1925³

H. SCHMIDT, Die Anthropologie Philons von Alexandreia, Diss. Leipzig 1933

E. SCHÜRER, Geschichte des jüdischen Volkes im Zeitalter Jesu Christi III, Leipzig 1909⁴, Hildesheim 1964 (Neudruck)

C. SIEGFRIED, Philo von Alexandria als Ausleger des Alten Testaments, Jena 1875, Aalen 1970 (Neudruck)

H. THYEN, Die Probleme der neueren Philoforschung, in: Theologische Rundschau 23, Tübingen 1955/56, S. 230 ff

E. TUROWSKI, Die Widerspiegelung des stoischen Systems bei Philon von Alexandrien, Diss. Königsberg 1927

E. VACHEROT, Histoire critique de l'école d'Alexandrie I, Paris 1846

W. VÖLKER, Fortschritt und Vollendung bei Philo von Alexandrien. Eine Studie zur Geschichte der Frömmigkeit, TU 49,1, Leipzig 1938

R. WILLIAMSON, Philo and the Epistle to the Hebrews, ALGHJ IV, Leiden 1970

H. WILLMS, ΕΙΚΩΝ Eine begriffsgeschichtliche Untersuchung zum Platonismus, Teil 1: Philon von Alexandreia, Münster 1935

W. WINDISCH, Die Frömmigkeit Philos und ihre Bedeutung für das Christentum, Leipzig 1909

H.A. WOLFSON, Philo. Foundations of religious philosophy in Judaism, Christianity, and Islam, Cambridge/Mass. 1948²